中國學術思想

研究輯刊

二一編

林慶彰 主編

第 10 冊

《鬼谷子》思想新解（下）

林仁政 著

花木蘭文化出版社

國家圖書館出版品預行編目資料

《鬼谷子》思想新解（下）／林仁政 著 — 初版 — 新北市：花
木蘭文化出版社，2015〔民104〕
目 6+196 面；19×26 公分
（中國學術思想研究輯刊 二一編：第 10 冊）
ISBN 978-986-404-050-6（精裝）
1. 鬼谷子 2. 研究考訂
030.8   103027152

ISBN-978-986-404-050-6

中國學術思想研究輯刊
二一編 第 十 冊   ISBN：978-986-404-050-6

《鬼谷子》思想新解（下）

作　　者　林仁政
主　　編　林慶彰
總 編 輯　杜潔祥
副總編輯　楊嘉樂
編　　輯　許郁翎
出　　版　花木蘭文化出版社
社　　長　高小娟
聯絡地址　235 新北市中和區中安街七二號十三樓
　　　　　電話：02-2923-1455／傳眞：02-2923-1452
網　　址　http://www.huamulan.tw 信箱 hml810518@gmail.com
印　　刷　普羅文化出版廣告事業
封面設計　劉開工作室
初　　版　2015 年 3 月
定　　價　二一編 27 冊（精裝）台幣 50,000 元

《鬼谷子》思想新解（下）

林仁政　著

目次

圖　表

第四章 《鬼谷子》在中國學術史上之地位與貢獻

　　《鬼谷子》在我國歷年來的學界研究當中，除了是否是偽書的真假、作者是誰、成書年份之外，就是有關學派應該是如何歸屬等一系列問題。由於《鬼谷子》相關資料不多，目前學者專家的意見可說很分歧。總括說來，有主張是縱橫家、有的認為應該是兵家、有的以道教收錄並列入道藏中認是道家體系、還多有將之列入雜家書、也有說是陰陽家、更有純粹之新說法是我國的「第一說經」。隨著馬王堆、漢墓帛書的出現，黃老之學備受重視。《鬼谷子》中的《符言》、《本經陰符七術》有許多論說與黃老之學也是相通的。

　　所以，由總體上看，《鬼谷子》的思想還是相當駁雜的。今日觀之《鬼谷子》一書思想內容十分豐富，涵蓋了哲學、政治學、軍事學、心理學、社會學、修真學、情報學、商業管理、領導統禦……等多種學科門類，是一部可以被廣泛解讀的著作。可說是人類文明的「軸心時代」，所產生的一部非常具特色的著作，是中國傳統文化中一枝吐著智慧芳香的奇葩。《鬼谷子》書中所提供的智謀，至今仍可以廣泛運用於人們的現實生活。大到，如何制定國家戰略、軍事、外交談判的策略，來處理國與國之關係；中至，如何制定企業管理、經營策略，以及用人擇人、培育英才；小至，如何成就自我，勇於表達與善於處理人際關係；在各個面相都具有明顯的指導意義。故被稱之為「曠世奇書」、「智慧禁果」，深受廣大人民群眾的喜愛。難得的是，現代社會對於《鬼谷子》這本千年古書，竟能為少數學術界與民間之企業管理階層與宗教界，所樂於接受與勇於推廣和研究，使之逐漸浮上檯面。

　　鬼谷子思想在今日自由民主的社會裡，有如此之多的運用，不足爲奇，但在兩千多年來我國上層主流意見，最爲學術界所接受是將之歸屬爲縱橫家與兵家。一來、由於，從我國古代之官方或私書記載上，可見的都是把《鬼谷子》列爲縱橫家。《鬼谷子》一書，最早列入官方書目的是《隋書、經籍志》、之後《舊唐書、經籍志》、《新唐書、藝文志》、《中興書目》、《宋史、藝文志》，私人將其收錄者也有晁公武《郡齋讀書志》、鄭樵《通志、藝文志》、馬端臨《通志、藝文志》。而《史記》列傳中，也將鬼谷子載入爲蘇秦、張儀之老師。揚雄、王充也有此說，東漢之應劭著作《風俗通義》也提到：「鬼谷先生，六國時縱橫家」。以上是距離先秦不久的年代，表示當時漢朝學者們的一貫看法。

　　有相當多的人持《鬼谷子》是一部兵書，認爲鬼谷子應屬於兵家。主要證據有：首先，所謂「兵者，詭道也」、「詭者，鬼也」，「詭，責也。從言危聲」（《說文解字》）。綜觀《鬼谷子》，主要內容就爲「謀略」，能用於兵法的語句所在多有。還有傳說中鬼谷先生曾向孫臏、龐涓傳授兵法。其實，早在高似孫之前的洪適（南宋之宰相），在其《漢四種兵書序》中，就已經認爲鬼谷先生是龐涓的老師。延續《史記》對於蘇秦、張儀列傳的先例，不妨可以認爲，洪適他是認同鬼谷先生是屬於兵家。明代的馮夢龍《東周列國志》則對此作了發揮：「鬼谷子有兵家的學問。」清人汪喜孫《尙友記》言：「孫臏與龐涓俱學兵法于鬼谷。」故汪亦持兵家之說。第三、是從《鬼谷子》的學術源流上看，《孫子兵法》是《鬼谷子》的一個重要的思想源頭，而後疑似僞託鬼谷子的著作中，有些屬於兵法方面的。如《鬼谷子先生占氣》中的《軍氣雜占》等篇，《漢書、藝文志》列爲「兵陰陽家」一般。

　　這就是說，無論是從源頭上，還是《鬼谷子》對後世的影響，《鬼谷子》都與兵家有著密切的聯繫。細數源或流都是兵家，由學術發展史上看，《鬼谷子》屬於兵家著作也是有道理的。如現在大陸之河南省淇縣之雲夢山，就打著「中華第一古軍校」鬼谷子的招牌，行使旅遊觀光之產業。《鬼谷子》的研究風潮，在大陸是先由軍隊和地方發動，而在台灣則是純由民間所帶動的。其實，戰國時期縱橫家的主要活動就是外交活動，而一國之外交又往往與政治和軍事鬥爭密切相關。所以，不論《鬼谷子》屬於哪一家，或者說同屬於這兩家，都能證明《鬼谷子》學術的專業方向，及可能影響社會之巨大價值[1]。

---

[1] 參閱許富宏著《鬼谷子》前言，北京，中華書局出版，2012年，第1版。

第一節　鬼谷子的兵法思想與後代軍事影響

　　從《鬼谷子》一書中的架構裡，存在著我國先秦諸多的哲學思想。例如陰陽「既對立又統一」的理念，這項原本屬於自然界的道體，卻完全可以適用於人文世界，所發展出來的「人、事、器、物」。鬼谷子也將我先聖先賢的這一偉大發現，將其應用於聖賢菁英政治的「遊說與計謀」與「變動陰陽」等理論建構之上，如《易經》〈繫辭上〉：「以言者尚其辭，以動者尚其變，以制器者尚其象」，所言。因為人事地物，一向也都是對立又統一，所以其間所產生的矛盾問題，引發出「奇正」否定又否定的原理來，之後量變質變的情況也就理當隨後發生了。於人，小者爭執，大者戰爭等衝突不斷。就我國歷史發展的軌跡上而言，是分分合合，為解決此矛盾現象，諸子百家乃為此而出現。

　　各家所持治國治世之「道」，九流十家之學說或許容有其不同，然而為結束春秋、戰國亂局之主張，卻是出現完全的一致。儒家主張以「仁義」、墨家主張以「非攻兼愛」、道家主張以「自然無為」、法家主張以「君王權勢」、陰陽家主張「天人感應」、兵家主張以「兵戰武力」勝負來決定一統之大局……。身為縱橫家之子書的《鬼谷子》之主張，可以看出鬼谷子是想透過「遊說計謀」的鬥智方式，在外交與政治之場合，行使各類各式不見血的人性化戰爭，一較高下來達成天下一統。

　　這就是戰國時期，各國行使「伐交伐謀」[2]縱橫思想之高度發揮。前者是破壞敵方與其他國家，可能配合的聯合作戰；後者是破壞敵方可能施展之各種我方所無法掌控的謀略，或者是指以謀略戰勝敵人。兵聖孫子於〈謀攻第三〉言：「故上兵伐謀，其次伐交，其次伐兵，其下攻城。」亦即表示孫子同意與主張「伐交伐謀」，乃是超越「伐兵攻城」最高的軍事行動之戰略指導。

---

[2] 伐交　謂破壞敵方與其他方面的聯合。《孫子、謀攻》：「故上兵伐謀，其次伐交，其次伐兵。」《漢書、息夫躬傳》：「所謂『上兵伐謀，其次伐交』者也。」顏師古注：「知敵有外交連結相援者，則間誤之，令其解散也。」宋、陳亮《酌古論、馬燧》：「以燧之才，而不思伐交之術，乃復請濟師……卒以驕眾失律。」清、錢謙益《送劉編修鴻訓頒詔朝鮮》詩之十：「自古論兵貴伐交，出奇左掖搗奴巢。」

　　伐謀　破壞敵方施展的謀略。一說以謀略戰勝敵人。《孫子、謀攻》：「故上兵伐謀，其次伐交，其次伐兵。」李筌注：「伐其始謀也。」杜牧注：「敵欲謀我，伐其未形之謀。」梅堯臣注：「以智勝。」王晳注：「以智謀屈人最為上。」《漢書、息夫躬傳》：「則是所謂『上兵伐謀，其次伐交』者也。」顏師古注：「言知敵有謀者，則以事而應之，沮其所為。」唐、白居易《除程執恭檢校右僕射制》：「整眾而身作師律，伐謀而心為戰鋒。」

相對於陽剛式的兵刃型的毀滅戰爭，鬼谷子的「遊說計謀」就是柔性的、人性化、和平的智慧型戰爭了。所以為什麼後人將《孫子兵法》稱為「武兵法」，稱《鬼谷子》為「文兵法」了。所謂：「文，所以視利害，辨安危；武所以犯強敵力攻守也。」（《尉繚子》〈兵令上第廿三〉）故鬼谷子的「遊說縱橫」之「伐交伐謀」的兵法計謀思想，如果以當代的戰爭策略型態而言，此種政治作戰方式，堪稱得上是對後代軍事戰略影響的第一大要項。

　　《鬼谷子》言：「非至聖達奧，不能禦世；非勞心苦思，不能原事；不悉心見情，不能成名；材質不惠，不能用兵；忠實無真，不能知人」（〈忤合第六〉）；這是對於一位要行使「遊說縱橫」的政治家之最高的期許與訓誡。必須要有「己必自度材能智睿，量長短遠近孰不如。」擁有此種資質，才能合乎「忤合之道」，故「乃可以進，乃可以退；乃可以縱，乃可以橫。」不受限制，如此方才可以縱橫天下。鬼谷子對於掌握「遊說縱橫」計謀的最高技術，認為是極度高超與極度專門的業務專家，才能輕易的扮演與承擔得來。因為作戰不只是鬥力，而是另一種鬥智的表現，所以必須具備有高度、寬度、深度與柔軟度，再加上通權達變的心力。以及堅忍不拔的毅力與無比的耐力，才能夠作為現代戰爭肩負指揮謀畫的主帥，並非只是在戰場上衝鋒陷陣的武將，反而必須是熟稔兵法的文武雙才。這是鬼谷子兵法思想對於後代軍事戰爭，有關於人才之條件與「菁英主張」的影響。

　　鬼谷子直接談「兵」及「戰」單一之用辭，就只在〈忤合〉、〈摩〉及〈分威〉三篇。分別是「材質不惠，不能用兵」（〈忤合第六〉）；「主事日成，而人不知；主兵日勝，而人不畏也」，「主兵日勝者，常戰於不爭，國不費，而民不知所以服，不知所以畏，而天下比之神明」（〈摩篇第八〉）；「故神存兵亡，乃為之形勢」（〈分威法伏熊〉）。從這僅僅用了四次的「兵」字及一次「戰」字，而且都不是主動的意向，也就是未繼續將該字解釋與申論下去，如：「用兵」、「主兵」、「兵亡」。不若遊說計謀之長篇大論。所以說，除了有意避開談論刀兵爭伐之外，就是不齒兵戰之殘酷不人道，認為不值得於該書上論證，或者是如「命相術」尚有其它之著作傳世。但其實，打戰不只是單純的使用真刀真槍與犧牲性命，蓋無形之「口誅筆伐」，一紙外交約定的國書，才能見真章、論輸贏。尉繚子亦言：「由其武議在一人，故兵不血刃，而天下親焉」（〈武議節八〉），此種講究和平方式的靜悄悄「民不知、民不畏」的外交議會之謀略方式，以取代「槍林彈雨」的暴力方式，來解決國際紛爭問題。如果

鬼谷子活在當今，其人與其著作或許可能獲得諾貝爾和平獎項之候選提名。

　　所以過去所謂毀滅性的戰爭，動不動就是幾十萬人甚至動員到上百萬人之部隊投入戰場，而造成血流成渠、橫屍遍野之慘烈。如鄢郢之戰築堤蓄水，開渠灌城，城中軍民被淹死數十萬人；華陽之戰秦軍共俘虜三名將領，斬首魏軍十三萬人。長平之戰，秦將白起[3]前後坑殺與斬殺趙兵四十五萬名士兵，幾乎使趙國亡國。西漢的哲學家揚雄批判白起：

　　「秦將白起不仁，奚用爲也。長平之戰，四十萬人死；蚩尤之亂，不過於此矣」。班固評價白起：「若秦因四世之勝，據河山之阻，任用白起、王翦豺狼之徒，奮其爪牙，禽獵六國，以並天下。窮武極詐，士民不附，卒隸之徒，還爲敵仇，猋起雲合，果共軋之、急城殺人盈城，爭地殺人滿野。孫、吳、商、白之徒，皆身誅戮於前，而國滅亡於後。報應之勢，各以類至，其道然矣。」何晏[4]評價白起說：「白起之降趙卒，詐而阬其四十萬，豈徒酷暴之謂乎？」

　　所以鬼谷子強調「主兵日勝者，常戰於不爭，國不費，而民不知所以服，不知所以畏，而天下比之神明」（〈摩篇第八〉）；什麼是「戰而不爭、國不費」？就是政治作戰，也就是鬼谷子的超越「遊說計謀」全方位之戰爭。所謂「稱貨財有無之數，料人民多少、饒乏、有餘不足幾何？辨地形之險易，孰利孰害？謀慮孰長孰短？揆君臣之親疏，孰賢孰不肖？與賓客之智慧，孰少孰多？觀天時之禍福，孰吉孰凶？諸侯之交，孰用孰不用？百姓之心，去就變化，孰安孰危？孰好孰憎？反側孰辯？」（〈揣篇第七〉）。此處講究到探討分析是對於敵我雙方之「經濟財富、人民民心、土地作物、領袖官員、智庫人才、邦交關係、地形氣侯」整體國力全方位的評量，還得反覆評估、相互辯論、檢討謀畫，比起簡單的廟算可精細不知凡幾了。《鬼谷子》將其稱爲「能知如此者，是謂量權」，「故計國事，則當審權量」經過如此系統化周詳的考量計

---

[3] 白起（？～257 BC），羋姓，白氏，名起，楚白公勝之後。春秋時期楚君僭稱王，大夫、縣令僭稱公，白起爲白公勝之後，故又稱公孫起。白起號稱「人屠」，戰國四將之一（其他三人分別是王翦、廉頗、李牧）戰國時期秦國名將。郿（今陝西眉縣常興鎮白家村）人，中國歷史上自孫武，吳起之後又一個傑出的軍事家、統帥。

[4] 何晏（？～249 AD），字平叔，南陽宛（今河南南陽）人。三國時期魏國玄學家，漢大將軍何進之孫（《魏略》認爲其有可能是何進弟何苗之孫）。其父早逝，曹操納其母尹氏爲妾，何晏被收養，爲曹操所寵愛。少以才秀知名，好老、莊言。娶魏金鄉公主。服飾擬于魏太子曹丕，故爲曹丕所憎，稱其爲「假子」，文帝時未授官職。明帝以其浮華，亦抑之，僅授冗官。正始年間（240～248 AD）曹爽秉政，何晏黨附曹爽，因而累官侍中、吏部尚書，典選舉，爵列侯，仗勢專政，因依附曹爽，爲司馬懿所殺，夷三族。

算、評估、預測下來，所發動的是一種聯合「政治、經貿、心理、宣傳、間諜、外交」等不同種類之軍事行動的戰爭，可就不是傳統戰爭所能一較高下的了。這不就是古代版所謂的「超限戰爭」？這也是影響後世軍事發展的又一樁。

第二節　鬼谷子對中國王道政治思想之影響

　　鬼谷子的治政之道，可說是獨樹一格之政治思想的哲學體系。因爲它以「遊說計謀」之姿展示開來，實際上篇篇章章，卻都是一部出自於以政治管理爲內涵之門道的經典之作。而這個「道」，卻是道道地地的，完全是屬於土生土長的中國式傳統的思維；只是在認知上，如同重新加以調配出來的新味道，稍爲不一樣而已。解釋起來有點困難，說來話長，故必須先從中華之政治，也就是我國古老的政治制度，所延生出的「政治統治」開始談起，簡稱「政統」。

　　依現代語言解，簡單的說「政統」，就彷彿如同現代電腦軟體程式之一般，必須依附於電腦的硬體設備裡面。也就是說必須有一個合適的政治架構之實體或載體，例如國家之政府、社會之合法執政政黨等政治管理組織，還必須有良好的政治環境；以及優秀的、受百姓歡迎的、永久受擁戴的聖王、政治家、領導者，如千年以來受盡儒家所稱許的黃帝、唐堯、虞舜、夏禹、商湯、文武、周公……等即是，由其是「堯、舜、禹」之家天下的禪讓政治；擁有正確的政治觀點，就有如當今的電腦靈魂體的作業系統主程式（OPS）一般，（亦即是所謂的「對天承授、以民爲本」的王道思想），配合一些外掛的運用軟體程式（APP），一起來相互運作，當無所不能，運作完整又健全。

　　接著必須有如勤政愛民之政治理念，如周武王從殷商遺臣箕子授以〈洪範九疇〉[5]，將之夏「禹乃嗣興，天乃錫禹『洪範』九疇，彝倫攸敘」，由商而傳至周「天子做民父母，以爲天下王」，所無以倫比之重要政治論述的最高原則；與成員國（諸侯等大小邦國）之間會盟宣示，世世代代都能夠嚴格遵守的政治紀律；還有設計完全的政治制度、無時無刻都需進行的全套之政治教

5　《尚書》〈周書・洪範〉：「武王勝殷，殺受，立武庚，以箕子歸。作《洪範》。」……「箕子乃言曰：「我聞在昔，鯀堙洪水，汩陳其五行。帝乃震怒，不畀『洪範』九疇，彝倫攸斁。鯀則殛死，禹乃嗣興，天乃錫禹『洪範』九疇，彝倫攸敘。」「初一曰五行，次二曰敬用五事，次三曰農用八政，次四曰協用五紀，次五曰建用皇極，次六曰乂用三德，次七曰明用稽疑，次八曰念用庶征，次九曰向用五福，威用六極。」

育與政治課程。好比年幼的周成王的輔臣周公，所設計之整套「制禮作樂」之制度（《禮記》就是追記自古代周朝、慶典、祭祀……等典章制度之規定）……等；所精心建構而成的既美好、又隨時保持新鮮的政治空氣，能讓有軍事權力與有治國能力的諸侯與貴族們，勤習禮儀、浸淫於繁文縟節之下，受盡文化洗禮、安於榮耀與滿足於現狀。

　　如此在一種穩固的封建制度下，以政治和經濟上統一的井田制度，行仁君、忠臣、良民、奴隸、罪犯等，所組成永久的生命共同體。再由一群古代既得利益、高高在上，享有本朝歷代君王所賜予的田賦，過著平民所欠缺之特權階級，世襲的政治生活、及政治待遇；終其一生完全不必從事農、工、商勞務的貴族世家們，如同現代的高級政治工作人員，由此所世襲組成的龐大的政府官僚；幾乎不能或難以改變的、堅強的、無懈可擊堅固的政治局面；所產生如同夏、商、周朝一般的政治集團之系統組織，才得賴以存在。

　　任何不依此「道統」之政統或血統，純正的政治背景，只得經過政治較量，才得以推翻暴君與暴政，如夏桀、商紂無道，終被商湯、文王、武王，率領有政治覺悟的，與相同政治觀點的諸侯貴族們，一起逼迫在朝的君王實施政治改革；無效或更加不予理會，造成政治破害，如商紂王殺死微子、逼死比干、監禁箕子，連這等王親國戚、賢人忠臣拼死力諫都無效，也差點沒命之後，則再予展開起劇烈的政治革命；人民百姓忍無可忍，終究才會群起加以推翻，終結這些殘害忠良、荼毒百姓無可救藥者，暴君與獨裁者之政治舞臺。

一、經典中「道」之理解

　　儒學典籍的流傳，最早乃是經過孔子親自編輯的「詩、書、易、禮、樂、春秋」六經。孔子以此作為教導學生的教材，以之用來傳授其「一以貫之」的「道」給門生們。其所謂的「道」，也便是以「仁」所形成的中心思想之體系，它上承堯、舜、禹、湯、文、武、周公，他們從政的成功經驗之人文思想的積累。也就因為在同樣的自然環境與民族文化之歷史背景下，所流傳下來一脈相承的智慧事蹟，由於孔子的努力，才能繼續傳衍開來。然而卻因孔子述而不作，使得「道」與「經」，只能透過孔子平日授課時，學生的課堂筆記的記載，後世始得略知，但也因而使其理論無法完整與確切。前者之「道」，因屬無形之思想修為較為抽象無具體性，為心性之存養與行為之體驗，由善

於言行之曾子傳給子思，後再數傳而至孟子。經典部份則爲子夏，再數傳到荀子。前者乃是宋儒的所謂「道統」。

這項承先啓後的偉大主張「道統」，在春秋、戰國的知識份子之間，並未將之掛在嘴裡，而是方便以一個字「道」簡稱之。古來「道」一字便有多種的解釋，雖然孔子所謂的「道」之正確意義，既模糊且不確定。但是我們還是可以在經典上找出。遂取《禮記》一書中有關「道」字，作實際例子解。

作「路，道路」解。如《禮記》〈王制篇〉：「仲夏行冬令，則雹凍傷谷，道路不通，暴兵來至」，「道路：男子由右，婦人由左，車從中央」，「孔子曰：『昔者吾從老聃助葬於巷黨，及坂，日有食之』；老聃曰：『丘！止柩，就道右，止哭以聽變』」。或作「規律」解，如〈月令篇〉：「是月也，不可以稱兵，稱兵必天殃。……毋變天之道，毋絕地之理，毋亂人之紀」。或作「學說，主張」解，如〈內則篇〉：「四十始仕，方物出謀發慮，道合則服從，不可則去」。或作「道義，正道」解，如〈王制篇〉：「司徒修六禮以節民性，明七教以興民德，齊八政以防淫，一道德以同俗，養耆老以致孝，恤孤獨以逮不足，上賢以崇德，簡不肖以絀惡」。或作「道家所說的萬物之源」解，如〈郊特牲篇〉：「天垂象，聖人則之。郊所以明天道也」。或作「說、談論」解，如〈王制篇〉：「析言破律，亂名改作，執左道以亂政，殺」。或作「實行、表明」解，如〈禮器篇〉：「是故先王之制禮也以節事，修樂以道志」。以上僅略舉少數解「道」，其它還有作「路程、途徑、方法、從、由、技藝、道理、取道、古代行政區劃名、指道家或道教，或作「武術派別」解，如「劍道、柔道、空手道、合氣道……」武術派別尊稱；又如「棋道、茶道、花道……」兼具休閒娛樂與心性修爲之禪道術而言。

又可在《尚書》多篇文章之中，充份的瞭解到古聖先賢們，對於爲政之「道」是如何之用心與盡力，可說是已達到戰戰兢兢，如履深淵、如履薄冰之地步了！由這本書上，所記載著我國最早有關政治思想治國精神具體文本，可以看出「道」一字最完整的使用意涵。

> 《尚書、虞書》〈大禹謨〉益曰：「籲！戒哉！儆戒無虞，……罔違道以干百姓之譽，……四夷來王。」「人心惟危，道心惟微，惟精惟一，允執厥中。」「禹乃會群後，誓於師曰：『濟濟有眾，咸聽朕命。……反道敗德，君子在野，小人在位，……其克有勳。』」「惟德動天，無遠弗屆。滿招損，謙受益，時乃天道。」《尚書、夏書》

〈禹貢〉：「九河既道，雷夏既澤，灉、沮會同。」「嵎夷既略，濰、
淄其道。」「江、漢朝宗於海，九江孔殷，沱、潛既道，雲土、夢
作乂。」「岷、嶓既藝，沱、潛既道。」〈五子之歌〉：「惟彼陶唐，
有此冀方。今失厥道，亂其紀綱，乃底滅亡。」「鳴呼！慎厥終，
惟其始。殖有禮，覆昏暴。欽崇天道，永保天命。」《尚書、夏書》
〈仲虺之誥〉：「鳴呼！慎厥終，惟其始。殖有禮，覆昏暴。欽崇天
道，永保天命。」《尚書、商書》〈湯誥〉：「天道福善禍淫，降災於
夏，以彰厥罪。」〈太甲下〉：「鳴呼！惟天無親，克敬惟親。……
與治同道，罔不興；與亂同事，罔不亡。……有言逆於汝心，必求
諸道；有言遜於汝志，必求諸非道。……邦其永孚於休。」〈說命
上〉：「恭默思道，夢帝賚予良弼，其代予言。」〈說命中〉：「明王
奉若天道，建邦設都，……惟以亂民。」〈說命中〉：「允懷於茲，
道積於厥躬。」〈泰誓下〉：「天有顯道，厥類惟彰。」《尚書、周書》：
〈武成〉：「惟有道曾孫周王發，將有大正於商。今商王受無道，暴
殄天物，害虐烝民，爲天下逋逃主，萃淵藪。」〈洪範〉：「無偏無
陂，遵王之義；無有作好，遵王之道；……無偏無黨，王道蕩蕩；
無黨無偏，王道平平；無反無側，王道正直。」〈旅獒〉：「惟克商，
遂通道於九夷八蠻。」〈康誥〉：「既道極厥辜，時乃不可殺。」〈君
奭〉：「天不可信，我道惟寧王德延，天不庸釋於文王受命。」〈周
官〉：「論道經邦，燮理陰陽。」〈顧命〉：「皇后憑玉几，道揚末命，
命汝嗣訓，臨君周邦……武之光訓。」〈畢公〉：「既歷三紀，世變
風移，四方無虞，予一人以寧，道有升降，政由俗革，不臧厥臧，
民罔攸勸。」「以蕩陵德，實悖天道。」「三後協心，同底於道，道
洽政治，澤潤生民……予小子永膺多福。」

　　以上《尚書》多達28段落，36次談論到「道」的篇章之中，看見除了〈禹
貢篇〉談及治水事宜：「九河既道、淄其道、潛既道外」等，其餘各篇論及之
「道」字，無不是非常嚴肅的談論，有關於「天道」，需加以「欽崇、明王奉
若、厥類惟彰」。「王道」則要：「無偏無黨、無黨無偏、無反無側，王道才能
蕩蕩、才能平平、才能正直」；若失厥道，則便會亂其綱紀；而且做爲一位王
者，更要時時的「思道、求道、同道、論道、揚道、顯道……。」要戰戰兢
兢「不可無道、違背天道、道洽政治、永保天命、永膺多福、不可亂民……」。

以上雖時隔二千餘年、事多不同、政亦各殊，但頗為其誠懇與用心、耳提面命，所深深感動。

　　《尚書》完全屬於官府的記錄，並非是民間的思想言論，與《詩經》之完全為百姓之觀點著作差了許多，但是之所以能夠為至聖先師孔子，所採納並作為教授之本子，列位於《詩》、《書》、《易》、《禮》、《樂》、《春秋》六經之第二順位，可見其廣泛「以民為本」的王道思想，仁義政治主張，亦與《詩經》相互動的因素與結果。而後有賴儒家百般之推崇，也深得當時或後代，及千秋萬世之讀書人所認同與共鳴，叫人如何不心甘情願，主動的為中華之「道統」此一曾經輝煌過的圖騰，而忘記無比的艱難與險阻，冒著九死一生，可能毫無退路，終生無悔的去維護與捍衛之？

> 《小戴禮記》〈大學、經一章〉[6]：「大學之道，在明明德，在親民，在止於至善。知止而後有定，定而後能靜，靜而後能安，安而後能慮，慮而後能得。物有本末，事有終始，知所先後，則近道矣。」
> 「古之欲明明德於天下者，先治其國；欲治其國者，先齊其家；欲齊其家者，先修其身；欲修其身者，先正其心；欲正其心者，先誠其意；欲誠其意者，先致其知，致知在格物。物格而後知至，知至而後意誠，意誠而後心正，心正而後身修，身修而後家齊，家齊而後國治，國治而後天下平。」「自天子以至於庶人，壹是皆以修身為本。其本亂而末治者否矣，其所厚者薄，而其所薄者厚，未之有也！此謂知本，此謂知之至也。」

　　「道」在此雖被冠上「大學」一詞，然曾子明白的將孔子對於為「學」與「思」之道，借助《禮記》〈大學第四十二〉記錄下來成為〈經一章〉，再由曾子口語解釋後，再經弟子記錄成為〈傳十章〉。如今我們雖然已時隔了二千多年，竟也還可以借此而能夠領悟此心法，不可不謂是一椿偉大的奇蹟！可以說《大學》的哲學思想，主要是在於傳授大家一個「做人做事」的最根本之道理。全書融合了倫理、哲學、政治為一體，闡述個人修養與社會政治的關係。直到宋代儒者才更進一步，藉此提出了三綱領、八條目之理論。前者也就是：「明明德，

6　朱子依程子之意《四書章句集注、大學章句》「右經一章，蓋孔子之言，而曾子述之。凡二百五字。其傳十章，則曾子之意而門人記之也。舊本頗有錯簡，今因程子所定，而更考經文，別為序次如左。凡千五百四十六字。凡傳文，雜引經傳，若無統紀，然文理接續，血脈貫通，深淺始終，至為精密。熟讀詳味，久當見之，今不盡釋也。」《新譯四書讀本》謝冰瑩、李鍌、劉正浩等編譯。臺北：三民書局、1976 年 5 月修定六版。

在親民，在止於至善」，後者則便是：「格物、致知、誠意、正心、修身、齊家、治國、平天下。」

　　以上之「三綱領」與「八條目」又可解釋爲「內聖外王」；「內聖」就是自身的管理與修養，「外王」是自己對外界的管理與行動，今日以工商社會言之，便是一種人際關係的涵養與功夫之收成。而以八條目中的「修身」爲根本，「內聖」是「明明德」，包含「格物」、「致知」、「誠意」、「正心」，是修身與學習的基礎與方法；而「外王」指的是「親民」，包含「齊家」、「治國」、「平天下」，則是修身的目的。這不就是清清楚楚的指出：「欲行大道，必須從個人內心之極細微處，自我修練起，一步步的加以精進始成。」之後子思也因憂「道」學之失其傳[7]，而作了《中庸》。《小戴禮記》四十九篇、所提到的「道」字，次數之多，竟達到了 301 次、201 段落。

> 　　《小戴禮記第三十一》《中庸》〈第一章〉：「天命之謂性，率性之謂
> 　道，修道之謂教。道也者，不可須臾離也，可離非道也。」〈第十章〉：
> 　「國有道，不變塞焉，強哉矯！國無道，至死不變，強哉矯！」〈第
> 　十二章〉：「君子之道費而隱。」〈第十三章〉：「道不遠人。人之爲道
> 　而遠人，不可以爲道。」〈第十五章〉：「君子之道，辟如行遠必自邇，
> 　辟如登高必自卑。」〈第廿章〉：「人道敏政，地道敏樹。……修身以
> 　道，修道以仁。……君臣也，父子也，夫婦也，昆弟也，朋友之交
> 　也，五者天下之達道也。知仁勇三者，天下之達德也」〈第廿二章〉：
> 　「道前定則不窮。……順乎親有道……誠者，天之道也；誠之者，
> 　人之道也。……從容中道，聖人也。……果能此道矣，雖愚必明，
> 　雖柔必強。」〈第廿五章〉：「至誠之道……故至誠如神。」〈第廿七
> 　章〉：「天地之道，博也厚也，高也明也，悠也久也。」〈第廿八章〉：
> 　「大哉，聖人之道！洋洋乎發育萬物，峻極於天。……至道不凝焉。

7　子程子曰：「不偏之謂中，不易之謂庸。中者，天下之正道，庸者，天下之定理。『此篇乃孔門傳授心法，子思恐其久而差也，故筆之於書，以授孟子。其書始言一理，中散爲萬事，末復合爲一理，放之則彌六合，卷之則退藏於密，其味無窮，皆實學也。善讀者玩索而有得焉，則終身用之，有不能盡者矣。』」《新譯四書讀本》謝冰瑩、李鍌、劉正浩等編譯。臺北：三民書局、1976 年 5 月修定六版。頁 17。
　《中庸》是儒家經典的《四書》之一。原是《禮記》第三十一篇，內文的寫成約在戰國末期至西漢之間。作者是誰尚無定論，一說是孔伋所作，另一說是秦代或漢代的學者所作。宋朝的儒學家對《中庸》非常推崇而將其從《禮記》中抽出獨立成書，朱熹則將其與《論語》《孟子》《大學》合編成爲《四書》。

故君子尊德性而道問學，致廣大而盡精微，極高明而中庸。……國有道，其言足以興，國無道，其默足以容。」〈第卅一章〉：「萬物並育而不相害，道並行而不相悖」〈第卅三章〉：「**君子之道**：淡而不厭，簡而文，溫而理。」

「中庸」在字面上的解釋，即是「執中」之意；而執中又當求「中和」，在一個人還沒有表現出喜怒哀樂時，內在之平靜情緒是為「中」，其表現出情緒之後，經過調整而符合常理之為「和」。這過程之中所引起之關聯與學習的方式，就是所謂的「博學、審問、慎思、明辨、篤行」；另以做人的規範上來說：如「五達道」指的是「君臣、父子、夫婦、兄弟、朋友」等人際關係的相處之道，和個人的基本修為：「三達德」，以「智、仁、勇」表現出來。《中庸》所追求的修養的最高境界是「至誠」。

以上羅列出《中庸》所有有關「道」的字句，「至誠」乃是人之德與天之道，可以相互連結之處。由中可以發現出其理論與執行面可說非常之完整，無不充滿著光明良善、理性感性兼顧。這種內外在的修為，就是一種優良人性的標準化，也就是儒家對於接受「大學之道」教育過的男子的一種要求，其主旨在於修養自我，成為一位良好人性的君子人，所該具備的一切品德。這樣的君子之道，可說非常之完美，有如英國貴族世家所講求之「紳士風度」之一般。所以儒家之道，從小自個人之自我修行，大到國家社會之安邦治國，景然有序，大小皆備。儒家從古至今始終不變，一種超理想又一元化的價值觀，從古至今存在著，有別於道家出世之修行，決然不同的、完全相反的、積極入世的、一種永世的好榜樣。

如是之「道」與「道統」，維續著中華民族，千千萬萬年，不管是黑暗如戰國，或者盛世如漢、唐，已然成了一種典範。它已不在只是封閉性的學說了，而早就已融入一般士人的生活語言及傳統文化典範裡面，如同道家的出世或者逍遙遊之觀念與實踐之一般。甚至於各家各派所主張，無形之「道統」奉為圭臬，並非宋儒之可專美於前。

如鬼谷子的「天道、神道、人道、大道、自然之道、先王之道、與道相追……」（參閱本書緒論第二章〈第三節鬼谷子思想與道家〉）不都加入討論了，諸子百家的理想中的中華民族之政治制度與主張之討論與實踐了嗎？它正一幕一幕的，於號稱「中國」所謂「逐鹿中原」之舞臺上，歷經千百年來無數次的鬥爭與上演之中！原只是屬於黃皮膚之相互爭鬥的中華民族，今日

之生存空間變得更大了，已然換了一個名叫地球的新舞臺，必須與各色人種一較長短的嶄新時代，稍有不同罷了！但是他們願意與你和平相處嗎？我想這不僅是儒家一門之道統而已，更是屬於中華民族所有菁英份子的共同道統之擔當了！此時，學養豐富且曾瀟灑縱橫列國、熟悉列國邦交與異國風俗民情的縱橫家策士，當然不會置身於事外，該換他們上場了！

二、縱橫家之道

　　《戰國策》對於「道」也有 148 次及 114 段落，屢屢在縱橫家於遊說、論辯、力諫……等對話之篇章中出現。今舉九鼎故事，以言道統傳承，如下：

> 「秦興師臨周而求九鼎，周君患之，以告顏率。顏率曰：「大王勿憂，臣請東借救於齊。」顏率至齊，謂齊王曰：「夫秦之爲無道也，欲興兵臨周而求九鼎，……願大王圖之。」齊王大悅，發師五萬人，使陳臣思將以救周，而秦兵罷。」[8]

> 秦王口：「道德不厚者不可以使民。」蘇秦曰：「昔者神農伐補遂，黃帝伐涿鹿而禽蚩尤，堯伐驩兜，舜伐三苗，禹伐共工，湯伐有夏，文王伐崇，武王伐紂，……惡有不戰者乎？……夫徒處而致利，安坐而廣地，雖古五帝、三王、五伯，明主賢君，常欲佐而致之，其勢不能，故以戰續之。……是故兵勝於外，義強於內；……非兵不可！今之嗣主，忽於至道，……惑於語，沈於辯，溺於辭。」[9]

> 「子道順而不拂，臣行讓而不爭。子用私道者家必亂，臣用私義者國必危。」[10]。

> 「古今異利，遠近易用。陰陽不同道，四時不一宜。故賢人觀時，而不觀於時；……非子所知。」[11]

8　語出自《戰國策》〈東周策、秦興師臨周而求九鼎〉：「秦興師臨周而求九鼎，周君患之，以告顏率。顏率曰：「大王勿憂，臣請東借救於齊。」顏率至齊，謂齊王曰：「夫秦之爲無道也，欲興兵臨周而求九鼎，周之君臣，內自盡計，與秦，不若歸之大國。夫存危國，美名也；得九鼎，厚寶也。願大王圖之。」齊王大悅，發師五萬人，使陳臣思將以救周，而秦兵罷。」

9　語出自《戰國策》〈秦策、蘇秦始將連橫〉。

10　語出自《戰國策》〈趙策、趙燕後胡服〉。

11　語出自《戰國策》〈趙策、王破原陽〉「古今異利，遠近易用。陰陽不同道，四時不一宜。故賢人觀時，而不觀於時；制兵，而不制於兵。子制官府之籍，不知氣節之利；知兵甲之用，不知陰陽之宜。故兵不當於用，何兵之不可易？教不變於事，何俗之不可變？昔者先君襄主與代交地，城境封之，名曰無窮之門，所以昭後而期遠也。今重甲循兵，不可以逾險，仁義

　　從以上《戰國策》節錄的四篇文章之引文，首先是《周策》之〈秦興師臨周而求九鼎〉，顏率至齊，謂齊王曰：「夫秦之爲無道也，欲興兵臨周而求九鼎」¹²，這項「無道」嚴厲指責，乃是指秦王只是周天子的小諸侯，竟敢違反自古以來爲臣之道。《春秋》〈文公十五年〉：「諸侯用幣於社，伐鼓於朝，以昭事神，訓民事君，示有等威，古之道也。」秦王不顧君臣之尊卑，想來奪取天子傳國之重寶。這「無道」一詞，啓非不是句重話！接著第二篇引文是《秦策》〈蘇秦始將連橫〉，文章之中多處引用力陳，儒家所推崇的聖人，以及以道治國愛民。第三、四篇〈趙策〉引文，這兩篇皆有關胡服騎射，王與臣之間的毫不客氣的針鋒相對。前一引言係趙燕對王言，治國需採順道與不宜用私道，臣子也不能存私義，否則家亡國破。後一引言是，趙王回答生贄之騎邑諫言：「國有固籍，兵有常經，……變籍而棄經也。今民便其用而變之，是損君而弱國也。」

> 「八年，伐陸渾戎，遂至洛，觀兵於周郊。周定王使王孫滿勞楚王。楚王問鼎小大輕重，對曰：「在德不在鼎。」莊王曰：「子無阻九鼎！楚國折鉤之喙，足以爲九鼎。」王孫滿曰：「嗚呼！君王其忘之乎？昔虞夏之盛，遠方皆至，貢金九牧，鑄鼎象物，百物而爲之備，使民知神姦。桀有亂德，鼎遷於殷，載祀六百。殷紂暴虐，鼎遷於周。德之休明，雖小必重；其姦回昏亂，雖大必輕。昔成王定鼎於郟鄏，卜世三十，卜年七百，天所命也。周德雖衰，天命未改。鼎之輕重，未可問也。」楚王乃歸。」（《史記》〈楚世家〉）

　　以上周朝八百年傳國九鼎之文獻，周定王之有賴王孫滿爲遊說特使，成

道德，不可以來朝。吾聞信不棄功，知不遺時，今子以官府之籍，亂寡人之事，非子所知。」
¹² 《史記》〈周本紀〉：「命南宮括散鹿臺之財，發鉅橋之粟，以振貧弱萌隸。命南宮括、史佚展九鼎保玉。」「周公復卜申視，卒營築，居九鼎焉。」「定王元年，楚莊王伐陸渾之戎，次洛，使人問九鼎。王使王孫滿應設以辭，楚兵乃去。」「威烈王二十三年，九鼎震。命韓、魏、趙爲諸侯。」「周君、王赧卒，周民遂東亡。秦取九鼎寶器，而遷西周公於憚狐。」「學者皆稱周伐紂，……成王使召公卜居，居九鼎焉，……至犬戎敗幽王，周乃東徙於洛邑。」〈秦本紀〉「西周君走來自歸，頓首受罪，盡獻其邑三十六城，口三萬。秦王受獻，歸其君於周。五十二年，周民東亡，其器九鼎入秦。周初亡。」〈孝武本紀〉：「天子曰：「閒者河溢，歲數不登，故巡祭後土，祈爲百姓育穀。今年豐廡未有報，鼎曷爲出哉？」有司皆曰：「聞昔大帝興神鼎一，一者一統，天地萬物所繫終也。黃帝作寶鼎三，像天地人也。禹收九牧之金，鑄九鼎，皆嘗鬺烹上帝鬼神。遭聖則興，遷於夏商。周德衰，宋之社亡，鼎乃淪伏而不見。」
〈封禪書〉：「其後百二十歲而秦滅周，周之九鼎入於秦。或曰宋太丘社亡，而鼎沒於泗水彭城下。」〈楚世家〉：「楚靈王方會諸侯於申，誅齊慶封，作章華臺，求周九鼎之時，志小天下；及餓死於申亥之家，爲天下笑。操行之不得，悲夫！勢之於人也，可不慎與？」

功的以德與道統、天命，不必流於戰爭的說服楚王。此處係指於周朝末年，兩次問鼎，均能只以外交論戰的交鋒手法取代流血，終於防止了諸侯國、爭奪保衛九鼎之論述的記載。我們可以看出這些諸侯屢次要納入囊中物的傳國、鎮國之寶，具體表達著其重要性有如：有如宗廟、國威、國祚、國土……及天子，無形之正統地位及傳承之象徵。所以原屬於儒家百般重視的「道統」之對於古代中國而言，其價值直堪與傳承近四千多年，大禹所下令精鑄，象徵「華夏九州」之九鼎相比擬，甚至於九鼎可以遭劫或甚致遺失，但是國之「道統」卻不可遭唾棄或者加以遺忘。

　　「道統」它好像類似於宗教符號、原始崇拜的圖騰一樣，但卻無具體形狀的一種無形崇高之象徵與生存意義之一般，及完全屬於兼具理性與感性之綜合的哲學思維性的精神意義之連接體。它沒有時間性之差異，所以從來就不分古代或現代或者是未來，也毫無地域與空間之分別。因此「道統」它，流經於無數的不同朝代的國脈裡，也無量數的流經於炎皇世冑子孫們的血脈中。尤如 DNA 遺傳基因之密碼，被永久燒錄與儲存在人體的每一個細胞核裡面，而且當其被需要之時，便隨時能夠自我喚醒，而被轉錄與複製。

　　誠然我國的成語中，存在著無不充滿活生生、極其動感，顯明與豐富有趣的典故，例如：

> 「三人成虎、亡羊補牢、不遺餘力、狡兔三窟、狗兔相逐、狐假虎威、畫蛇添足、驚弓之鳥、鷸蚌相爭、漁翁得利、南轅北轍、物以類聚、寧為雞首、勿為牛後、兩敗俱傷、高枕無憂、居安思危、危如累卵、前事不忘、後事之師、疑行無成、疑事無功、士為知己者死、女為悅己者容……。」

　　這些成語的背後故事，也就是出自於春秋、戰國時代，所有縱橫家們出生入死、驚心動魄、「國與國、族與族」之間生存競爭，「翻手可以為雲、覆手可以為雨」；其驚濤駭浪的遊說謀略與冒險患難的故事，宛如真實版的電影情節般，一幕一幕的生動閃鑠、真槍實彈，在我們這群坐在當今最先進的「三D立體電影」戲院的舞臺上，搏命演出。導員、主角與配角等所有演員們，雖都已逝世千年以上，但其細膩情感和精湛演技與縝密扣人心弦、感人肺腑的劇本與故事，卻始終令人難以忘懷，真可說百看而永遠都不會厭倦。

　　如今也都已完全的融入了博大精深的中文語言體系之中，及我國子民的日常生活與文化字紙堆裡頭。此歷史資訊就這樣被永久保存在人們的心坎

裡，我們只要用點心思去挖掘，就能得出一大串影響民族深遠的事蹟。看似只是當今學生「成語辭典」中的九牛一毛、微不足道的片語珠字而已，或是簡單文字組合罷了。但竟然會是歷史慘酷的眞象與戰國鬥爭文化，和縱橫家群體之智慧思想的結晶與人格精神的載體。很難想像到它們居然會是猶如一股輕風、恰似涓涓滴滴的細流，於無聲無息之中，將縱橫家的珍貴生命涵養與璀璨思想精神，神奇的匯入中華民族傳統文化，及其永恆的歷史巨河裡。[13]

三、名利與世道

然而縱橫家這麼眞實與珍貴的文化遺產，卻屢屢被傳統思維者，宣稱縱橫家僅爲一己之私，不足以爲效法，或也非什麼光鮮亮麗之人物。如孟子對著景春的提問：「公孫衍、張儀豈不誠大丈夫哉？一怒而諸侯懼，安居而天下熄。」卻回答說：

> 「是焉得爲大丈夫乎？子未學禮乎？丈夫之冠也，父命之；女子之嫁也，母命之，往送之門，戒之曰：『往之女家，必敬必戒，無違夫子！』以順爲正者，妾婦之道也。居天下之廣居，立天下之正位，行天下之大道；得志與民由之，不得志獨行其道；富貴不能淫，貧賤不能移，威武不能屈；此之謂大丈夫。」（〈滕文公下、第二章〉）

以上是儒家文獻所遺留下來，第一份對於縱橫家之批評。然而離開此一「以順爲正者，妾婦之道也」之禮教，與「富貴不能淫，貧賤不能移，威武不能屈。」的人格特質外，便一無是處？又劉向的《孫卿書錄》：「蘇秦、張儀以邪道說諸侯，以大貴顯。孫卿『退而笑曰，夫不以道進者，必不以其道亡。』以上係引荀子言，前句是說荀子能：「道守禮儀，行應繩墨，安於貧賤。」可見，這兩份資料均明顯指出「以順爲正者，妾婦之道也」，「不遵守禮俗、不安於窮困、不依循天道」便不是正人君子的規範。如《論語》〈衛靈公篇〉子曰：「君子謀道不謀食。耕也，餒在其中矣；學也，祿在其中矣。君子憂道不憂貧。」

以上儒家孔、孟、荀三聖，無不明白的指出能「安貧樂道」，方才是爲人人所敬昂之「大丈夫、君子」。《論語》〈季氏第十六〉子曰：「樂節禮樂，樂道人之善，樂多賢友，益矣」；《孟子》〈公孫丑下〉：「天下有達尊三：爵一，

---

[13] 參考張彥修著《縱橫家書——戰國策與中國文化》，河南：大學出版社，1998 年 8 月，頁 16。

齒一，德一。……其尊德樂道，不如是不足與有爲也」；《荀子》〈非十二子第六〉：「今之所謂仕士者，汙漫者也，賊亂者也，恣孳者也，貪利者也」；《大戴禮記》〈曾子立事〉：「仁者樂道，智者利道」；《孔子家語》〈七十二弟子解〉：「清淨守節，貧而樂道。」這顯然與縱橫家之樂道，所強調與一致追求的「名利觀念」可說是完全不同。

　　縱橫家之所以「重利」，我們可從其代表人物蘇秦與其兄嫂之間的對話中完全表露無餘，而且一點也都不加掩飾。「將說楚王路過洛陽，父母聞之，清宮除道，張樂設飲，郊迎三十里。妻側目而視，傾耳而聽；嫂蛇行匍伏，四拜自跪謝。蘇秦曰：『嫂，何前倨而後卑也？』嫂曰：『以季子之位尊而多金。』蘇秦曰：『嗟乎！貧窮則父母不子，富貴則親戚畏懼。人生世上，勢位富貴，盍可忽乎哉！』」[14]。縱橫家除以「重利」爲自許之外，也特別的「重名」。「臣之出死以要事也，非獨以爲王也，亦自爲也！……王舉霸王之業，而臣以臣爲三公，臣以矜於世矣。是故事苟成，臣雖死不醜！」[15]以上是蘇秦以非常坦白的言論告訴齊王說，我之所以如此出生入死，不只是爲了王你一個人之霸業而矣，我也是爲了我個人的名利。假如事成之後，而能夠獲得德高權重三公之名位，我將爲此尊榮揚名於世而拼命呀！這不就說出了，縱橫家爲王排憂解難乃至於創天下，而所做出的貢獻是有條件的。

> 張儀爲秦連橫，齊王曰：「天下強國無過齊者，大臣父兄殷眾富樂，無過齊者。然而爲大王計者，皆爲一時說而不顧萬世之利。從人說大王者，必謂齊西有強趙，南有韓、魏，負海之國也，地廣人眾，兵強士勇，雖有百秦，將無奈我何！大王覽其說，而不察其至實。夫從人朋黨比周，莫不以從爲可。臣聞之，齊與魯三戰而魯三勝，國以危，亡隨其後，雖有勝名而有亡之實，是何故也？齊大而魯小。今趙之與秦也，猶齊之於魯也。秦、趙戰於河漳之上，再戰而再勝秦；戰於番吾之下，再戰而再勝秦。四戰之後，趙亡卒數十萬，邯鄲僅存。雖有勝秦之名，而國破矣！是何故也？秦強而趙弱也。今秦、楚嫁子取婦，爲昆弟之國；韓獻宜陽，魏效河外，趙入朝黽池，割河間以事秦。大王不事秦，秦驅韓、魏攻齊之南地，悉趙涉河關，指搏關，臨淄、即墨非王之有也。國一日被攻，雖欲事秦，不可得

14　語出《戰國策》〈秦策、蘇秦始將連橫〉。
15　語出《戰國縱橫家書》〈蘇秦謂齊王〉。

也。是故願大王熟計之。齊王曰:『齊僻陋隱居,託於東海之上,未
嘗聞社稷之長利。今大客幸而教之,請奉社稷以事秦。』獻魚鹽之
地三百於秦也。」[16]

以上〈張儀爲秦連橫齊王〉文章,表示出縱橫家不僅自己以「利」做爲
遊說動力,進而也是以對方之「利」,做爲達成目地的雙贏力量,此種「WIN
WIN」互利且雙贏的模式,還蠻現代化的,不是嗎?

《荀子》〈儒效第八〉:「其唯學乎。彼學者,行之,曰士也;敦慕焉,
君子也;知之,聖人也。上爲聖人,下爲士、君子,……故君子無
爵而貴,無祿而富,不言而信,不怒而威,窮處而榮,獨居而樂!
豈不至尊、至富、至重、至嚴之情舉積此哉!」

「堯、舜既沒,聖人之道衰。暴君代作,壞宮室以爲汙池,民無所
安息;棄田以爲園囿,使民不得衣食。……世衰道微,邪說暴行有
作,臣弑其君者有之,子弑其父者有之。……聖王不作,諸侯放恣,
處士橫議,……天下之言,不歸楊,則歸墨。楊氏爲我,是無君也;
墨氏兼愛,是無父也。無父無君,是禽獸也。……楊墨之道不息,
孔子之道不著,是邪說誣民,充塞仁義也。仁義充塞,則率獸食人,
人將相食。吾爲此懼,閑先聖之道,距楊墨,放淫辭,邪說者不得
作。……我亦欲正人心,息邪說,距詖行,放淫辭,以承三聖者;
豈好辯哉?予不得已也。能言距楊墨者,聖人之徒也。」以上出自
(〈滕文公下、第九章〉)。

然選擇了縱橫家,這條充滿「是非名利」,崎嶇不平、顛簸險阻的人生道
路,也就不是典型道家,出世逍遙自得其樂,彷彿看破紅塵濁世的修行人了;
更不是墨家,毫無私心的犧牲奉獻,身負救渡苦難眾生的宗教家;也當然比
入世的儒家,更加積極的入世。可惜!學藝不精或不能急流勇退者,經常會
在百般爭權奪利的競賽場合中,無情的鬥智與鬥爭的人間道上遭致滅頂。孔
子說:「篤信好學,守死善道。危邦不入,亂邦不居。天下有道則見,無道則
隱。邦有道,貧且賤焉,恥也;邦無道,富且貴焉,恥也。」實在是縱橫家
最好的寫照,不也就是鬼谷子門徒的宿命嗎?

---

[16] 以上見《齊策一》〈張儀爲秦連橫齊王〉。

四、雜家的王道

　　以歷史背景的發展，「雜家」[17]的出現是後來的事情，就九流十家而言是最後出現。《鬼谷子》也因其思想來源與學說分派包羅多家多派，曾被列入為雜家之流。雜家由於是最後出現，因此能夠採取先前這些學派之治國理念之精華，「采儒墨之善，撮名法之要」為特點，「於百家之道無不貫通」。雜家以《呂氏春秋》及《淮南子》為代表作，分別為秦相呂不韋[18]和漢、淮南王劉安[19]招集門客所加以輯錄編寫。對諸子百家兼收並蓄，戰國末期，經過激烈的社

---

[17] **雜家**　是先秦時代學術思想中的九流十家之一。雜家之所以為雜家，是因為雜家不具有原創思想，而以取各家所長，避各家所短而用其所長。「采儒墨之善，撮名法之要」為特點、「於百家之道無不貫通」。雜家的學者本身並不自認為自己是雜家，以目前所知的資料來看，此一名稱是班固在《漢書、藝文志》中最早提出：「雜家者流，蓋出於議官。兼儒、墨，合名、法，知國體之有此，見王治之無不貫，此其所長也。及盪者為之，則漫羨而無所歸心。雜家兵法五十七篇。」，並著錄雜家著作二十種四百零三篇於其後，《漢書、藝文志、諸子略》載：雜家著作有「《孔甲盤盂》二十六篇，《大禹》三十七篇，《伍子胥》八篇，《子晚子》三十五篇，《由餘》三篇，《尉繚》二十九篇，《屍子》二十篇，《呂氏春秋》二十六篇，《淮南內》二十一篇，《淮南外》三十三篇、《東方朔》二十篇、《伯象先生》一篇、《荊軻論》五篇、《吳子》一篇、《公孫尼》一篇、《博士臣賢對》一篇、《臣說》三篇、《解子簿書》三十五篇、《推雜書》八十七篇、《雜家言一篇》、右雜二十家，四百三篇。」《隋書、經籍志》亦著錄雜家著作九十七部二千七百二十卷。雜家著作現在只留下《呂氏春秋》、《淮南子》、《屍子》（原書已佚，今僅有後人輯本）三書。後有趙蕤著《反經》綜述雜家。紀昀在《雜家類敘》中則認為「雜之廣義，無所不包」。胡適說：「雜家是道家的前身，道家是雜家的新名。漢以前的道家可叫做雜家，秦以後的雜家應叫做道家。」由於中國哲學在於春秋、戰國後漸少原創，也由於項羽火燒秦宮之舉，使得許多思想的經典付之一炬，在其本源殘缺不全之下，多數的思想家往往向不同的諸子各家裡取法，故自漢以後，難復原貌。亦有學者稱鬼谷子，開創起雜家之先河。

[18] 呂不韋（290 AD～235 BC）雜家的代表性人物，戰國末年秦相。衛國濮陽（今河南濮陽西南）人。出生於衛國濮陽，在韓國陽翟經商，因「販賤賣貴」而「家累千金」。呂不韋在趙都邯鄲見入質於趙的秦公子子楚（即異人），認為「奇貨可居」，遂予重金資助，並遊說秦太子安國君寵姬華陽夫人，立子楚為嫡嗣。後子楚與呂不韋逃歸秦國。安國君繼立為孝文王，子楚遂為太子。次年，子楚即位（即莊襄王）任呂不韋為丞相，封為文信侯，食河南洛陽十萬戶。莊襄王卒，年幼的太子政立為王，尊呂不韋為相國，號稱「仲父」。有食客三千，家僮萬人。呂不韋生前「招致天下遊士」，有鑑如荀況及其學生，都喜歡著書立說以名揚天下，因而授意食客編撰《呂氏春秋》，成八覽、六論、十二紀，共二十六卷，一百六十篇，二十萬言。匯合了先秦各派學說，「兼儒墨，合名法」，故史稱「雜家」。又名《呂覽》，西元前239寫成之後，自覺《呂氏春秋》包含天地萬物古往今來事理，並公佈於咸陽城門。聲言若有人能對《呂氏春秋》增刪一字的話，賞千金。執政時曾攻取周、趙、衛土地，立三川、太原、東郡，對秦王政並六國事業有重大貢獻。後因叛亂事受牽連，被免除相國職務，出居河南封地。不久，秦王政復命其舉家遷蜀，呂不韋恐誅，乃飲鴆而死。

[19] 劉安（179～122 BC），漢高祖劉邦之孫，淮南厲王劉長之子。文帝8年（172 BC），劉長被廢王位，在旅途中絕食而死。文帝十六年（164 BC），原來的淮南國一分為三封給劉安兄弟三人，劉安以長子身份襲封為淮南王，時年十六歲。才思敏捷，好讀書，善文辭，樂於鼓琴。是西漢知名的思想家、文學家，奉漢武帝之命所著《離騷體》最早對屈原及其《離騷》作高度評價的著作。淮南王劉安及其門客蘇非、李尚等「招致賓客方術之士數千人」，集體編寫

會變革，新興地主階級便要求在政治上、思想上的統一。雜家的產生，大體上反映了戰國末學術思想文化融合的趨勢。也影響到秦國滅亡之後，西漢早期的政治制度。

《呂氏春秋》是於秦國統一六國之前，秦國丞相呂不韋組織屬下門客們集體編纂的雜家著作。書中尊崇道家，肯定老子順應客觀的思想，但捨棄了其中消極的成分。融合儒、墨、法、兵眾家長處，形成了包括「政治、經濟、哲學、道德、軍事」各方面的理論體系。他的目的在於綜合百家之長，總結歷史經驗教訓，為以後的秦國統治提供長久的治國方略。所以《呂覽》基本上，也影響到後來之《淮南子》，它同樣也是集合各家門客，所編纂而成。

胡適先生在其《中國中古思想史長編》中認為：「雜家是道家的前身，道家是雜家的新名。漢以前的道家可叫做雜家，秦以後的雜家應叫做道家。」又說：「研究先秦、漢之間的思想史的人，不可不認清這一件重要事實。」所以我們依據歷史發展的軌跡，可以瞭解到經過春秋、戰國諸子百家的論戰之後，所形成的雜家，應該是被視為一個亂世的結束。它將以前各家「經世治國」思想主張諸多紛歧的理論，適時給予綜合去蕪存菁的理清，以適應時代需要，並非不可取，不必以沒有理論創新，而加以輕蔑之。

我們舉雜家的代表著作，來看其對於王道之看法，《呂覽》《有始覽》第六十八卷〈諭大〉言：「昔舜欲旗古今而不成，既足以成帝矣。禹欲帝而不成，既足以正殊俗矣。湯欲繼禹而不成，既足以服四荒矣。武王欲及湯而不成，既足以王道矣。五伯欲繼三王而不成，既足以為諸侯長矣。孔丘、墨翟欲行大道於世而不成，既足以成顯名矣。夫大義之不成，既有成矣已。夏《書》曰：『天子之德廣運，乃神，乃武乃文。』故務在事，事在大。」《呂覽》一說，像是一代不如一代，但是其真實意義是在於「務在事，事在大」，「王道」只是諸多施政環節之原則的總綱。一種只要適合於本國之民情國勢，所能接受的任何之政治制度，其實並非一定要堅持何種制度就算是正確。

古之不行「王道」，由來已久。《淮南子》〈本經訓〉記載說：「古者天子一畿，諸侯一同，各守其分，不得相侵，有不行王道者，暴虐萬民，爭地侵

了《鴻烈》（後稱該書為《淮南鴻烈》或《淮南子》）一書。《漢書、藝文志》著錄內二十一篇，外三十三篇，內篇論道，外篇雜說。現只流傳內二十一篇。《淮南子》以道家思想為主，糅合儒、法、陰陽五行等多家思想，並從唯物主義的角度提出了「道」、「氣」等的學說和觀點，還包含和保留了許多自然科學史的材料。劉安是世界上最早嘗試氣球升空的實踐，他將雞蛋去汁，以艾燃燒取熱氣，使蛋殼浮升。是我國豆腐的創始人。

壞，亂政犯禁。」又於〈主術訓〉：「《春秋》二百四十二年，亡國五十二，弒君三十六，采善鉏醜，以成王道，論亦博矣。」〈俶眞訓〉說：「及周室之衰，澆淳散樸，雜道以僞，儉德以行，而巧故萌生。周室衰而王道廢，儒墨乃始列道而議，分徒而訟，於是博學以疑聖」；此文批判儒墨博學以疑聖，更不客氣的說：「遍知萬物而不知人道，不可謂智；遍愛群生而不愛人類，不可謂仁」，「華誣以脅眾，弦歌鼓舞，緣飾《詩》、《書》，以買名譽於天下。」我們今天於《淮南子》此書中得以一窺，那個紛爭時代除顯明之百家著作之外，另一個陰暗部份的究竟。

又《淮南子》提出了國家於統一之後，文人士子指出前代古人，也就是春秋、戰國百家爭鳴，各自極端的學說，其偏失與失衡之所在。今日讀來甚覺說理清楚，應該理出了問題之頭序：〈氾論訓〉言：「故聖人制禮樂，而不制於禮樂。治國有常，而利民爲本；政教有經，而令行爲上。苟利於民，不必法古；苟周於事，不必循舊。夫夏、商之衰也，不變法而亡；三代之起也，不相襲而王。故聖人法與時變，禮與俗化。」這裡可以看出了《易經》「時變」之「時之義大矣哉、時之用大矣哉」的思想於裡頭。亦有《鬼谷子》思想「夫賢不肖、智愚、勇怯、仁、義有差。……無爲以牧之」什麼樣的人，什麼樣的百姓？都可以被說服，也都可以管理的。要以站在對方的立場上，去和對方相處與進行溝通「同其情也；闔而閉之者，異其誠也。可與不可，審明其計謀，以原其同異。離合有守，先從其志」（〈捭闔第一〉）的主張。這是《鬼谷子》全書之中處處強調，一位身爲國家領導者、統治者、王者；於今日，乃至於是跨國公司或集團的總裁，所該有的胸襟、氣度與涵養之道。

雜家之整理出諸子百家之學說思想，在那個時代是最有資格批判的，因爲他們最接近那個年代，離那個可歌可泣的、既混亂又充滿希望與痛苦的，春秋、戰國之歲月不遠，所以看得最清楚不過了。〈氾論訓〉又指陳言：「王道缺而《詩》作；周室廢，禮義壞，而《春秋》作。《詩》、《春秋》，學之美者也，皆衰世之造也；儒者循之，以教導於世，豈若三代之盛哉！以《詩》、《春秋》爲古之道而貴之，又有未作《詩》、《春秋》之時。夫道其缺也，不若道其全也。」可說眞是肺腑之言。

對於雜家的言論，早在司馬遷之《史記》〈太史公自序〉上，便有所醒思：

「《易》大傳:『天下一致而百慮,同歸而殊塗。』夫陰陽、儒、墨、名、法、道德,此務爲治者也,直所從言之異路,有省不省耳。嘗竊觀陰陽之術,大祥而眾忌諱,使人拘而多所畏;然其序四時之大順,不可失也。儒者博而寡要,勞而少功,是以其事難盡從;然其序君臣父子之禮,列夫婦長幼之別,不可易也。墨者儉而難遵,是以其事不可遍循;然其彊本節用,不可廢也。法家嚴而少恩;然其正君臣上下之分,不可改矣。名家使人儉而善失眞;然其正名實,不可不察也。道家使人精神專一,動合無形,贍足萬物。其爲術也,因陰陽之大順,采儒墨之善,撮名法之要,與時遷移,應物變化,立俗施事,無所不宜,指約而易操,事少而功多。儒者則不然。以爲人主天下之儀表也,主倡而臣和,主先而臣隨。如此則主勞而臣逸。至於**大道**之要,去健羨,絀聰明,釋此而任術。夫神大用則竭,形大勞則敝。形神騷動,欲與天地長久,非所聞也。」

由是觀之,漢帝國建立之初,大力實施「黃老之術」的因素之一。

事實上「王道」是標榜對外和平,對內以愛民、爲民著想爲主要述求,這在各家對於王道的解釋,基本上沒有不同,只是在實施起來之方法,也就大異其趣了。如《淮南子》〈要略〉言:「文王欲以卑弱制強暴,以爲天下去殘除賊而成**王道**,故**太公**之謀生焉。」《韓非子》〈心度第五十四〉:「能越力於地者富,能起力於敵者強,強不塞者王。故王道在所聞,在所塞。塞其姦者必王,故王術不恃外之不亂也,恃其不可亂也。……故立國用民之道也,能閉外塞私而上自恃者,王可致也。」《商君書》〈農戰第三〉:「常官則國治,壹務則國富,國富而治,王之道也。故曰:王道作,外身作壹而已矣。」又〈開塞第七〉:「民道弊而所重易也,世事變而行道異也。故曰:『**王道有繩**』」,「夫王道一端,而臣道一端;所道則異,而所繩則一也。故曰:『**民愚,則知可以王;世知,則力可以王**。』」《管子》〈七法第六〉:「**王道非廢也,而天下莫敢窺者,王者之正也。**

……故正天下而莫之敢禦也。右爲兵之數」;又〈白心第卅八〉言:「子而代其父曰義也,臣而代其君曰簒也,簒何能歌,**武王**是也。故曰庸能去辯與巧,而還與眾人同道。故曰思索精者明益衰,德行修者王道狹。」

儒家提出的一種以仁義治天下的政治主張與霸道相對。「穀與魚鱉不可勝食,材木不可勝用,是使民養生喪死無憾也。養生喪死無憾,**王道之始也**」,「七十者衣帛食肉,黎民不飢不寒,然而不王者,未之有也」(《孟子·梁惠

王上》)。《文子》〈道德〉：「老子曰：『執一無爲，因天地與之變化，……盈而不虧，所以長守富也。高而不危，所以長守貴也，富貴不離其身，祿及子孫，古之王道其於此矣』」。

以上《孟子》與《文子》對王道所言，不就是要「養生喪死無憾」自認爲已是「王道」的開始了；但道家則認爲是要「富貴不離其身」。然而前者只說是夠用就好，而老子還想給百姓加碼多一些牛肉，就說要「祿及子孫」，如此才能稱之乎爲「王道」。

所以，以上兩相比較下來，以當今民主政治來說，選民會把票投給「儒家」或者是「道家」那一個黨派？還不就是聽其政見、觀其福利之好壞有無利於選民自己。所以說到底會是那一個政黨獲勝以執政，如此不就早已見出眞章了嗎！的確人的欲望是無窮的，所以爲政者如果沒有兩下子，搞好經濟刺激國內外之資本家，積極投資、振興產業，便不能滿足與塡平人民的欲望之海，那遲早就必須退出政壇。

因此，若是縱橫家之黨主席鬼谷先生，出來從事總統競選活動，他應該會把在戰國時代的「遊說計謀」之一大套學說思想，壓箱寶的從新變裝成現代之「選戰策略」拿出來使用（請參閱表一）。主張用盡各種遊說、宣傳、廣告、公關、膼人頭公司……等等手法，重金、厚利、籠絡、拉攏的善長於國際經營管理之高級專門人才（如當時的張儀、公孫衍、蘇秦），來主持我們國政與國營企業，協助我們的產業提升。或則是各種各類今之計畫、古稱之爲計謀，諸如：「獎勵投資、優惠條款、免稅條例、振興經濟之計畫，……等」陰謀、陽謀方法，以在國外各大都會之大飯店或展覽會議廳，用來召開國際說明會。大力的進行遊說，而說服民間財團成功進駐台灣，不僅國外資金大筆的匯進來設廠，還會帶動營建產業，還有因招募大量員工，而加以解決勞工失業的嚴重問題。但是別忘了縱橫家最擅長的是外交能力，如果處在當今以經濟貿易課題爲主，就是要多與外國簽訂各式綏貿的協同，以利我國企業進軍國際市場的經營平臺，以利工商產品得以互利之關稅進出各有無邦交之貿易國，如 TPP（高階自由化經濟整合協議、跨太平洋戰略經濟夥伴關係）、ECFA（兩岸經濟合作架構協議）、RCEP（區域全面經濟夥伴關係）……等等，管他與誰有無邦交？是否是敵對國家？一切都以先發展經濟生存之道，增長就業機會、繁榮經濟爲主，帶動消費，爲民眾解決民生問題。不是一天到晚，倡導意識形態假命題之爭，終日繞在誰是敵人誰是朋友，那早已是古早古早

老掉牙的骨董思維，一些與吃飯完全不相干的事。不要到時或日成了劉阿斗之不得不「樂不思蜀」[20]之荒唐與無奈。「賺錢與生存」才是王道，被尊譽爲中國發展總設計師－鄧小平的名言「不管白貓黑貓，抓住老鼠就是好貓」[21]！這便是縱橫家所最關心的「安民治國平天下」策略，所以說「吃飯、睡覺」是最簡單的安民，也是治國之道。這就是鬼谷子主張的所謂「王道」，本節的開頭前，筆者就曾加以提起，非常另類吧！

當初貴爲顯學的墨家，也無法走出王道之迷失，如《墨子》〈兼愛下〉：

> 「且不惟《誓命》與《湯說》爲然，《周詩》即亦猶是也。《周詩》曰：『王道蕩蕩，不偏不黨，王道平平，不黨不偏。其直若矢，其易若底，君子之所履，小人之所視』，若吾言非語道之謂也，古者文武爲正，均分賞賢罰暴，勿有親戚弟兄之所阿。」即此文武兼也。雖子墨子之所謂兼者，於文武取法焉。不識天下之人，所以皆聞兼而非之者，其故何也？」

以上就是墨者認爲：「不只大禹的誓言，連商湯的言辭都一樣，周人的詩也有這類的話。周詩言：『王道坦蕩蕩，不偏私不結黨；王道平平，不結黨不營私；其道路是正直的，其方法是簡而易行的；君子以王道引導在前，臣民在後面跟著走。』如果以我所說的話不符合道統，則古時周文王、周武王爲

---

[20] **劉禪**（207～271 AD），即蜀漢後主，字公嗣，又字升之（《魏略》）。小名阿斗。劉備之子（非長子，劉備的長子是誰已不可考），母親是昭烈皇后甘氏。三國時期蜀漢第二位皇帝，223～263 AD 在位。263 AD 蜀漢被曹魏所滅，劉禪投降曹魏，魏王曹髦封他一個食俸祿無實權的「安樂公」稱號，並將他遷居魏國都城洛陽居住。魏王自己也無實權，掌大權的是司馬昭。在一次宴會上，司馬昭當著劉禪的面故意安排表演蜀地的歌舞。隨從人員想到滅亡的故國，都非常難過，但他卻對司馬昭說：「此間樂，不思蜀。」從 223 AD 後登基，至 263 AD 降魏下臺，稱帝在位 41 年，是在三國時期所有國君中在位時間最長的一位。在那種群雄割據、兵連禍結的年頭，能執政這麼久，若無相當的才智是不可能 。或說劉禪能安穩做皇帝是由於諸葛亮輔佐。但事實，諸葛亮於 234 AD 去世，皇帝又做達 29 年，所以很難說是完全憑被輔助。作爲一個昏庸無能的君主可謂登峰造極，正是這一點讓他在眾多的古代昏庸君主中「脫穎而出」，（有歷史學家評說，其實他是爲了保全國家）。

[21] 鄧小平的名言「不管白貓黑貓抓住老鼠就是好貓」。大陸的高中歷史題庫有題目道說：下圖爲鄧小平收藏的《白貓黑貓圖》，是鄧小平晚年最喜愛的作品之一。這幅作品主要體現了鄧小平的什麼思想（　）？選答是：A、改革就是要解放思想。B、對外開放就是要學習西方的一切成果。C、不管資本主義還是社會主義都需要市場經濟。D、發展經濟可以不惜一切手段。可知，鄧小平對什麼是社會主義進行了回答，特別是解決了市場經濟姓「資」姓「社」的問題，故正確答案爲 C。還有鄧小平另一句影響中國大陸改革開放的名言，是在 1984 年 1 月 19 日和 1992 年 1 月 29 日兩次前往廣東佛山市順德，其中前一次在清暉園接見了時任縣委書記的歐廣源，並聽取順德發展商品經濟的報告，後一次提出了「發展才是硬道理」的著名論斷。

政公平，賞賢罰暴，不偏祖父母兄弟，周文王、武王的兼愛算什麼？我們的墨子所說的兼愛，也是從文王、武王那裡效法取來的，並沒有兩樣！爲何天下的人！一聽到兼愛就加以非難，究竟原因所爲何來？」其實寫這篇文的人，他自以爲只要全天下的人都能「兼愛非攻」、「節用薄葬」，與提供足夠的免費傭兵（墨者），協防保衛其國家之安全，就能行王道，如此舉世就能永享太平。孰不知，各國存在有自主性的「軍事國防」與「民生經濟」之問題，才是實施王道最大的問題，最大門檻之所在。墨者自家所記錄之文獻，竟成了墨家王道的盲點，最有力之証明！

　　但總括言之，不離國富民強，離此便無王道可言。《小戴禮記》〈鄉飲酒義〉言：「貴賤明，隆殺辨，和樂而不流，弟長而無遺，安燕而不亂，此五行者，足以正身安國矣。彼國安而天下安。故曰：「吾觀於鄉，而知王道之易易也。」王道何其易，非也！只要觀察位爲世界最強盛之國家「美國」，近世以來對內一切都是經濟掛帥，對外離不開武器販賣、人權外交、石油美元糧食等國際貿易之專擅霸權。我們只要分析美國的「國家大戰略」，便會發現當其倡導「自由、民主、人權、法治」的同時之背後，是如何透過其強大之諜報組織，與雄厚之軍事和經貿之力量，鞏固其國家安全與百姓不受威脅。但還說其中國大陸和平崛起會威脅她的生存，遂興起環太平洋國家圍堵之，製造東海及南海紛爭。據國際簡氏集團 IHS 網站，宇航防務與安全部門專家分析，2011 年美國國防預算高達 7200 億美金[22]（高出各國支出總額甚多），2014 年則下降爲 5810 億元。雖據歐巴馬聲明，要於 2015 年將再削減至 4956 億。但還會是 2014 年中國大陸 1315.7 億的四、五倍之多。明白此番道理之後，何謂「王道」？它必須擁有強大軍事武力以做爲後盾，而且要相當的富有，即是春秋、戰國的思想家們一向所主張的「富國強兵」，也是眾諸侯日日夜夜想當天下之王，以便進一步實施所謂利人利己的「王道」，才能持續維持，所以故「國富民強」起碼是必備的最基礎條件。認知於此樁事實，困惑便當可迎刃而解。但可千萬別忘記，那只是自己國家民族自我感覺良好，別國永遠會認

---

[22] 據斯德哥爾摩國際和平研究所（SIPRI）《2011 年年鑑——世界 15 大軍事支出國》公佈：第一名美國 6980 億美元，第二名中共 1190 億美元，分別各占世界比 43%、7.3%。第三名英國 596 億美元，第四名法國 593 億美元，第五名俄羅斯 587 億美元，第六名日本 545 億美元，第七名沙烏地阿拉伯 452 億美元，第八名德國 452 億美元，第九名印度 413 億美元，第十名義大利 370 億美元，第十一名巴西 335 億美元，第十二名韓國 276 億美元，第十三名澳大利亞 240 億美元，第十四名加拿大 228 億美元，第十五名土耳其 175 億美元。（2012 年美國 6620 億美元，中國大陸也才九百億美金。）

爲你們永遠是「霸道帝國」，因爲他們不富有也無法自滿，因爲他們也有他們的價值與領袖，隨時隨地都想要脫離你的保護、反抗你的同化，就像當今美國之處境。所以「王道」所相干的「權勢」糾葛，永遠是不解的謎題！

《史記卷四十一》〈越王勾踐世家第十一〉，齊國使者遊說越王說：「臣聞之，圖王不王，其敝可以伯。然而不伯者，王道失也。」我聽說過，圖謀稱王卻不能稱王，儘管如此，還可以稱霸。然而不能稱霸的，王道也就徹底喪失了。「故願大王之轉攻楚也。於是越遂釋齊而伐楚。楚威王興兵而伐之，大敗越，殺王無疆，盡取故吳地至浙江，北破齊於徐州。而越以此散，諸族子爭立，或爲王，或爲君，濱於江南海上，服朝於楚。」所以列國爲求生存必須先重視「兵強馬壯」，再圖謀霸業之後，才能談以進王道。就像我國國歌：「以建民國、以進大同」[23]，有其順序步驟一般。

《尉繚子》言：「富治者，民不發軔，甲不出暴，而威制天下」（〈兵談第二〉），此處之「威制天下」就是王道的理念。這與孫子「上兵伐謀」以及鬼谷子的「遊說計謀」都是同樣居於國富兵強，國家民族才能生存。古言「弱國無外交」，也因此行道者是建立在國富民強之上，一個窮國家面臨強國環視虎視眈眈，還想行什麼王道，那不就是緣木求魚，背道而馳？完全不合邏輯，沒有道理的事。就像是面臨飢荒，即將餓死之窘境，還說「何不食肉糜？」[24]有點那麼的荒唐。這也就是爲什麼？孔子、孟子各自在春秋、戰國，奮力推行仁政與王道，遭到空前之拒絕，就是沒有市場之原故！分析彼時所以之挫敗，主要原因應該是國民水準與時空環境，未達到應有的標準，並不是代表人類就永遠無法實現這個夢想。

---

23 **中華民國國歌** 爲中華民國的國民政府使用的國歌。由中國國父 孫中山與其幕僚共同作詞，程懋筠作曲。由於歌詞第一句爲「三民主義」而被少數人稱爲「三民主義歌」，但其實中華民國國歌從未訂定歌名。三民主義歌曾在 1936 年夏季奧林匹克運動會上獲選爲世界最佳國歌。「三民主義、吾黨所宗，以建民國、以進大同，諮爾多士、爲民前鋒，夙夜匪懈、主義是從，矢勤矢勇、必信必忠，一心一德、貫徹始終。」1912 年，中華民國臨時政府在南京成立，教育總長蔡元培對公眾徵求國歌，後來選定《五旗共和歌》做爲臨時國歌，由沈恩孚作詞、沈彭年譜曲「東亞開化中華早、揖美追歐舊邦新造、飄揚五色旗國榮光、錦秀山河普照、我同胞鼓舞文明、世界和平永保。」這是中國第三首國歌。之後的北洋政府，曾先後以《中華雄立宇宙間》與《卿雲歌》作爲暫用國歌。1924 年 6 月 16 日，孫中山在廣州之黃埔陸軍軍官學校，開學典禮中對該校師生發表訓詞，其內容由中國國民黨黨員胡漢民、戴季陶、廖仲愷、邵元沖協助編寫。該訓詞被稱爲「黃埔軍校訓詞」，又因孫中山爲中國國民黨總理，又別稱「總理訓詞」。

24 出自《晉書‧惠帝紀》：「帝嘗在華林園，聞蝦蟆聲，謂左右曰：『此鳴者爲官乎，私乎？』或對曰：『在官地爲官，在私地爲私。』及天下荒亂，百姓餓死，帝曰：『何不食肉糜？』其蒙蔽皆此類也」。

五、儒家之王道

儒家的政治主張，雖然處於「周禮之崩壞，乃是當時社會經濟基礎變化，而導致社會上無力去維持周禮，但孔子對周禮之繾綣之心，明知其已過時，不足以復甦，但孔子卻還要用仁之功夫，賦予「禮」以新生命，所謂克己復禮，天下歸仁焉。」[25]於此，我們熟知孔子思想體系中的兩大內容是「仁與禮」，而繼承孔子學說之孟子，則有更多的「仁」之思想。孟子對「仁」有更多之闡揚，如：「仁也者，人也；合而言之，道也。」(〈盡心下〉)就是說「仁與人」是銅板的兩面互為表裡，兩者合而為一，便是所謂的「道」。於此而言「仁」的思想，可說就是孟子思想體系的靈魂所在。

孟子指出：人的天性是善良的，「惻隱之心」、「羞惡之心」、「辭讓之心」和「是非之心」，是與生俱來的，稱之為「四端」。它們是「仁、義、禮、智」四德的基礎，這就是孟子的「性善論」。以上之四端與四德，這兩個方面充分表示出孟子理想國度之支撐點，具備了相當之重要性。

孟子認為人人都有「惻隱之心」，且國家的領導者必須行「以不忍人之心，行不忍人之政，治天下可運之於掌上」[26]（《孟子》〈公孫丑上〉），是件輕而易舉的事。他極度呼籲統治者「行仁政而王，莫之以禦」，提醒施行「仁政」之重要與可貴。他以為政必須對民仁慈，因為不仁就會自取滅亡。「仁政」是孟子政治學說和他的社會理想的最基本內容，而「性善論」則是其內在為聖的依據之最好的闡釋。鬼谷子在這一點上，則是以「聖人治國」與「陰與陽」相互倡導之，與孟子之認為善良的百姓，再加上統治者之仁政，國家才不會滅亡，兩者比較起來顯然是非常之不同。「今儒、墨皆稱先王兼愛天下，則視民如父母」（《韓非子》〈五蠹第四十九〉），「世之顯學，儒、墨也」（《韓非子》〈顯學第五十〉）。但在春秋、戰國之實際政治上而言，可說是座毫無實現之可能的舞臺。終其一生所堅持的理想政治，竟是永遠的「空谷足音」[27]，著實

---

[25] 參見 魏元珪著《老子思想體系探索》，〈第四章、第五節——老子與孔子〉頁70。

[26] 語見《孟子》〈公孫丑上〉孟子曰：「人皆有不忍人之心。先王有不忍人之心，斯有不忍人之政矣。以不忍人之心，行不忍人之政，治天下可運之掌上。所以謂人皆有不忍人之心者，今人乍見孺子將入於井，皆有怵惕惻隱之心。非所以內交於孺子之父母也，非所以要譽於鄉黨朋友也，非惡其聲而然也。由是觀之，無惻隱之心，非人也；無羞惡之心，非人也；無辭讓之心，非人也；無是非之心，非人也。惻隱之心，仁之端也；羞惡之心，義之端也；辭讓之心，禮之端也；是非之心，智之端也。人之有是四端也，猶其有四體也。有是四端而自謂不能者，自賊者也；謂其君不能者，賊其君者也。凡有四端於我者，知皆擴而充之矣，若火之始然，泉之始達。苟能充之，足以保四海；苟不充之，不足以事父母。」

[27] 《詩經、小雅》〈祈父之什、白駒〉：「皎皎白駒、食我場苗。縶之維之、以永今朝。所謂伊人、

由衷的令人敬佩！

施政者以「仁政」作爲政治之理想，其最終走向則必歸諸於「王道」思想體系之中，這便是孟子政治理想的最高境界。《孟子》書中對此有精闢地闡述說：「不違農時，穀不可勝食也；數罟不入洿池，魚鼈不可勝食也；斧斤以時入山林，材木不可勝用也。穀與魚鼈不可勝食，材木不可勝用，是使民養生喪死無憾也。養生喪死無憾，王道之始也」（《孟子》〈梁惠王上〉）。主張減輕人民負擔，遵循自然規律之思想，使得人們能夠豐衣足食、死而無憾，即是孟子所謂的「王道」。此王道之範疇，必須以清明的社會政治、完善的倫理道德，厚實的民間經濟，共相支撐才有可能。

《孟子》一書記載著，齊宣王曾向孟子請教「王政」之論述：「昔者文王之治岐也，耕者九一，仕者世祿，關市譏而不征，澤梁無禁，罪人不老而無妻爲鰥，老而無夫爲寡，老而無子爲獨，幼而無父爲孤。此四者，天下之窮民而無告者。文王發政施仁，必先斯四者」（《孟子》〈梁惠王下〉）。所謂王政，除了輕徭薄役，減少刑罰之外，還得把對鰥寡孤獨，窮民無依靠者的深切憐憫與實際關懷，作爲一項重要的政府之德政，最基礎的民生福利，「仁政」是必首先將其考慮進去。

孟子清楚的認識安心、安民之重要，來自於：「無恆產而有恆心者，惟士爲能。若民，則無恆產，因無恆心。苟無恆心，放辟，邪侈，無不爲已」（〈梁惠王上〉）。若要使一個國家的百姓有「恆心」，則國家必須有「恆產」，否則黎民便無從安心起。是故「明君制民之產，必使仰足以事父母，俯足以畜妻子，樂歲終身飽，凶年免於死亡」（出處同上）。必須使百姓先能活下來，然後君王才能言及仁義，這與法家管子稱：「倉廩實而知禮節，衣食足而知榮辱」（〈牧民第一〉），理念有相通之處。於《孟子》書中，還特別提醒國君們，要注意本國的經濟生產：「五畝之宅，樹之以桑，五十者可以衣帛矣；雞豚狗彘之畜，無失其時，七十者可以食肉矣。百畝其田，勿奪其田，數家之口可以無饑矣」，如此人間樂土「養生喪死無憾，王道之始也」，這便就是孟子理想中的王道樂土。

孟子將「仁政」視爲是王道學說的中心思想與先決條件，故得進一步將

於焉逍遙。皎皎白駒、食我場藿。縶之維之、以永今夕。所謂伊人、於焉嘉客。皎皎白駒、賁然來思。爾公爾侯、逸豫無期。慎爾優遊、勉爾遁思。皎皎白駒、在彼空谷。生芻一束、其人如玉。毋金玉爾音、而有遐心。」

理論建構穩固，首先他把孔子的孝道思想，也納入了「仁政」之根本內涵裡。孟子認爲王道實行「道在爾而求諸遠，事在易而求之難。」只要能「人人親其親、長其長而天下平」（〈離婁上〉），便不是難事。他還指出：「事孰爲大？事親爲大；守，孰爲大，守身爲大。孰不爲事？事親，事之本也；孰不爲守？守身，守之本也」守身與孝順父母是根本，一切都應該由此切入。孔子的仁愛主張，於此得到了全面的發揚光大，從而進入了「王道」的階段。在王道境界中，聖賢在位，賞罰分明，賦稅徭役適度，人民豐衣足食，不該流離失所，也就能眞正擁護自己的國家：「以力服人者，非心服也，力不贍也；以德服人者，中心悅而誠服也」（〈公孫丑上〉）。爲了這一理想的實現，人民除依禮而行「生事之以禮；死葬之以禮，祭之以禮，可謂孝矣」（〈滕文公上〉），得說服統治者能勤政愛民，扶植健全的農業生產，減輕農民百姓的負稅，才算是王道思想的基本內容。

　　原始儒家所推崇的政治信仰，就是以上理想的天下太平爲政治模式。然而一旦參與政統的領袖意見不合，或則有數個團體勢力不均衡，那是否就會是一個很不和諧的局面了？春秋與戰國不就是如此，諸侯們彼此之間，無不爲己之利益算計與著想？當然，每一個不同的民族或國家，也無不都會爲了，涉及自己國家的正統或安全、百姓福祉之維護、與道統傳承，而只顧自個利益著想。這種私心從不分種族族群，完全是古今中外舉世皆然，只是所愛的、所關切的，必是自己的子民與自身邦國而已。這項講求純正的「血統、政統」，由此的「親親而仁民、仁民而愛物」[28]此番大道理，不僅是封建社會所一致遵從的施政理想，而後被後代執政之王朝百官加以傳承與解釋。因此「歷史道統」，無不是當時天下各國、各家、各派、各人的共同信念，也是我國政治思想的通性與特點。更是當今工商業社會，講究「品牌」、拒絕仿冒的時代，所奉爲商業道德與法律責任之一環，如同西方所重視之民主自由人權，法治與科學的主流思潮。名犬也要求血統，在拍賣與認證之公開市場上，才能配享高價的價錢，不是嗎？因此「仕者世祿」於春秋尚可以名正言順；不過到了戰國，世襲制在法家力主軍功主張之下，此制度雖未能完全廢除，但已屢屢遭到諸多誹議與影響。

　　就如同孔子所言：「吾道一以貫之」。方東美先生針對此指出：「所謂的一

---

28 語出《孟子》〈盡心上〉孟子曰：「君子之於物也，愛之而弗仁；於民也，仁之而弗親。親親而仁民，仁民而愛物。」

貫之道，在原始儒家中可以分為天道、地道、人道。……所謂『天地之道，貞觀者也』、『日月之道，貞明是也』。所謂『觀』乃是『仰以觀天文、俯以觀地理』甚至草木獸蟲魚、各方面都須通貫起來，然後才能安排人在宇宙中的生命，……如此才能談人道。所謂『人道』，在《中庸》：『唯天下至誠，為能盡其性；能盡其性，則能盡人之性；能盡人之性，則能盡物之性；能盡物之性，則可以贊天地之化育；可以贊天地之化育，則可以與天地參矣。』……《中庸》之『唯天下至誠』就是要發揮此種生命精神，進而做到：（一）完成自己的生命理想（二）推廣同情心使其餘一切人類生命亦得以完成；（三）推人及物，以平等精神體察宇宙間其餘一切存在，完成其生命。……人在宇宙之中可以發揚同等重要的創造精神，與天地抗衡。……以此種精神實現普遍的生命意義及價值。這就是儒家的一貫之道。」[29]

孔子承接自夏、商、周以來的政治、文化、思想……等之《尚書》實證的政治經驗與傳承智慧。「一以貫之」生生不息的《周易》人生哲學等之道統菁華，不僅深深影響我國幾千年來的文化思想，與印烙在百姓的生活意識形態裡。當時普遍所及，天下之讀書人處於亂世，對於古代理想政治之治世典範與當今殘破的、戰亂的現實社會比較，產生一種思想的激情和對人性的焦慮探詢，可說是念茲在茲，無不有此共識。當然曾在亂世中擔負重大使命的行者、外交官或者是為己、為國謀福利的謀士、策士、辯士，其懷抱必死之決心，積極作為與創造性的人生觀，亦包括於內。《戰國策》、《戰國縱橫家書》許多篇章也都可見到，其獨特明顯的人格寫照之充份的內容。所以縱橫家「捭闔、遊說」思想之總集成《鬼谷子》也就是寫下這本書的作者，不僅心中有話要說，更認真的要表示出書本的主旨，不止於「為聖為賢、為名為利、為富為貴」，或是更顯而易見，區區個人小小的「抱負」兩字而已矣！更何況是隱姓埋名，且終生隱居的鬼谷先生，「從不為名生、也不為利活」。所以應有其另一層崇高的目的存在，人生才有意義可言！也就是其遁世修真的真象。

大陸學者趙逵夫認為「鬼谷子一書為純方法性論著，從中看不出有什麼政治主張或政治理想」[30]，當然這並非只是當今學者們的疑惑，千古以來也屢次被質疑，認為它只是一本充滿詐術與違背人性的邪書（批評者以柳宗元最

---

[29] 方東美著《原始儒家道家思想》〈中國哲學精神——導論〉頁27～28，臺北：黎明文化事業公司。

[30] 語出自許富宏撰《鬼谷子集校集注》〈序言〉頁15。

為有名）。趙先生隨後又言「《鬼谷子》實際上是繼承了部份《老子》、《莊子》的思想，又總結了孔子、子貢、墨子在內一些知識份子遊說從政的經驗教訓，……進行外交活動、外事交涉、陳述辭令、勸諫君主等經驗的。」[31]，筆者我反覆思考這句話，總發現有其矛盾存在。因此《鬼谷子》背後的主意何在？一家之言所思何在？故發掘潛藏於書中的不言之理所在？本章由此而出發！雖然時過境遷，世隔千年，今日我們何其有幸處於中西文化，與哲學比較熱絡的自由主義思想的時代新視野裡。站立在個人主義興盛的宏觀角度，以及在歷史傳統認知與現代社會主流思想價值，和未來思潮上之可能新契機中，尋求縱橫家嶄新的言行思維、格局特質、文化刺激、政治影響、國際視野……，多層次進行綜合觀察分析，才能彰顯《鬼谷子》千年以來，對於民族性格有形之塑造與無形經驗之影響；唯有透過重新的批判，才能夠發覺究竟何種偉大的特性與智慧之傳承？得以讓中華民族重新且積極的站立於國際舞臺上，為廿一世紀的人類文明發展繼續貢獻力量，才是我們審慎閱讀研究原典的寶貴之處。

　　《鬼谷子》是一本極其異端的策略性理論典籍，以治世之說、救難之學、溝通之術的姿勢現身，由於他的出現，突顯出了縱橫家的深謀遠慮，綜合起了兵家的銳利、法家的霸道、儒家的剛柔並濟、道家的待機而動，以全新且突出的實踐行動理論，與諸子百家風起雲湧的競爭於動蕩不安的歲月之中。其間受盡傳統質疑，但卻貴為當時諸侯權貴所能接受，那麼它到底是要指導什麼？為何如此赤裸裸的將人性善良之相反的一面，毫無保留的將人性的貪與惡，赤裸的攤開來，並指導應用得當？又憑什麼下指導棋？

　　這就要回到西元前 77 年，因周幽王寵信褒姒[32]，廢棄正室申後與太子宜臼，改立褒姒為後，以其子伯服做太子，造成諸侯們的不信賴說起。當是時，

---

[31] 同上頁 7。

[32] 西周第十二代國王，自西元前 782 年至西元前 771 年間在位，共 11 年。幽王三年時，美女褒姒入宮，相當得到幽王寵愛，並生下一子伯服。於是幽王廢其正室申後與太子宜臼，改立褒姒為後，以其子伯服做太子。褒姒不愛笑，幽王為博美人一笑，試過許多方法都不成功，最後想到烽火戲諸侯的把戲，舉烽火將諸侯軍隊引來，自己則與褒姒觀看他們的糗態，褒姒終於大笑起來，卻沒有敵軍，使幽王在喜悅褒姒一笑後，屢次舉烽火，但從此失去諸侯對他的信任，使諸侯不再理會他舉烽火。此外，幽王又任用佞臣虢石父為卿，但國人埋怨。此人善於阿諛奉承，又相當勢利。再加上他廢申後與太子的事，讓申後的父親申侯非常憤怒，遂串連繒國與西夷犬戎進攻幽王。此時幽王再舉烽火求救，就已經沒有半個諸侯願意來解救他了。最後幽王在驪山下被殺，褒姒被擄走後下落不明，史載犬戎「盡取周賂而去」，致使西周滅亡。

申侯聯合曾侯、許文公及犬戎推翻周幽王，宗周（鎬京）被徹底毀壞，周平王被迫將國都從鎬京遷至成周（雒邑）。那時因雒邑在鎬京之東，所以史上將此後的周朝史稱東周，也就是孔子修定《春秋》開始所訂下的年代。

經過這次驚天動地的大事件，也就是申侯為女兒被廢皇后一事，一怒而發動政變。雖然看起來只是私心作祟，充其量僅能歸之為一次貴族的大政變，而且周王室國祚依然存在，不像商滅夏、周滅商一樣，那般轟轟烈烈的改朝換代。然而我們如果仔細的加以認真探討，便會發現這小小的一戰，不只是推翻周幽王，奪回王位繼承權，或是給後世為王者之最大警惕而已，表面上看起來有效，但還是無法根絕人性的劣根性。如近代英國王室只愛美人不愛江山[33]的艾德華八世（的確為了 Mrs. Simpson 而放棄王位）。

申侯政變，這一小步，卻是我國有史以來政治史與思想史上，一個大的轉機及一次大躍進，可以說是中華民族的一大步。如果說申侯是民族大英雄，實在應該不為過呀！但歷史以來，卻從未對這位大人物徹底加以表揚。也就是從此以後，影響往後幾百年的政治社會，其間透過世襲具有宮廷王權的權利，開始產生鬆動（周，鄭交質）[34]了，到之後爆發的奪權政變、與政治角力鬥爭（春秋五霸[35]、三家分晉），都是申侯一戰所致。以上種種隨後近四百多年[36]的周室封建王朝制度為之動搖瀕臨瓦解，漸次形成國家社會之大亂源，政

---

[33] 這項歷史故事，大家可說都是蠻熟悉的。如夏朝末之於妹喜、商朝末帝辛之於妲己、西週末周幽王之於褒姒、吳王夫差寵愛西施而失去國家。西方如艾德華八世，也為了 Mrs. Simpson，放棄王位。艾德華王子 1934 年愛上 Simpson。1936 年一月繼承他老爹（喬治五世）為王，但此時英國陷入潛在的憲政危機，艾德華八世無法處理，便在同年 12 月宣佈退位。

[34] 原本周朝經過周公勵精圖治、制禮作樂（偉大的大設計師），可說是集產（農業井田制度及手工作坊）、官（貴族封建政治制度）、學（官學）大權，與社會百姓文化節慶活動於一手，一切都非常的完美、完整、健全、隱固與安全的封建大帝國（深得孔子之讚美）。可惜的是後來周室衰微，周平王遷都。首先申侯引犬戎攻入京師，殺死女婿周幽王，以恢復外孫周平王的太子地位。繼之擁立平王登基，造成平王弒父的嫌疑，使得周天子在諸侯間的威望徹底鬆動，還有當時各諸侯國的勢力已逐漸強大，不甘願屈就並互相的攻伐，以上種種現象在平王東遷後，周室漸漸衰落，早已隱藏的影響層面更逐漸的擴大爆發。周室其實只有一小塊的小地盤（王畿），當然便會失去對其他諸侯國的控制，套句現代年輕人的次文化言辭：「誰鳥他」。另外，由於卿士鄭莊公連打勝仗，勢力越來越大，便逐漸的不把周天子與其朝廷放在眼裡。周平王看到鄭國的驕橫，便不願把朝政的大權交給鄭莊公，只將一半的權力交給另一個卿士虢公翰，鄭莊公知道後很不滿。而且，周平王不敢得罪鄭莊公，就將王子狐作為人質讓他住到鄭國去；而鄭國公子忽也作為人質住到都城雒邑，史稱「周鄭交質」，此兩件事就是使周天子的地位大為降低的最大因素。

[35] 齊桓公稱霸、宋楚之爭、晉文公踐土之盟、秦穆公稱霸西戎、楚莊王問鼎中原、晉楚大戰與弭兵會盟、吳越雄霸東南。

[36] 周朝是中國歷史上繼商朝之後的朝代。周朝分為「西周」（前 11 世紀中期～前 771 年）與「東周」（770～256 BC）兩個時期。西周由周武王發創建，定都鄷鎬（宗周）；東周由周平王宜

治鬥爭與國家併吞的劇烈戰爭[37]，使原本之政治社會秩序與君、臣、民等倫理關係，全盤面臨前所未有的挑戰。這就是以孔子為代表之儒家，所要極力於「君不君、臣不臣」的亂世中，從事將周公以來的政治道統，力挽狂瀾著力之處。

　　當時一群有知、有感的、又有所為的有志之士，屢屢面對種種衝突和爭論，種種暴力行為，種種欺詐行為，種種政治變革之衝突，何其之無奈！這些真實現象，都是眾所周知的、非常普遍，例如政府裡「諸侯可以將無能或胡作非為的國王給幹掉，貴族們也可以將沒有才能領導邦國，甚至於讓社稷危危可急的諸侯給取而代之，非貴族出身的老百姓也可以發動平民革命。」在社會上「也暴發出持續性與全面性，菁英之間激烈的論辯與徹底的反思與民間各式的社會運動（百家爭鳴）……等等，各種各類的生存競賽之磨合。」因為這是整個國家之政治制度、社會經濟、產業文化、學術思想……等等傳統與現狀的衝突碰撞，所產生的空前之巨變，其後影響到我們中華民族，在往後數千年之發展。整體說來是一個非常特殊的時代，在全世界各個民族的發展史上，少有的機遇。

　　以上涉及到國家與領導者（國君）與管理者（臣子）與人民（百姓）相互之間關係的新定位、及其相互依存的價值與意義（國富民強），如何脫離與突破個人與團體與自然（天、地、人）之生命生存的困窘與危難之發舒與克服，及如何勇敢的努力實踐與追求創新、相互合作……等。於是研習過「書、詩、禮、易」的知識份子，人性沒有跟著沉淪，更能清楚地意識到了各種社會的弊端和衰落的跡象。從而明顯地受自我的本能的驅使，自由選擇各家宗師更加精進的學習與努力，所以才有了嶄新的思維。瀰漫於這個階段之中，也就是春秋的前後期，和戰國之前、中、後期，許多基本的政治之哲學思想，

臼建立，定都雒邑（成周）。其中東周時期又稱「春秋戰國」，分為「春秋」及「戰國」兩部分。周王朝存在的時間從約前 11 世紀至前 256 年，共計存在約為 791 年。周朝是中國第三個也是最後一個世襲封建王朝，其後秦漢開始成為具有從中央到地方的統一政府的大一統國家。

[37] 根據史書的記載，春秋二百四十二年間，有四十三名君主被臣下或敵國殺害，五十二個諸侯國被滅亡，還有大小戰事四百八十多起，諸侯的朝聘和盟會四百五十餘次。魯國朝王三次，聘週四次。周初時有一千八百國，至春秋之初，則僅存百二十四國。這種由一千八百國最終成為一百二十四國，所發動的戰爭是多麼的可怕與慘烈恐怖呀！生不如死也讓人萌生出智慧。春秋諸國，吞併弱小，大抵以其地為縣。因滅國而特置縣，因置縣而特命官，封建之制遂漸變為郡縣之制。也因此打破了許多貴族所壟斷的政治仕途，造就了更多的人生機遇，可供選擇。後起之秀的縱橫家策士，更可以說是打破代表儒家的傳統官宦之路。

已被傳承且又富創造性的大量湧現出來。

戰國時代又因有孟子的「民爲貴，社稷次之，君爲輕」（《孟子‧盡心下》）之「民貴君輕」，及鬼谷子：「五帝之政，抵而塞之；三王之事，抵而得之」之「取而代之」思想之影響。這個全民性的自覺，便是踩踏在既破爛又殘壞、僵化易碎的思維與制度與組織……等系統之上。原初的西周封建大帝國組織，長久的時間以來，所構成之國計民生的維生運作的軟、硬、軔體系統過於龐大且陳舊過時，與無法回朔的極端強烈之時代潮流的大破壞（戰國七雄），短暫間是完全脫離不了有形無形的思想操控。因一切泛政治化的家、國、封建制度之下的有序社會（西周），而對周王朝不忠的脫序社會（春秋時代），到挑戰既得傳統利益者之權勢的完全的無序社會（戰國時代）。所以經過一個將近四、五百年，長期的無數苦難與生死琢磨，人民才得於殘酷的現實環境經驗中，得到學習與理想之間互動有所啓發，如此更有了新的認識與突破性成熟之進展。

這個期間的「九流十家」分別出現，《莊子》〈天下篇〉舉出儒、墨、道、名四家，總結先秦諸子百家爭鳴，評判其優劣。「首先注意到『道術』，『散於天下而設於中國』的各種思想文化流派具體衍生的現象，是我國歷史上第一次從思想史文化史的角度上[38]，明確地提出『道術將爲天下裂』[39]」。《荀子》〈非十二子篇〉除〈天下篇〉四家外，又多出法家一家。《韓非子》〈顯學篇〉具體指出：「世之顯學，儒墨也。儒之所至，孔丘也；墨之所至，墨翟也」，「故孔、墨之後，儒分爲八，墨離爲三」。秦統一天下後，到西漢《淮南子》更分別論述了，儒、墨、管子、縱橫、形名、法家（之所以沒有將道家列入，乃是劉安以黃老思想爲主）：「晚世之時，六國諸侯，溪異谷別，水絕山隔，各

---

[38] 語見傅劍平著《縱橫家與中國文化》〈導言〉：「對於先秦開始的哲學突破發展進程教系統的總結，先後有三次。一次是以淮南王劉安爲名義撰集的《淮南子‧要略》；另一次是司馬談、司馬遷父子的《論六家要旨》與《史記》；第三次是劉向與劉歆父子所校理的群書和編撰的先秦與漢代的文化史綱要《別錄》和《七略》……」。1995年2月、頁9。

[39] 《莊子》〈天下篇〉：「天下之治方術者多矣，皆以其有爲不可加矣。古之所謂道術者，果惡乎在？曰：『無乎不在。』曰：……『聖有所生，王有所成，皆原於一。不離於宗，謂之天人。不離於精，謂之神人。不離於真，謂之至人。以天爲宗，以德爲本，以道爲門，兆於變化，謂之聖人。以仁爲恩，以義爲理，以禮爲行，以樂爲和，薰然慈仁，謂之君子。……舊法世傳之史尚多有之。其在於……鄒、魯之士、搢紳先生多能明之。《詩》以道志，《書》以道事，《禮》以道行，《樂》以道和，《易》以道陰陽，《春秋》以道名分。其數散於天下而設於中國者，百家之學時或稱而道之。天下大亂，賢聖不明，道德不一，天下多得一察焉以自好。……是故內聖外王之道，闇而不明，鬱而不發，天下之人各爲其所欲焉以自爲方。悲夫！百家往而不反，必不合矣。後世之學者，不幸不見天地之純，古人之大體，道術將爲天下裂。……』」

自治其境內，守其分地，握其權柄，擅其政令。下無方伯，上無天子，力征爭權，勝者爲右，恃連與國，約重致，剖信符，結遠援，以守其國家，持其社稷，**故縱橫修短生焉**。」[40]

　　到了司馬談、司馬遷父子的《論六家要旨》與《史記》雖無出現縱橫家名，但司馬遷於《史記》有多篇的列傳，如〈蘇秦列傳第九〉、〈張儀列傳第十〉、〈孟嘗君列傳第十五〉、〈春申君列傳第十八〉及許多相關的年表、書、世家，如《六國年表》、《留侯世家》……，等忠實記載許多看似黑暗邪惡的政治活動，其實才正是中華民族幾千年來，堅苦奮鬥的生存競賽鬥智實錄，華夏民族的學問始終圍繞著政治道統、倫理道德命脈而活動。又劉向與劉歆父子所校理編撰的《別錄》和《七略》增加了「縱橫、雜、農、小說」四家。才終於抵達到璀璨的先秦思想文化之巔峰，至今西方人還以「秦」尊稱我國，決非偶然。這個民族智慧大解放的年代，此期間被德國之韋伯（Maxweber）與當代美國之帕森思（Taloott Parsons）兩位社會學家，和世界上傑出的古老民族的同一時期的精神發展文明之階段，共同稱之爲一種「哲學突破」[41]

---

[40] 語見《淮南子》〈要略〉：「武王繼文王之業，用太公之謀，……成王在襁褓之中……周公受封於魯，以此移風易俗。孔子修成、康之道，述周公之訓，以教七十子，……故儒者之學生焉。」「墨子學儒者之業，受孔子之術，……故節財、薄葬、閒服生焉。」「齊桓公之時，天子卑弱，諸侯力征，南夷北狄，交伐中國，中國之不絕如線。齊國之地，東負海而北障河，地狹田少，而民多智巧，桓公憂中國之患，苦夷狄之亂，欲以存亡繼絕，崇天子之位，廣文、武之業，**故《管子》之書生焉**。」「齊景公內好聲色，外好狗馬，獵射亡歸，好色無辨。作爲路寢之台，族鑄大鍾，撞之庭下，郊雉皆呴，一朝用三千鍾贛，梁丘據、子家噲導於左右，**故晏子之諫生焉**。」「申子者，朝昭厘之佐，韓、晉別國也。地墧民險，而介於大國之間，晉國之故禮未滅，韓國之新法重出，先君之令未收，後君之令又下，新故相反，前後相繆，百官背亂，不知所用。**故刑名之書生焉**。」「秦國之貪狼強力，寡義而趨利。可威以刑，而不可化以善；可勸以賞，而不可屬以名。被險而帶河，四塞以爲固，地利形便，畜積殷富。孝公欲以虎狼之勢而吞諸侯，**故商鞅之法生焉**。」
《淮南子》本書爲西漢劉安集賓客門人所共同編撰，約成書於漢景帝時代（BC 156～141）。此時正逢黃老道家之學盛行，社會文化尚處於多元化時期，淮南王憑借雄厚才力廣攬天下才識之士，成就非凡著述。是西漢前諸子百家學說的最後一次集結，此後兩千多年裡未能在現如此綜合龐雜之學術巨著。……是一部奇書，牢籠天地而歸於道，視野高遠，氣勢宏大，思想深邃。……是我國思想史上劃時代巨著。該書內容豐富涉及哲學、政治學，倫理學、史學、經濟學、軍事學等眾多學科。（《淮南子》陳惟直譯本〈前言〉重慶出版社 2007 年 7 月一版）。

[41] 哲學突破 是韋伯（Maxweber）與帕森思（Taloott Parsons）等人所提出來的理論。人類約在1000 BC 開始對歷史發展提出哲學反省，例如「我是誰？」、「生命的意義爲何？」、「如何判定行爲的對錯？」等哲學問題。希臘探索自然秩序，以色列哲學探討人與自然的關係，印度哲學關懷人如何從苦難的人間解脫，中國哲學關心的焦點在人際關係、人與社會的關係（我國正處於周朝開始就是周公正是開啓中國的『哲學突破』的一爲大人物，他提出「天命」與「敬德」的學說。）以上乃是這四大文明古國的民族，對於人類處境本身在社會與自然界之間的出路，及其意義所發出的系列性理性思維所作出的偉大貢獻。另一相同理論爲（Axialage）

（philosophic breakthrough）。所以鬼谷子之出現，並非偶然。

六、鬼谷子之王道

我們觀之《鬼谷子》一書中，可說清楚地意識到了〈抵巇第四〉：「天下紛錯，上無明主，公侯無道德，則小人讒賊、賢人不用、聖人竄匿，貪利詐偽者作；君臣相惑，土崩瓦解而相伐射，父子離散，乖亂反目」，當時社會的弊端和衰落的跡象之主因，「諸侯相抵，不可勝數」。就因為心痛，又因為有愛，不忍眾生悲苦，所以他說：「世可以治，則抵而塞之；不可治，則抵而得之」。是誰有資格可以採用抵而塞之方式，他直言：「五帝之政，抵而塞之」（陶宏景註曰：「五帝之政，世猶可理，故曰抵而塞之，是以有禪讓之事。」）又有誰有資格可以抵而得之，「三王之事，抵而得之」（陶宏景註曰：「三王之事，世不可理，故曰抵而得之，是以有征伐之事。」）為聖人能為之。

這三王五帝的道統變化，不也是儒家所一貫稱讚與認同的嗎？所以自然也就是人事與政事的普遍存在的原理原則了「自天地之合離終始，必有巇隙，不可不察也。」（陶宏景註曰：「合離謂否泰，言天地之道正觀，尚有否泰為之巇隙，而況於人乎，故曰不可不察也。」）就因為對於歷史看得清楚、也說得準確，所以才能有資格提出充滿著系統性且簡易的方法與理論，「察之以捭闔」；「能用此道，聖人也」仿佛是向縱橫家們催眠及慫恿和洗腦，讓其自覺是一位上天所派下之天使「聖人者，天地之使也」；鼓勵實現進取的人生理想，薰染著千萬人吾往矣之積極的精神，往聖與賢的境域前進與發展。所謂「賢人在而天下服，一人用而天下從」[42]。多少年輕學子在《鬼谷子》的呼喚與此一思想的指導之下，努力學習「目貴明，耳貴聰，心貴智」〈符言第十二〉之後，遂決定不顧一切的去接近各國君王，用盡所有可能的辦法徹底改變其意

「軸心時代」。認為 800 BC～200 AD 之年間，中國、印度、西方等三個地區，幾乎同一時間出現了許多的哲學家，分別提出與發展出不同的思維領域，是為精神文明的繁榮階段，至今還在廣大影響力的各類基本思維問題。這是一種人類的大躍進。

[42] 語見《戰國策、秦策》〈蘇秦始將連橫〉：「使用乃摩燕烏集闕，見說趙王於華屋之下，抵掌而談。趙王大悅，封為武安君。受相印，革車百乘，綿繡千純，白璧百雙，黃金萬溢，以隨其後，約從散橫，以抑強秦。故蘇秦相於趙而關不通。當此之時，天下之大，萬民之眾，王侯之威，謀臣之權，皆欲決蘇秦之策。不費斗糧，未煩一兵，未張一士，未絕一弦，未折一矢，諸侯相親，賢於兄弟。夫賢人在而天下服，一人用而天下從。故曰：式於政，不式於勇；式於廊廟，不式於四境之外。當秦之隆，黃金萬溢為用，轉轂連騎，炫熿於道，山東之國，從風而服，使趙大重。且夫蘇秦特窮巷掘門、桑戶棬樞之士耳，伏軾撙銜，橫歷天下，廷說諸侯之王，杜左右之口，天下莫之能伉。」

志。站在貴我雙方，彼此間之利害關係上，孰重孰輕之互惠立場上，再加以採用「外交、交涉、談判、遊說、協商、公關、仲介……」等，在最大利益或最小損失或雙贏原則……等，可能「權衡、妥協、融通、方便、接受……」之下，直接影響到政治決策的行爲。事實上，戰國時期才區區幾位可數的，能掌握住自己國家命運的國君，如果能夠採用外交途徑，來解決衝突與誤會及戰爭，正面來說也不就是「事半功倍」，可說績效空前，亦即「能因能循，爲天地守神。」（〈抵巇第四〉）。

　　所謂「因」就事情客觀之變化，依「循」自然之道，而將困擾天地人之離經背道而馳的壞事加以解決，使得「天道」得以繼續依正軌運行，也使得「道統」可以早日歸之於一；如此所得到的成就事「功」會是最大，也能得到應有及該有之天賜富貴，使天下蒼生各得其所。任誰都不會加以拒絕，而欣喜的願意「化繁爲簡」去採納，以便「大事化小事、小事化無事」。我們回想上一世紀的國際社會，莫不是屬於經濟武力皆強勝的美利堅合眾國人之天下，當時雖僅存蘇聯一國能與之抗衡，但美國的大總統，還不是需要有一位元元老、重量級的外交界之紅人李辛吉[43]爲之縱橫折衝，「運籌策帷幄中，決勝千裡外」[44]，才能漂亮完善的處理各邦交國之間的棘手大事！

　　所謂「志士不忘在溝壑，勇士不忘喪其元」[45]，這種將個人一己生命完全置之度外「非勞心苦思，不能原事；不悉心見情，不能成名；材質不惠，不能用兵；忠實無眞，不能知人」（〈忤合第六〉）；百般與徹底的鼓勵大家，如同《孟子》所言：「故天將降大任於是人也，必先苦其心志，勞其筋骨，餓其

---

[43] 季辛吉 亨利、阿爾弗雷德、季辛吉（Henry Alfred Kissinger，1923 AD），是一位出生出生於德國巴伐利亞州菲爾特市猶太人家庭。1938 年，爲了逃避阿道夫、希特勒迫害，舉家移居到紐約市。季辛吉在 1943 年 6 月 19 日歸化成爲美國公民。是一位德國裔的美國猶太人外交家，1973 年諾貝爾和平獎獲得者，之後擔任尼克森政府的國務卿國家安全顧問（1969～1973 年）和國務卿（1973～1974 年）。在水門事件後，他繼續在福特政府擔任國務卿（1974～1977 年）。作爲一位現實政治的支持者，季辛吉在 1969 到 1977 年之間在美國外交政策中發揮了中心作用。在這段時期內，他倡導緩和政策，使美、蘇之間緊張的關係得到緩解，並在 1972 年和中華人民共和國總理周恩來的會談中扮演了至關重要的角色，促成了中國的開放和新的戰略性的反蘇、中、美聯盟的形成。隨著 1976 年民主黨人吉米、卡特在大選中擊敗傑拉爾德、福特，季辛吉也退出了內閣。在競選中卡特批評季辛吉「一手操辦」了美國所有的外交事務。在雷根總統上臺後，季辛吉便較少直接參政，轉而繼續供獻其畢生經驗與智慧，在一些私人機構擔任顧問和政治評論員。參予了有緩和蘇聯與中、美建交、越南化政策和轟炸柬埔寨、孟加拉國（東巴基斯坦）戰爭、第四次中東戰爭……等重大事績。
[44] 語出《漢書》〈張良傳〉：「運籌策帷幄中，決勝千里外，子房功也。」
[45] 朱熹《四書章句集注‧滕文公章句下》註：「元，首也。志士固窮，常念死無棺槨，棄溝壑而不恨；勇士輕生，常念戰鬥而死，喪其首而不顧也。此二句，乃孔子歎美虞人之言。」

體膚，空乏其身，行拂亂其所為，所以動心忍性，曾益其所不能」。[46]要隨時學習效法聖人之智與聖人之道，「非至聖達奧，不能禦世」；並僅為群體生命「事之危也，聖人知之」，終生致力於改變有權有勢之王者的意志「因化說事，通達計謀」；與傳統之道統的脈絡之動機與時代需求相呼應而努力不懈，「以識細微。經起秋毫之末，揮之於太山之本。」故能成就「常戰於不爭，國不費……，而天下比之神明。」

首先《鬼谷子》開宗明義於〈捭闔第一〉上說：「粵若稽古，聖人之在天地間也，為眾人之先。……故聖人之在天下也，自古至今，其道一也。」這個「道」究竟是什麼？而致使聖人有強烈的時代之使命感，驅使著古往今來的所有的聖人們，捨去世間的榮華富貴，甘願犧牲一切，而加以堅持遵行之？《鬼谷子》建構這整套看似巧詐、算計、心機、鬥智的，外交策略的唇槍舌戰的理論架構，不也就是四百八十六篇《戰國策》，所記錄著彷彿沒血、沒淚、沒心肝，卻是佳人才子必讀「驚濤駭浪、腥風血雨、嫌疑刺激、搏命演出」，舉國傳世的文章。其實，那字字句句，無不是著充滿危急、險惡、阻絕，如同深陷虎穴之死亡絕境般，不知是否明日尚健在？如果說他們的功勞非比尋常，正如〈摩篇第八〉所言：「積德也，而民安之，不知其所以利；積善也，而民道之，不知其所以然」，實在不為過。但是又有幾人能知曉，在宮中得勢、權勢角力、派外出使、毫無奧援下，況且還必須無時無地的絞盡腦汁，使用機智、策略、權謀、鬥爭，其工作職責是多麼的險阻、危難與艱辛，隨時隨地有被敵國殺死或被政敵設計陷害之可能，但還必須事後能「主事日成，而人不知」功成名就，才能非凡而留名青史呀！但竟常事與願違，而客死於異鄉。

但細究其中，卻有其至深的道理存在，因為我們確切清楚的在《鬼谷子》此書中，看到了多次使用「道」一字與「聖人」一詞，在許多的字句堆裡，並非是無的放矢或毫無意義的存在。〈捭闔第二〉：「故聖人之在天下也，自古至今，其道一也」，「周密之貴，微而與道相追」，「捭闔者，天地之道」，「捭闔者，道之大化，說之變也」，「捭闔之道，以陰陽試之」「此天地陰陽之道，而說人之法也」；〈反應第二〉：「多張其會而同之，道合其事，彼自出之，此

---

[46] 〈告子篇下〉孟子曰：「舜發於畎畝之中，傅說舉於版築之閒，膠鬲舉於魚鹽之中，管夷吾舉於士，孫叔敖舉於海，百里奚舉於市。故天將降大任於是人也，必先苦其心志，勞其筋骨，餓其體膚，空乏其身，行拂亂其所為，所以動心忍性，曾益其所不能。人恆過，然後能改；困於心，衡於慮，而後作；徵於色，發於聲，而後喻。入則無法家拂士，出則無敵國外患者，國恆亡。然後知生於憂患而死於安樂也。」

釣人之網也」、「未見形，圓以道之」、「己不先定，牧人不正，事用不巧，是謂忘情失道」、「由夫道德、仁義、禮樂、忠信、計謀，先取《詩》、《書》，混說損益，議論去就。欲合者用內，欲去者用外」、「外內者，必明道數」；〈內捷第三〉：「事皆有內捷，素結本始。或結以道德，或結以黨友，或結以財貨，或結以采色。」多種的選擇，是專對複雜多變的世間人性，而設計的。但卻常為泛道德[47]所俘虜。

　　所以在戰國時期，鬼谷子主張的「遊說計謀」哲學思想，在他給縱橫家的指導原則裡面，從未出現「忠君、愛國」兩個字，也無「王道」字眼（只言「先王之道陰」〈謀篇第十〉），有的只是「五帝之政，抵而塞之；三王之事，抵而得之。諸侯相抵，不可勝數，當此之時，能抵為右」（〈抵巇第四〉）。但觀之鬼谷子也並沒有反對實施王道，而且視同太公、孔、孟一等般，主張不適任之「王」，必將之推翻取代；但平常是君王有權，臣有謀，是非常之明確，也是春秋、戰國時代的通則，前面已論述過了；又再談用人與領導者人格上，如符言九術，完全是王者的風範，所以不僅根本上不反對實行「王道」，而且肯定是聖人王道政治的主張者，是主張以合乎自然世界的領導之道，例如螞蟻、蜜蜂之組織是由后蟻與蜂王，來負責管理統治領導人世國度。但有一項不同的是，尤其是在全木《鬼谷子》遊說溝通而言，是講究無限次數的溝通，筆者稱之為「無限溝通」，這不僅是在外交場合如此而已，也等同對於內部官員或政敵等而言，還是採用人際關係互

---

[47] **泛道德主義**　我國從古以來，主流意識便強調政治之道德化，千年影響所及社會文化均瀰漫著此一嚴重的意識形態。老子說「天下唯有德者居之」；劉伯溫也說：「天下非一人之天下，唯有德者能享之」。其本質並非只是道德的肯定與重視而已，還轉化成道德的高調、氾濫與專制。它以道德為唯一治政與化民的最基礎之價值，以此道德來衡量及評估一切。任何不以道德為主要內涵或訴求的知識與活動，都會淪入次要的位階，與失去獨立自主的地位，遭全民唾棄，甚至於全民皆可驅除誅殺之。又如科學與製造，在漢、宋儒家的心目中，就不過是「奇技淫巧」之類的俗人小技藝。讀書人只需專精聖賢之學的「道德學問」（doctrines of morality），也就是四書五經中那種充滿道德教義。而正就是這種泛道德主義，才形成魯迅所謂的「吃人的禮教」。有人口口聲聲講道德，但卻不見得真有高尚的道德，反而還充斥著虛偽、或在教條化下失去了人道、仁愛與憐憫。今日西方人之能夠有傲人的哲學與科技文明，是因精研出人類所需的知識而進步起來，當然從來就是睜開眼睛去看，雙手去做才能獲取客觀知識的答案。而鬼谷子之縱橫家之實務派的政治家、哲學家，便是用「做」和「經驗」去逼近問題與事物之真正核心，還說「天地無極，人事無窮，各以成其類。」（《鬼谷子·本經陰符》〈轉圓法猛獸〉）。但泛道德則忽略經驗，忽略現實，而妄想架構一個虛妄的道德理想社會來取代不完美的現實世界。根據殷海光的看法，「泛道德主義」最大的謬誤是分不清「思想秩序」（order of thinking）和「事物程式」（order of things）。現代民主的兩大障礙，極右的就是所謂的「泛政治主義」，極左的就是所謂的「泛道德主義」。

動上的親近、說服、協調、妥協、改變、議和……等等各式非武力之策略。以上，這種精神與種種方法和態度，可說是尊重的與民主的，而且在各種場合強調必須自我調整心態，並主張配合對方來說，也很合乎現代的「角色扮演」的原則。

因為那時的諸侯無不是周天子所策封的，百姓不也都是炎黃子孫！因此使得策士在進行遊說時，究竟應該是講「王道」或者是「霸道」，其實大抵心知肚明且遊刃有餘。當是時，「王道」被儒家認為作為君主，應該推行的統治方法。其核心是以道德與仁義為基礎，實現國家的治理。王道的代表者為孟子，實行王道的君主稱王者，與霸主相對，與同期以韓非為代表的法家《韓非子》〈初見秦第一〉言：「此固以失霸王之道一矣，……失霸王之道三矣。」另《管子》〈霸言〉曰：「霸王之形，德義勝之，智謀勝之，兵戰勝之，地形勝之，動作勝之，故王之。」主張的「霸道」，一前一後的主張，不謀而合（春秋前期、戰國後期）形成對比。其實就如古人所言：「無德必亡，唯德必危。」不可不察也。治世的帝王一向雖都崇尚王道，而實行的是切合現實的王霸之道，王道與霸道混合，才能處理複雜微妙的政事。《史記、十二諸侯年表》：「孔子明王道，干七十餘君，莫能用。」孔子主張王道政治，遊說求仕於七十多位國君，沒有（一次）被任用。魯迅《且介亭雜文集》〈關於中國的兩三件事〉說：「在中國，其實是徹底的未曾有過王道」。

綜論以上，諸子百家從未離開王道政治之主題，雖然有霸道、帝道等，言詞思想與實際事例與推翻世襲與改朝換代等之發生，始終沒有如西方採競選之選舉制度，有的話就是禪讓方式，與選賢與能，但都是短暫。但從《鬼谷子》的思想內涵，卻可以看出王道與民主的融合共存的思想，故我將其稱之為「王道民主」。各取其優點，如取中國王道政治的聖人精髓，西方民主議會的優點。也去除封建專制的缺點，以及競選對立，使得台灣社會，因政治意見不同，而「夫妻反目，父子相殺，朋友變敵人，親戚成仇人」，形同戰爭之慘痛與悲哀，嚴重的病疴。何苦來哉！實施西方如此之「劣質民主」，讓此不良的政治制度，使國家的菁英與百姓長期處於對立狀態，消耗國力，阻礙國家與社會的進步與發展？

七、現代所謂的王道

我國於二千多年前，孟子大力主張「以力假仁者霸，……以德行仁者王」

48（〈公孫丑上〉）的「王道」政治思想。當時孟子區別了「霸」與「王」的差別，前者以力而後者以「德」、以「心」將政治與道德合一，正是所謂的「以德行仁，以王天下」。理念、方法與好處，儒家千百年以來，講得已經是非常的清楚與簡單明白了。只是當時於儒家最興盛的春秋戰國時期，各諸侯王國都未曾能夠力行，尤其現在國際上混亂的世局，更是希望渺茫。所以未來是否會有可能會出現，有利於王道之實施的政治環境與經濟條件，尚不得而知，我們在這裡也不敢說是絕對不可能。但身為炎黃子孫，對於此中華道統之盛會與使命，總會有一關懷與期待的心情。

　　「王道」置放於廿一世紀的現代，會是怎樣的價值與面貌？我們從在BBS、PTT 等社群網絡上與其它之論壇中，發現「王道」一詞被指稱為「照片」。一時會很令人不解與訝異吧！那曾攸關百姓幸福關連，國家政治思想與統治的嚴肅課題，怎會被現代的年青人 KUSO[49]成如此不可思議，與給人觸目驚心之感覺。因為照片能夠比文字表達出更多的資訊與內容之謂，讓使用者一目了然，還能夠各自解釋與自取所需，主動給人相當之方便，不浪費時間、勞民傷財，還真是有如古代仁義之師、疼愛百姓之王君呀！所以鬼谷子的「非王道」之政治思想，早已隱藏著超時代彈性的「非政治」之訊息於其中。故「王道」可解為王者所走的道路、正確的道路、正確的方法、或解為最強大的正統的配對，有時會變成偏執的認定。如此王道，實際上就是人們在一定的歷史時期，處理一切問題的時候，有助於當時的人情利益和社會道德標準，在不違背當時的政治和法律制度的前提下，所採取的給古人所說的「天下蒼

---

48 〈公孫丑上〉孟子曰：「以力假仁者霸，霸必有大國，以德行仁者王，王不待大。湯以七十里，文王以百里。以力服人者，非心服也，力不贍也；以德服人者，中心悅而誠服也，如七十子之服孔子也。《詩》云：『自西自東，自南自北，無思不服。』此之謂也。」

49 KUSO 在日文作「可惡」的意思，也是「糞」的發音。也是英語「shit」的意思。起先是教遊戲玩家如何把「爛 Game 認真玩」的意思。通常也拿來當成罵人的口頭禪。但對台灣的網路時代而言，「KUSO」（或稱為庫索）則漸漸演化成「惡搞」之意。後來 kuso 也漸漸有了無聊的意思。KUSO 在台灣早期只限於網路，後來則利用網路的特性，影響範圍愈來愈大，之後經台灣傳入中國大陸。目前用途非常之廣泛，一般認為是對一些圖片，文字，媒體發佈的消息及對官方檔案的惡搞，都叫做 KUSO。早期的形式只限於文字，而隨著越來越多的人接受這種網路「惡搞」，KUSO 之風迅速蔓延擴展開，像我們幾乎每天都可能收到的那種搞笑電子之短信，就可以說是一種 KUSO 文化的衍生品。KUSO 文化也越來越被那些以青少年為消費群體的商家所關注，像 PC-home 網站，曾開闢「就是愛搞怪」貼圖區，還舉辦了「搞怪貼圖大賽」活動，均十分受到歡迎；而可口可樂也舉辦搞笑歌舞比賽的 KUSO 推廣活動，以引起消費者注意。故惡搞文化，是指對認為是嚴肅之主題加以解構，從而建構出喜劇或帶有諷刺之一種胡鬧又兼具娛樂效果的普遍行為。常見形式是將一些既成話題或節目等，改編後再次發佈。如此眾多惡搞，在當代社會之流行文化中是很常見，也被商業廣告業界所廣為利用。

生」之無礙無害與仁厚的滿足與方便，之某一種態度和行動，亦即就是兼具感情與理智的判斷，與妥協的政治領導管理之藝術。

由此，我們從西方資本主義的經濟社會之角度來看：「王道精神」就是關注「利益相關者」的利益，此即是指消費者、股東、員工、從上游的銀行資本家，到下游的經銷商，加上社會全體之利益。企業團體用這樣的思維經營，大家皆互蒙其利，也就是修正的資本主義、修正的社會主義共同發展、共用好處。其實企業也是一個王國，不同的是，企業可以自主選擇自己的「天下」，也就是自己的利益相關者。所以今天，一家成功之企業集團身處於工商經濟社會，除提供商品謀取利潤之外，就要對社會負責，身處環境中就要保護內部股東與員工，與外部之協力廠、顧客、消費者與社會環境之安全，這是所有企業都要做的，這就是企業的王道。所以現代之所謂王道的最新詮釋，是一種已經脫離了國家之「政治目的」，爲述求的中國式的企業經營之王道精神。

我們還可以從最近二個眞實例子看出，「王道」於目前之人類政治社會中已沒有了市場。其一、當今連鎖服飾零售業世界第五大領導品 UNIQLO[50]，優衣庫的總裁之柳井正社長先生，接受日本〈週刊朝日〉專訪。他於 2012 年發生日本購島事件之政治紛爭之中，在中國優衣庫各地的分店掛出「支持釣魚台是中國的固有領土」的標語，完全避免中國大陸市場的消費者與百姓，舉國遊行示威抗議之中，以免 172 家分店被砸了。商人無祖國的主張，終於成功的保護了其店面與財產之安全。但柳社長必須面對國內右派的日本人，要求他放棄好幾百億新台幣的中國市場，他於是說出內心的眞心話：「捨棄中國市場，日本經濟將加速衰退」。還趁時與商界多位大老，一起告誡日本政府「釣魚臺導火線，是日本錯誤的決策」要趕快解決。這就證明出了「市場是王道」的時代眞義。

其二、台灣於數十年前提出「科技島」口號，去年又提出「人文科技島」的聞名世界的宏碁電腦集團創辦人，在中國大陸有 IT 教父之稱的施振榮[51]於

---

[50] UNIQLO 珠式會社（日語：ユニクロ，音譯爲優衣庫）是經營休閒服裝設計、製造和零售的日本公司（859 家分店）柳井正創立。原本隸屬迅銷公司旗下，在 2005 年 11 月 1 日公司重整後，UNIQLO 現在爲迅銷的 100% 全資附屬公司，1999 年 2 月該公司股票在東京證券交易所第一部上市。在銷售數字和營收方面，UNIQLO 是日本連鎖服飾零售業的領導品牌。目前爲全球第五大平價服飾品牌（前五名爲 ZARA，H&M，GAP，The Limited，UNIQLO）在中國大陸 172 家、香港 16 家、南韓 87 家、英國 10 家、法國 3 家、美國 3 家、台灣 26 家和馬來西亞 6 家等分店（2012 AD）。

[51] 施振榮（Stan Shih，1944 AD），台灣彰化縣鹿港人，國立臺灣大學物理學系學士、國立交通

一些公開場合裡，一反西方主張企業經營就是霸道的意識型態，多次提到說：「王道精神就是對資本主義盲點做出補強」，「王道在現代指的是領導之道」，「讓社會企業運用資本賺錢，才叫王道」。除此之外我們的年輕人與以經濟發展與追求利益的主流意識人士，卻充斥著「賺錢就是王道」的響亮口號。施先生還認爲，目前企業界有一種主流思想，認爲企業要霸道才能贏得競爭。他卻以更先進與文明之眼光，說「我覺得王道並非要丟棄霸道，我們的目標也是要贏得競爭，王道比起霸道，更強調對企業的利益相關者負責。」，「這一王道思想，在中國企業界，現在還不是主流。」並宣佈 2015 年是爲「王道插秧」元年，開始著手企業人才培訓計劃。以上，從一位成功的世界級的企業家口中，終究讓我們聽到了，實施商界王道之眞象了！另外，我們還在前行政院長劉兆玄所推廣的計劃——「兩岸漢字，再次書同文」，也看到了「使用者王道」的主張。可見先聖先賢「王道」的思想，已有了現代化豐富的意涵。更反應出我們中華民族，既獨特又優秀的「王道」思想，不分時空始終都有其堅韌的生命力，祇是過於崇高與理想。

　　由此觀之，「王道」並不存在於當今國際的政治思想學術裡面，只存在於中國之歷史典故裡頭，與當代之經濟市場的企業管理中，和年輕人之次文化裡，此乃是事實，不必傷感。讀古代歷史，也處處可以發現有王道和霸道主張的兩派人物、兩套做法。過去的歷史學者與當今的哲學思想家，對於王道和霸道，也曾有過不少評論。用我們現在的觀點，對於王道和霸道，究竟應該有個怎樣看法呢？中國共產黨說：「槍桿子是王道，武力是硬道理」，中國國民黨說：「三民主義是王道、是眞理」。孫中山先生說：「民族源于王道，國家出於武力。」還曾勸過日本政府：「勿做西方霸道的鷹犬，要做東方王道的干城。」以上觀之，

大學電子工程研究所碩士，宏碁集團創辦人，也是台灣精品品牌協會創辦人暨榮譽理事長。施振榮認爲：當同仁被尊重、被授權的時候，就會將潛力發揮出來；主張「人性本善」、「王道精神」（宏碁最重要的企業文化）。又說：「宏碁以製造電腦聞名，也以製造百萬富翁聞名。」1988 年，宏碁電腦股票上市，躋身百萬富翁的同仁有上千個，千萬富翁則有上百個。在全世界科技業裡，股權像宏碁這麼平均而分散的，可說絕無僅有。「宏碁從集體創業開始到推動員工個股，有一個非常重要的用意是，我要讓同仁知道，雖然我是『龍頭』，但不是老闆，我和大家一樣都是夥計。」這是宏碁建立互信基礎的關鍵所在。1992 年提出「微笑曲線」（smiling Cure）理論。一條像微笑嘴型的曲線，兩端朝上，左邊是研發與服務，右邊是行銷與品牌，而中間是利潤最低的製造組裝。微笑理論理論雖然簡單，卻很務實，它在附加價值的觀念指導下，企業只有不斷朝附加價值高的區塊移動與定位，才能持續發展。有人還將微笑曲線歸納了兩個要點，第一是可以找出附加價值在哪裡，第二是關於競爭的形態。
2014 年，施振榮先生，在 70 歲生日上宣佈，於網路臉書上開設「施振榮 stan 哥有約－王道大家談」頻道，提倡「王道插秧計劃」，以培植與思考台灣和年輕人的未來出路與發展。

鬼谷子理論是最貼近現代精神了，如「新中國是用槍桿子『打』出來的，也是民主協商『談』出來的。」互利與溝通，是何其重要？所謂「要努力、有實力，才是王道」，乃成了當今兩岸三地，經濟與國力上最務實的認知標準。

八、本節結語

西漢之時，博通經術兼曉天文地理諸子百家之學，常評論歷朝政治得失，有獨到見解的大學問家劉向，為漢元帝所受命，要他負責校閱天祿閣藏書，而得以廣泛閱讀古聖先賢之典籍，又能有充分時間著書。在其著作《新序》、《善謀篇》中對「王道」有所表示，他說到：「王道如砥，本乎人情，出乎禮義。」於同卷之另一處又寫到：「三代不同道而王，五霸不同法而霸。」於此看出了劉向是稱讚「王道」，比起對於霸道有較多的好感。他把王道看做是普世之人情和法律道德相結合的結果，這也有其傳統與文化和時代政治局世之道理。儒家經典《禮記》不也是老早就有寫道：「禮、樂、刑、政，四達而不悖，則王道備矣。」即此王道思想與主張了嗎？

由上觀之，上一節所談論的所謂「王道」，實際上就是人們在一定的歷史時期，處理一切問題的時候，按照當時通行的人情和社會道德標準，在不違背當時的政治和法律制度的前提下，所採取的某種態度和行動。反之，如果不顧一切，依靠權勢武力，蠻橫逞強，頤指氣使，巧取豪奪違反天理、不通人性，就是所謂霸道了。當今中國大陸所的宣示的兩岸政治和談的主張，如中共胡錦濤總書記在十八大的政治報告中提出：「希望雙方共同努力，探討國家尚未統一特殊情況下的兩岸政治關係，作出合情合理的安排。」之後國台辦主任王毅再次強調：「要做出合情合理的安排」[52]。以上不管是否為政治謀

---

[52] 以中國大陸國台辦主任王毅的看法，來對「兩岸在國家尚未統一的特殊情況下的政治關係」、以及「作出合情合理的安排」作一解讀，他是說「合情」就是照顧彼此關切，不搞「強加於人」；「合理」就是恪守法理基礎，不搞「兩個中國、一中一台」。特別具有意義的是，這里所謂「照顧彼此關切」，如從台灣願意配合的角度來看，當然是希望北京對臺北的期待能多一分理解：那就是對兩岸再進一步深化的交流甚至於整合，應多給予對等與尊嚴的視待。而且更重要的是，北京需要正視目前兩岸分治的現實，對於「中華民國」的存在，北京必須作出「合情合理的安排」。至於說不搞「強加於人」，若這是北京對台灣民情反應的醒覺，那麼對臺北來說，它就是希望能看到北京有些話語權，如「一國兩制」的宣導，不妨暫時擱置。畢竟這是兩岸「統一後」北京建議的模式，當臺北在目前尚未表態是否要走上「統一議題」的談判桌前，或台灣尚未表達願意接受這種「統一後」的政治制度前，實際上過度的宣導，不具實質的意義。加上這種在時間點上還是屬於比較遙遠的模式，當在台灣被提倡近三十年來一直沒有太強的市場共鳴時，北京真的可以暫且不提。更何況未來整合的模式應該是由兩岸共同來研商，而不是北京單邊的主張，只有做到這一點，這才能叫做是「合情」的安排。

略，但如此言就是一種「王道」的思維與表現。

　　但是，這種解釋仍然是很不夠的，尤其不是當今世界上複雜的國際形象，我們現在應有的看法。用我們今日的眼光去看，古人的所謂「王道」和霸道，從本質上說是沒有多大區別的。在古代奴隸社會和封建社會中，實行「王道」和實行霸道，結果是一樣的，這條件必須是你的國家足夠的強盛。這句話怎麼解釋？一切差別就「仁義」道德兩個字，對不服從王法者還是必須處刑，但當你的國力衰落之時，不管你對百姓臣民多好，對敵人、犯人多仁慈，結果可以完全相同，還是可能會遭亡國滅種。而贊成王道的人和贊成霸道的人，雖然有時分為兩派，甚至互相攻擊，各不相讓，處在二元之對立，這像是在討論善與惡之一般，只是人治之問題使然，如《韓非子》〈姦劫弒臣第十四〉言：「伊尹得之以王，管仲得之以霸，商君得之秦以強。此三人者，皆明以霸王之術，察以治強之數，而不以牽於世俗之言：……故有忠臣者，外無敵國之患，內無亂臣之憂，長安於天下，而名垂後世。」國家長治久安就是要對善良奉公守法的臣民保護，對作奸犯科的現行犯，給予法律規定之處分，時時不忘充實國防武力。今日法治時代，可說已將過去國家「王道」之所謂的長治久安問題，訂下體制制度與規範，所以也沒什麼存在意義了。反而西方的民主制度，隨時鼓勵對立與鬥爭，與東方的和諧人生與政治完全不同，不僅選舉與否到來，社會總是充滿對立，更不好的隨時會有衝突發生。所以講究以法制基礎之下，人治型的「王道」，如果再加以改造，是否便有其市場性？

　　民族國家在國與國之間，就是存在著各式利益的鬥爭，好的競爭如：體育、經濟、發明、學問……，壞的爭鬥如：武器、間諜、情報、利益、生存……等各式各樣的博奕，個人面子也要爭。講求世界和平的「王道」，表面上要夠資格，裡子裡要足夠的硬。否則「王道」永遠會只是自己說了算，誰跟你理會！反而成了把柄。就如美國她自我感覺良好，自認是世界的員警，擔當著維護世界之公平正義，但要犯上別國或其他民族或敵對團體的利益，依然跟她這國強又民富的大國給幹上，如筆者在本書前言所提到的 911 恐怖事件。因為不夠現實與實際，所以「王道」在春秋時期本就沒有市場了，其後在孟子的戰國時代也說了等於沒用。當然重視現實的鬼谷子，他壓根兒對於「王道」或霸道完全沒興趣，所以在《鬼谷子》書上，也就從不言一二。要說他說了，

（以上節錄自──新加坡「聯合早報」（2012 年 11 月 30 日）《解讀王毅對「作出合情合理安排」的看法》中國文化大學社會科學學院院長邵宗海之撰文）

明言的就「故雖有先王之道，聖智之謀，非揣情隱匿，無可索之」（〈揣篇第七〉），「先王之道陰」（〈謀篇第十〉）這兩句話。可見他沒排斥，反而接受，更提出屬於自己獨特的方法與原則。

然而，有時是同一種人，甚至是同一個人，忽而提倡「王道」，忽而又提倡霸道。特別是春秋、戰國時代的所謂「縱橫家」之流，往往隨機應變，朝秦暮楚。他們既能宣揚王道，又能宣揚霸道，完全是以政治投機為目的。

在這一方面最突出的代表人物是商鞅。據司馬遷寫的《史記》《商君列傳》所載：

> 「（商鞅）西入秦，因孝公寵臣景監，以求見孝公。孝公既見衛鞅，語事良久。孝公時時睡弗聽。罷，而孝公怒景監曰：子之客妄人耳，安足用邪？景監以讓衛鞅。衛鞅曰：吾說公以帝道，其志不開悟矣。後五日，複求見鞅，鞅複見孝公，益愈，然而未中旨。罷，而孝公複讓景監。景監亦讓鞅。鞅曰：吾語公以王道而未入也。請複見鞅。鞅複見孝公，孝公善之而未用也；罷而去。孝公謂景監曰：汝客善，可與語矣。鞅曰：吾說公以霸道，其意欲用之矣；誠複見我，我知之矣。衛鞅複見孝公，公與語，不自知膝之前于席也。」

由上文可知，都是相同的一位商鞅，他前後四次見到秦孝公，說的話卻變化了幾個樣子。頭一次，他敷敷衍衍地說了一通所謂「帝道」，目的是做一下試探，覺得不對頭；在第二次談話的時候，他就改變了腔調，說出了關於所謂「王道」的一些議論，結果仍然不好；在第三次談話中，他就又改變了腔調，說了一套所謂「霸道」，結果顯然比以前兩次談話要好得多，卻還不夠滿意。因此，在第四次見面的時候，商鞅就索性充分發揮他關於實行「霸道」的一大套意見，結果就完全達到目的了。這個例子非常清楚地表明，古人有時不管談論「王道」和霸道，或者隨便談論其他什麼道，都只是當作進行政治投機的一種方法，簡直象闖江湖或者是商賈依購買者需要，而推銷商品之一般，待價而沽罷！

《淮南子》〈俶真訓〉更批評說：「施及周室之衰，澆淳散樸，雜道以偽，儉德以行，而巧故萌生。周室衰而王道廢，儒墨乃始列道而議，分徒而訟，於是博學以疑聖，華誣以脅眾，弦歌鼓舞，緣飾《詩》、《書》，以買名譽於天下。」

李斯更認為帝道可用，不取「王道」之實說理由是：「若此然後可謂能明

申、韓之術，而修商君之法。法修術明，而天下亂者，未之聞也。故曰「王道約而易操」也，唯明主爲能行之。若此則謂督責之誠，則臣無邪；臣無邪則天下安，天下安則主嚴尊；主嚴尊則督責必，督責必則所求得；所求得則國家富，國家富則君樂豐。故督責之術設，則所欲無不得矣。群臣百姓救過不給，何變之敢圖？若此則帝道備，而可謂能明君臣之術矣。雖申、韓復生，不能加也。」（《史記》〈李斯列傳〉）

　　秦始皇接受了李斯的建議，把全國分成三十六郡，以後又陸續增設至四十餘郡。這些郡完全由中央和皇帝控制，是中央政府轄下的地方行政單位。中央集權的制度從此確立。始皇二十八年的〈嶧山刻石辭〉說：「追念亂世，分土建邦，以開爭理」；「乃今皇家，壹家天下，兵不復起」。這說明秦始皇不用「王道」，採用李斯建議之「帝道」，認爲廢分封、行郡縣，是消除各地兵爭所必須的。其實「帝道」，是超越「王道」與「霸道」的，但其規模則相比之下顯現出另一種夠大的格局，不宜於此處論述之。

　　但是，古來關於「王道」和「霸道」的兩派做法，在實際效果上仍然有很大的差別。只是古人對於「王道」和「霸道」的解釋，在我們今天看來，未免太不確切了。那麼，照我們現在的觀點，用我們的語言來說，究竟什麼是「王道」，什麼是霸道呢？所謂「王道」：可以做一種解釋，就是老老實實的從實際生活上出發，屬於人民需求的作風；而所謂「霸道」：也可以做一種解釋，就是憑著主觀武斷一意孤行的，不考慮別人的作風。不過，這種解釋是不能強加于古人的，用這種觀點去評論古人也是不合實際的。

　　但是，無論如何，從古代的歷史中，人們卻也不難找出經驗教訓，說明即便在古代，「王道」也畢竟要比「霸道」好得多。《漢書》的作者班固，追述秦、漢以前諸侯爭霸的局勢時，在好幾個地方都對霸道有所譏諷。例如，他說：「晉文公將行霸道，遂伐衛，執曹伯，敗楚城濮，再會諸侯。」這使人一看就會感覺到當時要想做霸主的，到處樹敵死傷無數，多麼不得人心！

　　至於歷來也有一部分人，對於「王道」和「霸道」兩派之間的鬥爭，採取所謂不偏不倚的態度，企圖找到一條折衷的道路。如漢代韓嬰的《韓詩外傳》寫道：「懷其常道，而挾其變權，乃得爲賢。」這便是想在王道和霸道之間，尋找折衷的「常道」，加上某些權宜變通的方法，並且自誇爲「賢」人政治。其實，這種折衷的道路也只能用以自欺欺人，因爲它事實上是不存在！只有提倡「積極進取、搞好關係、擇主而事、擇交安民、擇友而交、遊說計

謀、無限溝通」，聖人行先王之道，只可做不可說，永遠站在民眾之一邊與隨其喜好的鬼谷子，之非「非王道」、「非霸道」；而是經過協調溝通，就是依民情國別不同之需要，亦即經過個別需要而量身訂做，所行的既彈性又特別之性質的「王道」；才是徹徹底底屬於古老中國與現代時局人性，真實與永久的「真理王道」。而並非是，屬於一人、一派、一族、一黨、一國，固執、僵化、愚痴、愚腐、天真、不合現實，毫無溝通餘地，自以為是的「王道」之模式。連毛澤東都懂得運用說「路線是『王道』，紀律是『霸道』」[53]，它永遠都是兩手策略的應用，並非是死板板的無法變通。

　　所以我們要探究鬼谷子的所謂「王道」，只要依《鬼谷子》全書之精神，乃是一向依循《易經》陰陽變動之道理，亦即講究現實與實際平衡之需要的鬼谷子，他心中所認定的「王道」，首先面臨的可能的問題，會因名不正而言不順，所以必須先解決不同之稱呼之問題。但問題就是困於指稱，若再度因名與實之爭辯，就只會讓問題更加之複雜。所以應採「實」先於「名」。例如：實際上王道有如浮動匯率般，故就稱之為「浮動王道」（經濟性質）；而實際上有必要經過民主協商，就稱之為「協商王道」（政治性質）。如鬼谷子言：「變化無窮，各有所歸，或陰或陽，或柔或剛，或開或閉，或弛或張。」

　　以上，「王道」會因時、因地、因人、因事而不同，所以也可以說，鬼谷子他所主張的「王道」是一種的集「修正、變動、彈性」等性質，充滿時間概念之進行式的「王道」；也是一種依民族與文化之不同，而產生出一種相當有種族特色，泛空間泛歷史的「文化王道」。完全不會是西方列強之菁英，居於自私自利，所設計所提倡的完全以英語之語系為主的，什麼地球村？什麼是普世價值？狂妄的遺忘了其他語系的民族的文化，就像是人之本性一般，有一種叫做「媽媽口味」的記憶，那是終其一生永遠無法忘懷的口腔戀情，你怎麼可以善加剝奪之，再窮再苦也不可以奪其最原始的所愛。如是即便是

---

[53] 〈嚴明政治組織紀律〉：「『如果黨的政治紀律成了擺設，就會形成『破窗效應』，大家注意看就知道，西方國家議會投票，往往是政黨壁壘分明，一個黨的議員要不就是都反對，要不就是都支持。這說明了什麼？不就是各黨對自己的黨員有政治上的約束嘛！對那些在政治上行動上與本黨離心離德的黨員，西方國家政黨也是要執行紀律的，甚至給予開除處分。一個政黨，不嚴明政治紀律，就會分崩離析。身為黨員，鐵的紀律就必須執行。毛澤東同志說，：『路線是「王道」，紀律是「霸道」』，這兩者都不可少。如果黨的政治紀律成了擺設，就會形成』破窗效應。使黨的章程、原則、制度、部署喪失嚴肅性和權威性，黨就會淪為各取所需、自行其是的『私人俱樂部』。習近平——在十八屆中紀委二次全會上講話節選（2013年1月22日）

「霸道式的非王道」；勉強稱之，亦是一種自我感覺良好的「非王道式，存有霸道基因的帝道」，當今基督教文明之所以被伊斯蘭文明之民族所排斥與對抗，全然就是屬於此種瞧不起它國民族文明，而極力想同化征服，消滅之所致。

　　反之吾國，於春秋、戰國經過無數次征戰之後，我們的先聖先賢得出了最寶貴的智慧，那真得諸子百家各式優良思想之傳承，被後世中國庶民百姓，所欣賞、所讚稱之為「智聖先師」的鬼谷子，所可能要經營的「智慧王道」之模式，當然絕非是西方式的帝道。因為他會主張，必須永遠能夠互蒙其利又互相互動，即建立在以「經濟和武力」必然條件之基礎上（我們再熟悉不過快聽膩的「富國強兵」），才配稱之為可以實現，不是夢境裡頭，虛假不真的「王道」。因為「王道」必須處於一種進步與平衡的崗位上，才能享受到因你的王道所帶來的文明幸福之紅利。實行「王道」的進程之中，偶而也會遇上各式反抗之種種抗爭，春秋、戰國時百姓還是有遷移自由、言論自由，除奴隸之外（美國南北戰爭就是因為農奴問題）。是可以採用鬼谷子的「無限溝通」去協商、談判、磨合……，乃至於政治情報滲透方式。無法解決不得其意之時，也不避忌憚加以生級，採用武力來恫嚇與處理，最終訴之於戰爭，也在所難免與無可奈何之事了。那不就正是顧淮所言：「如果過份太平……那還有什麼奮鬥、追求、自我犧牲？那還有什麼進步可言呢？」[54]

　　霍金曾說這個宇宙是專為人類而設計的，以及愛因斯坦的相對論，不就驗證著人類此項生存矛盾對立之所在。故傳承《易經》與《道德經》、《六韜》精華思想，智謀雙全的鬼谷了說：「故言長生、安樂、富貴、尊榮、顯名、愛好、財利、得意、喜欲，為陽，曰始。」又：「故言死亡、憂患、貧賤、苦辱、棄損、亡利、失意、有害、刑戮、誅罰，為陰，曰終。」（《鬼谷子、捭闔第一》）戰爭與和平永遠是一體兩面的，不必畏戰，「王道」也會有其修正與終止的時候。戰爭是「陰」、和平是「陽」，永遠別忘記「天地陰陽之道，而說

---

[54] 顧淮（1915～1974 AD）出生於上海，當代著名經濟學家吳敬璉說他：「學識淵博言詞犀利，對中國問題和世界歷史中的一系列問題，提出自己的獨特見解，言人所謂言。顧淮改變了我一生。」歷史學家朱學勤說他：「顧淮一燈如豆，在思想隧道孤苦掘進。」評論家王元化說：「許多問題一經他提出，你就再也無法擺脫掉。促使你去反省並檢驗，由於習慣性一直紮根在你頭腦深處的既定看法。」著有《從理想主義到經驗主義》：「還有戰爭，也許也不壞。這個世界如果過份太平，大家做起葛天氏之民眾，那還有什麼奮鬥、追求、自我犧牲？那還有什麼進步可言呢？歷史是由事件組成的，沒有鬥爭，就沒有事件；沒有事件，豈不是就沒有歷史了嗎？」北京，光明日報出版社，2013年1月，頁61。

人之法也」（同以上）的智慧，鬼谷子之「變動陰陽」理論，永遠是解決與處理因人而起的，各類事情之最佳藥方（人事陰陽）。

　　鬼谷子講究經由遊說協調而成的政治，是合乎現況，也是民主的，況且鬼谷子規範領導者是需要具備聖人特質的人格（爲人處事能力有是超級一流的），爲民解難「守司門戶」，並合乎天道（知識智慧有一定過人的水準）的領導者，才能在自己的國土上執政（「知萬類之終始」），基本上就是「王」者，王者親民愛民，就是完全百分之一百的中國思想的王道無誤。再加上他獨特的辦事方法與注重人際關係，和實質的關說遊說，也就是當今社會的生活經商上班族等等的方式無異，稱之爲民主生活方式，可說是吻合的。

　　當今民主政治有許多方式，有代議制（資本主義的美國式代議政治及德、法歐陸式的民主政治等）、有公民制（早期希臘雅典城邦）、有君主立憲（英國、日本等）、還有台灣的特殊的民主方式，其實不必特別拘泥於什麼方式。中國大陸自己也宣稱是社會主義的民主協商方式，四中全會通過要往「依法治國」的目標邁進，這些都只是選賢與能形式不相同而已。雖然最主要的問題是領導者產生的正當性，絕不可以在打殺之下或是世襲下傳承，也就是我國古人所言公天下，而非家天下；不可以獨裁，不可以專制。但其實更重要的是，國家必須能夠把百姓照顧好，沒有內憂外患，且不會讓百姓討厭，還能夠維持國富民強，如此永續經營下去，就是最好的政治制度。鬼谷子雖然沒有強調，但是依其思想邏輯與辦事走向，和爲人溝通之方式，凡事可商量之原則，跟現代社會做人做事方法習慣完全吻合，具有現代化精神意義，所以肯定的是就是民主的。因此將兩者觀念加以推敲起來，就是優質的、先進的「王道民主」政治概念四個字加以定調！從沒有過的，承先啓後的觀念與方式，卻在《鬼谷子》的思想縫隙裡被發現了，奇哉，妙哉！

第三節　　鬼谷子縱橫理論對國際外交思想之貢獻

　　我們在上一節已談論完畢鬼谷子式的「王道」，它就是一種「對內王道、非霸道」，「對外非霸道、非非王道」的現在進行式，應該是量身訂做非「帝道」的折衝調理型的「王道」，超越所謂現代化美國式的世界霸權之主張，她在世界上其他民族眼中是永遠的「霸道帝國」。這就是對內採用「自由、民主、人權、法治」，一切都可以坐下來商量討論（鬼谷子「無限溝通」協調協商），非常有彈性之愛民與護民的憲法議會精神，與翩翩王者之風範。對外則採用

各式外交恫嚇、軍事威脅、經貿制裁、人權壓迫、法規抵制、監聽控管等之張牙舞爪、吃相難看，無所不用其極的強力干預它國政治之國際外交手及講究和平主張法，兩套手法。一切可能威脅到國家發展、國家利益、百姓權益，一概透過龐大的間諜組織網絡，或長期培養反對勢力，由其武力與各種明的暗的，所謂陰謀、陽謀之兩面手法，迅速加以進行抗衡、制裁與制止與破害，這套手段在美蘇冷戰時期霸權爭奪為中心，至今行之有年，世人皆知。

但是今日國際局勢已然不同，國際關係格局丕變，國際關係在講究均勢之下，各國外交戰略態勢大為不同，新的結盟形式隨著國與國之間相互程度的依存與競爭，有了新的秩序與規則。因為世界霸權的兩極，代表社會主義的蘇聯已然瓦解；又代表資本主義的大不列顛，英國國力也大不如從前，甚至於其國內本土蘇格蘭與北愛爾蘭亦興起獨立之公投，危及國家完整之分裂事實；前者似乎為，以建立有中國特色的社會主義國家之中共，所取而代之；後者則為美國獨霸於世，雖早已曾現衰落走下坡之趨勢，但在國際上軍事武力、政治外交、貿易經濟與科技工藝，乃是美國持續維持世界最大之影響力量。目前資本主義引起的道德淪喪、社會正義、經濟亂象、文明衝突……等等危機，使其存在有如蘇聯為首的共產主義，於廿世紀之瓦解一般，處於風雨飄渺之可能險境中！

正逢世界力量的大變動、大分裂、大改組等，如此轉機之下，今日世界正付與中國，並將其推向國際的新霸權以及國與國新型關係舞臺之機會。此一時期，有如鬼谷子思想提出於春秋、戰國混亂局勢之時代，至於將來會是何種政治體制，在中西文明碰撞之中，身為偉大的中華民族的後代，自會從往聖先賢偉大的哲思裏頭找出答案，還有鬼谷子自由寬廣的「無限溝通」的遊說思辨原則，如此也給足了我們靈活的思路。治國理政參考鬼谷思想，踏上前人的經驗，與時俱進的由此方向走去，可說絕對的正確與清楚明白，永遠不會失誤與迷失。其實只要能夠實現國家富強、民族振興、人民幸福，如清末思想家魏源[55]所言：「履不必同，期於適足；治不必同，期於利民。」(《古

---

55 魏源（1794～1856 AD），清湖南省邵陽縣金潭人（今邵陽市隆回縣金潭），為晚清思想家，新思想的宣導者、語嚴復齊名、林則徐的好友。魏源是道光二年舉人，二十五年始成進士，官高郵知州，晚年棄官歸隱，潛心佛學，法名承貫。《默觚下、治篇五》言：「今天，中國是一個巨大的動力，中國的人民在前進，在革命的動力中前進……讓我們獻身于阻止文明毀滅的鬥爭，用每一份力量，保證全世界每一個人都能得到生活上應有的享受。」魏源認為論學應以「經世致用」為宗旨，提出「變古愈盡，便民愈甚」的變法主張，因而萌發了向西方學習的思想，大膽提出了「師夷之長技以制夷」（《海國圖志敘》）的戰略思想。《海國圖志》100

微堂集、治篇》），任何主義、任何政體都已不算重要了。當今國內政治如兩岸三地、一國兩制，都將不是真正的問題；重要的是如何與世界各利害關係的國家和平共存、平等互利的相處，這便是向鬼谷子學說借鏡，也是其思想大為發揮之時了。那就是鬼谷子模式，具有中國古聖先賢完全特色，以及具有當代文明意涵，且有別於資本主義、社會主義、共產主義，姑且稱之「王道主義」展現生機的時候了！

話說，美國這套世界霸權行使百年的手段，無獨有偶，早在西元前二千多年以前，正逢兵荒馬亂的春秋、戰國，號稱居世界之中央位置的古代中國，已經有了一大群以鬼谷子所提倡的「遊說計謀」，全方位的治國安民之哲學理論的縱橫家策士們，或以外交使節之名義於列國之間遊走，或於自家國內施展謀略幃幄運籌。以「縱橫捭闔、反復週旋、抵戲用間、飛鉗破敵、忤合身謀、量權天下、隨機決斷、出奇制勝、以虛擊實、千仞轉圜」之「用兵十謀」[56]策略，配合著「合縱連橫、遠交近攻、越境進兵」之政治與軍事各類手段，以取人之國，壞人宗廟。

其實對於一向習以政治活動的古代中國，在封建思想、戰略文化與外交作為上，完全不陌生。我們可以以王道和霸道的立場上區分為三：即以孟子為代表仁義的「理想王道」、以荀子為代表「禮、法」的「修正王道」、以韓非子為代表君主極權的「完全霸道」。拿「理想王道」的外交內涵來說，外交是不以追求本國利益為主要目的，而以仁義道德的實現為最大目標，道德並非外交手段，而是外交的目的。而「修正王道」的外交內涵來說，外交是以維護與追求本國利益為主要目的，在追求本國利益同時兼顧道義原則，在反對濫用武力思維之下，儘量和平解決國際爭端。至於「完全霸道」的外交內涵而言，便是迷信武力與唯利是圖，只顧本國利益，以爭奪霸權與取得霸主地位為外交的最大目的，仁義道德至多只是外交工具而已。

王道、霸道之簡單自我約束的專制政權型態，加以區分為四種外交的情況來說。據中國古代外交史研究上，我加以修飾為所謂的「現實政道」式之外交，所主導之時間，約包括春秋、戰國五百五十年之時間。其次為「修正王道」式的外交，占主導地位的時間最長，約包括兩漢、唐及清朝（1840 年

卷、《皇朝經世文編》120 卷、《聖武記》；助江蘇巡撫陶澍辦漕運、水利諸事。撰《籌漕篇》、《籌齒差篇》、《湖廣水利論》等。

[56] 參閱彭永捷著《中國縱橫家》宗教文化出版社，1996 年出版。

之前）；三者是「理想王道」式的外交，占主導地位的時間爲第二久，包括兩
宋與明朝，鄭和下西洋就屬於理想王道；而「完全霸道」之外交方式，就只
在秦、隋、元三朝短短的年祚上，占了主導之位置。

　　以上所說的「現實政道」，也就是指多國之國力勢均力敵的國際政治局
勢，處於如此之國際紛爭之紛圍之下，行使的現實外交模式。它是一種健康
與正常化的國際外交策略，並不是一大強對眾弱（古中國之對東亞週邊小國
一種區域性的外交形態）、或者是兩大強對眾弱（前蘇聯與美國之冷戰時期）、
或者是一弱對一強（也是一種地區性質），而是一種數強對多弱式，遊刃有餘
多彩多姿的春秋、戰國之模式。然而以當今世界之國際情勢而言，卻是一種
新形態的國際外交形勢，極其複雜之詭譎多變，可說在傳統上之任何一種方
法，都將難以應付得了。

　　因爲當今之情勢，已經到了一種全民皆兵，所謂的超限戰爭的時代。爲
何如此之說法？因爲現在的每一個人，都有超越國界的跨越能力，不像古代
要離開家鄉就夠困難的。不僅身體離開國門容易，連心理腦筋都可以迅速透
過電腦與國外相關機構，如與敵國相聯接，以前叫作通敵漢奸、叛國賊之謂，
以此標準而言，現在滿街都是。因爲人與人關係更緊密，透過網路世界已然
形成一個無遠弗界的地球村[57]，資訊情報的產出更多、更透明，取得也更容易、

---

[57] 地球村（global village）是著名學者馬素、麥克魯漢於 1967 年在他的《理解媒介——人的延
伸》一書中首次提出，對現代傳播媒介的分析深刻地改變了人們，對 20 世紀以及 21 世紀生
活的觀念。現代科技的迅速發展，隨著廣播、電視、互聯網和其它電子發達的傳媒出現，及
各種交通方式的飛速發展，人與人之間的時空距離驟然縮短，國際交往日益頻繁便利，整個
世界緊縮成一個「村落」。人們的交往方式以及人的社會和文化形態發生了重大變化。交通
工具的發達，曾經使地球上的原有「村落」都市化，人與人之間的直接交往被迫中斷，由直
接的、口語化的交往變成了非直接的、文字化的交往。而電子媒介又實施著反都市化，即「重
新村落化」，消解城市的集權，使人的交往方式重新回到個人對個人的交往。「城市不復存在，
惟有作爲吸引遊客的文化幽靈。任何公路邊的小飯店加上它的電視、報紙和雜誌，都可以和
紐約、巴黎一樣，具有天下在此的國際性。」麥克盧漢覺得這個時候時間和空間的區別變得
多餘。這種新興的感知模式，將人類帶入了一種極其融洽的環境之中，消除了地域的界限和
文化的差異，把人類大家庭結爲一體，開創一種新的和諧與和平。這種環球村已經產生。地
球村是互聯網的發展；是資訊網路時代的集中體現；是知識經濟時代的一種形成，通信技術
的更新換代，網路技術的全面運用使地球村得以形成。麥克盧漢的「地球村」理論，是全球
化理論的萌芽，對後來研究全球化的學者產生了深遠的影響，地球村的出現打破了傳統的時
空觀念，使人們與外界乃至整個世界的聯繫更爲緊密，人類相互間變得更加瞭解了。地球村
現象的產生改變人們的新聞觀念和宣傳觀念，迫使新聞傳播媒介更多地關注受傳者的興趣和
需要，更加注重時效性和內容上的客觀性、真實性。地球村促進了世界經濟一體化進程。更
直觀的表現人民需要和平世界的願望。無論膚色、無論種族，人人平等到只是一個村落中的
一份子。

更頻繁，交易也變得不穩定、更模糊、更昂貴。所以鬼谷子之「現代鬼谷術」的縱橫理論方式，可說更是無所不在。在那時間與距離還是問題的蘇秦、張儀之古老年代，敵我之間的私交感情親密，都可以影響兩國邦交，成爲戰國時代列國之間，所常常加以使用的通敵方式。彼時都已進行得天衣無縫，決勝千里之外，何況是科學昌盛的廿一世紀，所以鬼谷子的國際外交主張，根本不是天方夜譚，全然可以使「全民外交」之行動與功效響徹雲霄。

　　《鬼谷子》的外交縱橫理論，與兵力軍事能力的強化，亦即國防力量的提升，無不關係著國家安全問題與百姓的福祉，此套理論非常適合於當今中國的復甦。原本中國多年以來主張「和平崛起」與世界各民族和平相處，進而共同分享文明發展與經濟成就的果實。然而卻因此意外的使國際霸權產生轉移，而現在的西方世界，特別是美國，非常擔心霸權從手裡轉移到中國人的手中，所以歐巴馬宣稱將其兵力的三分之二投入亞太地區，以區域平衡之安全爲藉口制約圍堵中國，根本不理會也不願意與你和平共處。雖然中國現在的綜合實力、面臨的問題、資源的缺乏、產業的結構、研發的投入、城市建設、人民的素質、受教育的年限等一系列指標，實際上的數字難以相比，距離要超越美國的時程更是難上加難，何況是要接續世界霸權，都是極其之遙遠。可是處於東北亞的日本並不這麼認爲，曾是一方區域霸權的日本，隨著經濟衰落的廿年，卻激化起國內的民族主義，欲圖領土主權的爭議合理化。

　　這個現象根據吉爾平「霸權轉移論」學說而言，即「霸權的穩定、衰落、轉移，是國際競爭力與政治演變的不滅定律。」使得正在崛起的中國與不甘倫爲次等國家的日本，極力想恢復往日的大榮光，在釣魚台島嶼領土爭端之爭議上產生嚴重之相互碰撞。遂在區域之軍備競賽上互別苗頭，或在國際貨幣戰爭中彼此進行角力，日首相安培訪問東盟三國記者會上，發表與東盟之間的外交五原則[58]。這便是採用《鬼谷子》合縱連橫方式，欲以外交之手段，來挽救其國力低落而霸權衰落的窘境。如此可以消弭中、日兩方於釣魚臺島嶼主權上互不相讓且毫無幫助的軍事立場，只圖增兩國走向開戰之兩敗俱傷

---

[58] 外交五原則 是日本首相安倍晉三，爲推動日本與東盟之間的結盟關係，所簽定之備忘錄。第一、日本要與東盟國家共同創造並擴大自由、民主、基本人權等普遍價值觀。第二、由法律而非力量支配的自由、開放的海洋是公共財產，日本願與東盟國家全力維護海洋權益和航行自由。歡迎美國重視亞洲的政策。第三、積極推進日本與東盟國家的經貿合作，促進投資，推動日本經濟復蘇，並與東盟各國共同繁榮。第四、與東盟共同發展並維護亞洲多樣的文化和傳統。第五、進一步促進日本與東盟各國年輕人之間的交流。日本共同社評論說，五項原則旨在以日、美同盟爲基礎，強化與東南亞各國的關係，制約海洋活動日益頻繁的中國。

慘痛的後果。這便是《鬼谷子》的合縱連橫理論，有助於國際外交的有力証明之一。

　　以上是兩個強國所採取之外交方法，來解決紛爭關係。而小國對大國，當然也可以採用《鬼谷子》的合縱連橫之理論，例如小國為求自保，不敢也不能採用「戰略清晰」，而都採用了「戰略模糊」[59]的國家策略，來保障國家之安全與經濟之利益。例如越南與菲律賓，處理與中國在南海海域與島嶼之領土與石油利益糾紛，就是開放與它國之民間石油開採公司合作進行探勘合約，以及與它國簽定軍事或經濟合作聯盟之外交手段；並傾向力邀前冷戰時間的兩造大國美國與蘇聯加入，企圖使南海問題國際化與複雜化，以嚇阻大國之軍事威脅，有效達成之國家戰略之目的。這也是鬼谷子的合縱連橫理論，有助於國際外交的有力証明之二。

　　總之，本章所探討的鬼谷子之「遊說計劃」，「伐交伐謀」與「聖人王道」等治國、治民、治己的學術理論，綜合起來，正如古人所言：「不謀萬世者，不足謀一時；不謀全局者，不足謀一域。」[60]長期以來，所被認為「帝王術」的鬼谷子思想，如今給予現代化的意義，也就是古之兵法，現代之軍事思想；古之治國謀國等謀略，方為當今之政治外交，經濟貿易理論；古之帝王統御術，則為當今之國家社會，乃至於企業、個人等之領導管理理論與實務。以上觀之，不可不謂貢獻良多！

---

[59] 《中國時報》2013 年 2 月 5 日報導，我駐美國大使金溥聰表示：「我們有自己務實的生存之道」。臺灣需要美國的強力支援，但也須審慎處理和中國大陸的關係，因為現在中國大陸是臺灣最大的交易夥伴。他強調臺灣維持和美、中「戰略模糊」的重要性。他說：「這是我們特有的戰略模糊。這是我們最佳的防護罩。」面對中國大陸，臺灣主張『九二共識』和『一中各表』，擁有策略上模糊的空間，堅持『中華民國』是我們最佳的防護罩」。馬英九還以「不統、不獨、不武」，及「親美、友日、和陸」為國家大戰略。另外自上世紀 70 年代以來，美國一直對臺灣奉行「戰略模糊」政策，以維護台海和東亞地區的「和平」，避免使其自身捲入軍事衝突，同時保障自己在該地區的經濟、政治利益。美對台「戰略模糊」政策，建立在《臺灣關係法》和《上海公報》等檔上，即美國對是合防衛臺灣的立場是不明確的，美國表明自己在台海發生軍事衝突時有為「保衛臺灣」而進行武力干預的準備和可能。這種手法的應用，目前如美國靜態（外交）以《美日安保條約》為藉口，又動態（軍事）的出動大批軍機戰艦駐防日本港口，但明的卻說不贊成兩國為釣魚台發生戰爭。這是玩模糊與清晰戰略之兩面手法，使對手不能確認何種情況下會出兵，讓中日雙方都不敢貿然行動。所以說「戰略模糊」政策對自家而言並不模糊，因為它隨著該國的國家利益進行明顯之變換，一切變化也都會圍繞在該國自身上的。

[60] 語出清、陳澹然《寤言・卷二》〈遷都建藩議〉：「方今天下所猶患苦者，非英、法、德、俄、日諸國乎？日本……滅琉球，亂朝鮮，割台灣……。唯自古不謀萬世者，不足謀一時；不謀全局者；不足謀一域。」

第五章　《鬼谷子》思想對當代社會之貢獻

　　做爲縱橫家之指導理論的《鬼谷子》，這整部書雖已有兩千多年的歷史，但經過以上篇章之研究，發現鬼谷子所創導的心理、遊說、計謀，不僅可以使國家救亡圖強，還可以是從事外交使節養成教育的訓練教材。對於今天競爭激烈的工商業社會的企業集團，尤其是企業管理中，不管是人事管理、營業管理、行銷策略、國際貿易、談判併購……都有其影響存在。連帶的對於現代人來說，尤其是身爲上班族之個人，其工作、勵志、養生、人際關係……，還眞有學習的價值。

　　並不是要將鬼谷子其人其書予以神化，而是因爲在研究當中，每每會發現才區區幾千字的典籍裡，除了傳統已被認定的遊說理論與計謀思想和管理哲思之外，筆者還發覺它尚且蘊涵著許多有用的人生哲學，而且每有出人意表之發現，才是其神秘寶貴所在。這乃是我國古代偉大思想家著書立說之特色，思想菁華不必長篇大論，殫精竭慮是他個人的勞心小事，能有濟世救人之影響，才是作者的志酬事大。這些處事辦事的原則、識人識己的道理，便是《鬼谷子》這本書曾被號稱爲「無字天書」，之所以能夠跨越時空展演出，乃至於對現代社會，起上積極入世的貢獻之作用與價值所在。

　　《鬼谷子》於唐朝魏徵編修《隋書、經籍志》被收錄於子部以來，歷代均沿襲之。大凡是子書，是爲某一朝代深受其思想言論影響之夠格的一家之言。這書既是先秦之書，又是縱橫家理論先驅，其特異的思想言論與行徑，在春秋戰國便與傳統思想制度大異其趣。《鬼谷子》前衛又個人化的學說主張，竟與當今 21 世紀之多元、開放、自由、民主，講改革、講創新、講發展、

講健康的社會思潮之主張雷同。時空環境變化如此之大，卻還合乎人們之需求，一點也都不會褪流行，是這本書正確掌握到人心人性，經得起時代考驗，才是能獲得人們真正青睞的理由。

雖然今日，論人類的知識與學術進展之質與量、度數與標準，已然超越那個時代甚多，幾乎是不可同日而語。尤其是做事成物之經驗與智慧的積累，使我們在現代化的科學技術的管理之下，許多的艱難與危險，不管是在起始、或潛伏、或發展、或預測……等階段中，都能在各類系統設計，於軟、硬、軔體工程之建造、監督、稽查、保固、保險……等之管控，與許多相關的標準工作流程和作業說明書規範之下，已有實質與完整之事前規畫，要有錯誤過失還真的很難，更可以防患於未然。世人或許會有疑問，這些古人典籍似乎已毫無用處，何必再花時間去閱讀、或下苦功精研、值得浪費心力？都因目前人類習慣認為「天成理、地成物、人成器」一切皆自然方便無事，較不明白於時勢與人心之變化是無窮的，誤信科技文明能永遠一手掌控未來。

《鬼谷子》此書中所指陳的，皆因人性黑暗面而形成之禍害，尤著重於破除政治領導人物之心防的「道、術、法、勢」。雖很古老，但對於現今人類與即將踏入的未來，都將會是每個社會，不管是個人家庭、企業集團或政府團隊，所始終無法擺脫與避免掉的問題。雖千年後的今天，層出不窮的社會犯罪問題，不是天天一樣都再上演中！還不需要我們急迫與積極的去正視面對嗎？進而更應該用心研究去發掘《鬼谷子》之書中的奧義，為何人類常會因為權力與私心之作祟，於野心的導引下，建造起狂傲與無知的病灶，進而引發烽火烈燄之大小戰亂與對立，傷害別人以滿足自我或所謂個別民族之利益為榮！這該是後「現代鬼谷術」（國家、企業、個人之發展術），接續「古典鬼谷術」（君主、諸侯、士大夫之帝王術）一解其神秘之處，並不只是解決問題，而是要去持續建構，如何加以防患問題預測的管理方法。此一把萬能鑰匙，是人類終極的追求，也是中國崛起之後，面對世界各國紛擾的政經局勢，以及在歐美影響力衰微之際，如何徹底為國際社會做出實質貢獻？不僅是二千多年前鬼谷子弟兵們的夢想，如今，不已是我們身為累世的炎黃子孫努力的方向，就稱呼它為「中國夢」吧！

以下，就以鬼谷子在「情感、遊說、計謀」不同面向之理論，對「個人發展、人際關係、企業管理」之貢獻等三個小節，分別敘述鬼谷子思想，如何可能繼續影響當今社會。

第一節　鬼谷子的情感思想對個人發展之重大啓示

　　要探討一位二千多年以前已經去世的人之感情世界，實在很不可能。假如有其著作，那還可以依照書本來推敲；如果寫些都是利國利民、憂國憂民文章，還眞是只能說他是位愛國家、愛民族，無私的愛國主義者；還有弟子幫他追記寫書那就更好，因爲可以側面得知他部份的內心情感世界；更有甚者，有史家幫他立傳，知其出生地點、學經歷、拜師學藝、交友、爲官、思想、事跡……，都能爲之訪查得之一二。但是，鬼谷子其人，神秘得半點訊息全無，只流傳下來一部《鬼谷子》，和一些眞眞假假的典籍、神話與傳說事蹟，還遭遇後世有心之人猜疑，甚至於否認：其書、其事、其人之眞實性。是幸，亦或非幸矣？

　　對於一位曾在山東大國之齊國，身爲稷下學官的老師（其傳統爲只授不爲官），之後歸隱山林出世的方外之士，又是傳說中的仙家：茅濛、徐福、孫盈、章震[1]的老師；也是商家：計然、范蠡（陶朱公）的老師；以及兵家：孫臏、龐涓、尉繚子的老師，唯一史書有確切記錄的是縱橫家：張儀、蘇秦的老師。如是，跨越「修眞養生、軍事兵學、心理遊說、政治計謀、經濟財政、術數天文」等六大學科。光瞭解其專門的知識與思想，已然夠複雜了，何論其人、其情感？要說他對社會國家有何貢獻？一時還得能講得清楚，唯對於個人來說，其成就便是教育出好幾位名留青史的得意門生，之外他尙有何眞實之成就？可爲當今有志之士所崇拜？還眞是非一二句話，所難以道個清楚與明白！

　　前面我們講過《鬼谷子》這本書，完全就是針對「人心、人性」之弱點爲基礎而論述，主要講究與訴求：「遊說計謀與做人做事、克己剋人」的治人兵法（因爲戰國之亂局，已到了生靈塗炭之地步，所以鬼谷子才研創出此兵法傳世）。這世上，除了天地、動物、植物等樸素的自然世界之外，就屬人這種動物所建立的人文社會之世界最爲複雜了，西方在《聖經》上也說：「人就

---

[1]　道教相承次第錄，謹按《雲台治中、內錄》言：「太上老君傳授雲台正治官圖，治山灶鼎等得四十一代相承。具人名代數如後：第一代老君，老君「火山大丹治法」傳授三百人。唯三人系代：王方平、尹喜、徐甲。第二代王君，王君授三十人。唯三人系代：茅濛、孫盈、章震。第三代章震，震授十七人。唯二人系代：若士、李夫人名仙。……第四十一代林通元。」註：傳說王方平即王禪即第一代鬼谷子。二千多年來，歷史上所出現傳說中的鬼谷子，均以「王」爲姓。但如今這個現象已漸形消失，早期很明顯有如佛家之出家人，去俗性，冠以「釋迦摩尼」的「釋」姓之一般。

是地球的主人」。其實相對於「人」這個小小生靈，對於地球這大大的天體來說，如是渺小的「人」，也只是過客而已。鬼谷子的用心，在於人人都處在於，一種錯將自我當成主人的迷失意識下，而造成個人或一群人、或大小團體等相互之間的矛盾與困擾；他指導我們如何使用道理邏輯、談判思辨之較量，以便化解誰才是問題與權力主宰的學問。不管是誰、不管是中國人或外國人，年青人、中年人、老人，永遠都跑不出這個自我或他我、天然或他然、必然、偶然，所設定與架設的入世或出世，充滿著圈圈套套與層層重重，糾葛不清的人際關係複雜的有形無形的網絡世界裡。只要想生存下去（除非人類主張，一致同意停止發展，除非地球上大多數的人，全成了出世的修行人，但可惜的是永遠絕無可能。）就會在自我與他我間相互鬥爭碰撞不已，何況是民族與國族其人才濟濟、資源豐富眾多，那種深沉的較量更是難以計數。故擬擺脫生殺轕伐的帝王術，並跳躍出此僵化與生硬的千萬年話題，筆者乃於本節深入的探討《鬼谷子》另外一學說，亦即「欲」的思想，他的啟示與管理之道，及略談與儒、墨、道相異之處。

我們再看一看《鬼谷子》，向來是被古人將與《太公兵法》[2]（《三略》）相比，稱前者為「金書」、後者為「素書」，為何有此雅稱，有待考證[3]。不過

---

[2] 《素書》據北宋學者、曾任過宰相的張商英考證，張良從黃石公所受之《太公兵法》實為《素書》。張商英在《素書》序中寫道：「黃石公《素書》六篇。按前漢《列傳》，黃石公圯橋所授子房《素書》，世人多以《三略》（即《太公兵法》）為是，蓋傳之者誤也。晉亂，盜發子房（張良字）塚。於玉枕中獲此書，凡一千三百三十六言。上有秘戒：不許傳於不道、不神、不聖、不賢之人。若非其人，必受其殃。得人不傳，亦受其殃。嗚呼！其慎重如此。」黃石公《素書》是一部類似「語錄」體的書，流傳甚廣，影響很大。《宋史‧藝文志》載：「宋代有黃石公《素書》一卷，張良所傳。」《素書》是作者人生觀的具體表現。全書六章共講了五個問題：一、闡明瞭自己的思想體系：即「道、德、仁、義、禮」五位一體，密不可分，及「潛居抱道，以待其時」的處世哲學。二、闡明瞭用人原則：作者依據才學之不同，將人才分為「俊、豪、傑」三類。三、為別人做事時加強個人修養的意見：儒、道兼收並蓄，反映出作者的思想的包羅萬象。四、總結安邦治國的經驗：作者認為「短莫短於苟得」（反對短期行為）；「後令繆前者毀」（政策必須備有連續性）；「足寒傷心，人怨傷國」（失民心者失天下）；「有道則吉，無道則凶」；「吉者百福所歸，凶者百禍所攻。非其神聖，自然所鐘」（反映了作者的天道意識和非神觀念）。這些，對於後人參政有一定的啟發。五、闡述了自己的處世之道：中國人的政治是人治的政治，能否處理好人際關係，是事業能否亨通的關鍵。作者提出「好直辱人者殃」、「戮辱所任者危」、「慢其所敬者凶」、「輕上生罪，侮下無親」、「上無常守，下多疑心」、「近臣不重，遠臣輕之」等，都給人如何處理好各種關係提出了借鑒。六、獎賞刑罰，合情合理。張良憑藉此書，助劉邦定江山。以上之觀念，不正是中共溫家寶總理於 2012 年記者會上所引用書中的古句：「守職而不廢，處義而不回」。

[3] 民間相傳：「鬼谷子的師傅升仙而去時，曾留下一卷竹簡，書《天書》二字。打開看時，從頭至尾竟無一字，鬼谷子一時心中納悶。與師父相依為命九年時光，感情日篤，今天師父突然離去，一時覺得無著無落，心中空空蕩蕩的，無心茶飯，鑽進自己的洞室倒頭便睡。可又

由此看得出古人，對於《鬼谷子》甚爲看重。編著有多本古兵法的李天道《鬼谷子兵法》說：「以學術派別看來，此書原是本縱橫家論，主要內容是談論遊說藝術，⋯⋯在政治上主張『主事日成而人不知』，在軍事上主張『主兵日勝而人不畏』，在經濟上主張『將欲取之必先與之』，⋯⋯在鬼谷子學說中，也有許多與日常生活密切相關的內容。如揣摩技巧、勸說藝術、遊說方法⋯⋯等，在經濟情勢瞬息萬變、政治競爭激烈的今天，鬼谷子智謀愈來愈爲現代之人們所重視。它正在被應用於人才競爭、企業管理、商品行銷、廣告宣傳、司法訴訟等各類活動之中。」[4]

　　前面我們說過「這本書，完全是針對『人心、人性』而寫，主要講究與訴求：『遊說計謀與做人做事、克己剋人』的方法。」故不懼描述人性的黑暗面，反而還強調並指導如何加以應用，這便是《鬼谷子》可以在二千年後的今天，不同之時間與環境之下，依然可以讓人樂於閱讀與使用之主要因素。不管是：「長生、安樂、富貴、尊榮、顯名、愛好、財利、得意、喜欲」或是：「死亡、憂患、貧賤、苦辱、棄損、亡利、失意、有害、刑戮、誅罰」（〈捭闔第　·〉）不都是，完全圍繞在「人」一個字之上嗎？人之終始（由生到死）之間，不就是「醒夢之間，爲戲所存」[5]，而這個「戲」一字，也就是建立在個人的「欲望」之上而言。欲望讓別人看得見的，是能攤派在「陽」光下，看不見的就算是「陰」暗的一面；人之一生，活著不管生理或心理之感受，

如何睡得著，輾轉反側，老是想著那卷無字天書竹簡，直折騰到黑，那竹簡仍在眼前鋪開卷起，卷起鋪開，百思不得其解。索性爬將起來，點著松明火把，借著燈火一看，嚇得他跳了起來，竹簡上竟閃出道道金光，一行行蝌蚪文閃閃發光，鬼谷子歡道：『莫非這就是世傳《金書》』。⋯⋯鬼谷子發現這金書原屬陰性，見日則不顯，在月光，燈光下才顯其縷縷金文，眞仍曠世奇書。⋯⋯怎麼換了文章，昨天讀的本是縱橫之言，如今怎麼成了兵法？於是把竹簡細細翻一遍，還是兵法，並無縱橫之術。這書更加奇了。於是一口氣讀將下去，仍然是十三篇。⋯⋯第三夜得的是致富奇書，裡面講些養殖方法，貿易原則，講『將欲取之必先與之』，講『世無可抵則深隱以待時』。此法由鬼谷子傳給計然、范蠡（即陶朱公）及呂不韋、白圭等人。⋯⋯　第四夜讀到的是〈養性修眞大法〉，裡面主要講述《本經陰符七術》，講『盛神靠五氣，神爲之長，心爲之術』。五氣要靠『志、思、神、德』等精神因素。這四者个衰，靜和養氣才能成爲眞人。鬼谷子以此秘訣傳茅濛、徐福，以後再傳陶宏景諸人。第五夜讀到推命相面術，裡面講《天武經》；命數、面相及人生禍福，此法亦由鬼谷子傳給茅濛，以後又傳給司馬季主、李虛中等人。第六夜、第七夜⋯⋯，鬼谷子每夜必讀一遍，每次一部新書，天上人間、治國安邦、仕途經濟、天文地理、星命術數、丹藥養生，無所不有，取之不盡用之不竭。鬼谷子視爲珍寶愛不釋手。」（金書，目前世上有所謂之金箔書：是以未經加工的黃金爲主原料，通過一定的加工工藝，成爲 0.11 微米以下的黃金薄片如紙。將字印製在金箔上，高價販賣的書籍。）

[4]　語見李天道編著《鬼谷子兵法》序言、臺北：典藏閣出版、2004 年 9 月、頁 3～4。
[5]　語出「金雀朝的部落格」—UDN 網路城邦部落格。

無不籠罩在欲望萌生的浪頭，到欲望實現「喜」（浪花）或幻滅「苦」（泡沫）
爲結束，其洶湧起伏不定、安危與否，都算是一個圓圈，前者被《鬼谷子》
稱之曰：「始」，後者曰：「終」。如此以簡單的兩個字看透人生，都是從人那
深不可測的心中之「欲」海裡面給開展出來。委實，必須具備有道家看透人
生人性的功力不可，兼具老、莊的冷峻與儒家淑世精神的鬼谷子，便是不折
不扣的此方之人物了。

　　《論語》〈季氏第十六〉孔子曰：「君子有三戒：少之時，血氣未定，戒
之在色；及其壯也，血氣方剛，戒之在鬥；及其老也，血氣既衰，戒之在得。」
又《列子》也言：「人自生至終，大化有四：嬰孩也、少壯也、老耄也、死亡
也。……其在少壯，則血氣飄溢，欲慮充起；……其在老耄，則欲慮柔焉。」
[6]儒家與道家都十分明白人的一生之生理各階段的「欲與得」，說得很清楚了，
也都有應運之主張，然而卻以開啓法家的大宗師荀子〈禮論第十九〉所言：「人
生而有欲，欲而不得，則不能無求。求而無度量分界，則不能不爭；爭則亂，
亂則窮。……以養人之欲，給人之求。使欲必不窮乎物，物必不屈於欲」與
鬼谷子對於心理之「欲」的認識更加的接近。另〈樂論第廿〉主張：「以道制
欲，則樂而不亂；以欲忘道，則惑而不樂」；〈解蔽第廿一〉：「聖人縱其欲，
兼其情，而制焉者理矣」；《鬼谷子》也對於縱橫家子弟之人生規劃與重大發
展上，除先強調學習聖人的道勝之外，更要求激勵個人意志與自我的「欲」
望（己勝同於力勝），加以啓示與申論。鬼谷子的使「欲」主張迥異於諸子百
家之主流，而從古聖先賢、君王將相治國談起，能夠普遍的爲鼓舞士氣與民
意之所受用。《鬼谷子》之「欲」，完全是講究積極上進，非楊朱之「縱欲」[7]或

---

[6]　《列子》〈天瑞〉：「人自生至終，大化有四：嬰孩也，少壯也，老耄也，死亡也。其在嬰孩，
氣專志一，和之至也；物不傷焉，德莫加焉。其在少壯，則血氣飄溢，欲慮充起；物所攻焉，
德故衰焉。其在老耄，則欲慮柔焉；禮將休焉，物莫先焉；雖未及嬰孩之全，方於少壯，間
矣。其在死亡也，則之於息焉，反其極矣。」

[7]　〈楊朱〉：「子產相鄭，專國之政三年，善者服其化，惡者畏其禁，鄭國以治。諸侯憚之。而
有兄曰公孫朝，有弟曰公孫穆。朝好酒，穆好色。朝之室也，聚酒千鐘，積麴成封，望門百
步，糟漿之氣逆於人鼻。方其荒於酒也，不知世道之安危，人理之悔吝，室內之有亡，九族
之親踈，存亡之哀樂也。……朝、穆曰：「吾知之久矣，擇之亦久矣，豈待若言而後識之哉！
凡生之難遇，而死之易及；以難遇之生，俟易及之死，可孰念哉？而欲尊禮義以誇人，矯情
性以招名，吾以此爲弗若死矣。爲欲盡一生之歡，窮當年之樂，唯患腹溢而不得恣口之飲，
力憊而不得肆情於色，不遑憂名聲之醜，性命之危也。且若以治國之能誇物，欲以說辭亂我
之心，榮祿喜我之意，不亦鄙而可憐哉！我又欲與若別之。夫善治外者，物未必治，而身交
苦；善治內者，物未必亂，而性交逸。以若之治外，其法可暫行於一國，未合於人心；以我
之治內，可推之於天下，君臣之道息矣。吾常欲以此術而喻之，若反以彼術而教我哉？」子

墨翟、宋鈃「寡欲」[8]之極端，而是屬於《莊子》：「欲當則緣於不得已，不得已之類，聖人之道」(〈雜篇、庚桑楚〉)；鬼谷子的使「欲」正是「欲當」，也就是莊子所謂的「聖人之道」。意即荀子的「君子之能以公義勝私欲也」(〈修身第二〉)。荀子談欲不亞於鬼谷子，《荀子》「欲」出現有 243 次之多、總共達 89 段落。但礙於禮治、法治其用不強，只是鬼谷子更加自由的，賦予弟子重視「欲」的效用。

一、其有欲也，不能隱其情

在《鬼谷子》一書之中，「欲」出現有 45 次之多、總共達 20 段落。在未談鬼谷子「欲」之主張之前，我們先由儒家的經典來了解「欲」的含義，《禮記》〈曲禮篇〉言：「欲不可從」[9]〈疏〉曰：「心所愛為欲」；〈禮運篇〉言：「何謂人情：喜、怒、哀、懼、愛、惡、欲，弗學而能」，此欲今多作「慾」，「求知慾」、「慾望」、「慾念」。它的解釋，分別就屬名詞之「欲望、願望」與「想要、希冀」兩種。前者如〈揣篇第七〉：「其有欲也，不能隱其情」，後者如〈內揵第三〉：「欲入則入，欲出則出」。作副詞為「將要」，做形容詞「婉順的樣子」；後者如《禮記》〈祭義〉：「其薦之也，敬以欲。」

產忙然無以應之。他日以告鄧析。鄧析曰：「子與真人居而不知也，孰謂子智者乎？鄭國之治偶耳，非子之功也。」，「衛，端木叔者，子貢之世也。藉其先賢，家累萬金。不治世故，放意所好。其生民之所欲為，人意之所欲玩者，無不為也，無不玩也。牆屋臺榭，園圃池沼，飲食車服，聲樂嬪禦，擬齊楚之君焉。至其情所欲好，耳所欲聽，目所欲視，口所欲嘗，雖殊方偏國，……段干生聞之曰：「木叔達人也，德過其祖矣。其所行也，其所為也，眾意所經，而誠理所取。衛之君子多以禮教自持，固未足以得此人之心也。」

8　《荀子》〈非十二子〉：「不知壹天下建國家之權稱，上功用，大儉約，而僈差等，曾不足以容辨異，縣君臣；然而其持之有故，其言之成理，足以欺惑愚眾：是墨翟，宋鈃也。」

9　〈曲禮上〉：「敖不可長，欲不可從，志不可滿，樂不可極。」，「吊喪弗能賻，不問其所費。問疾弗能遺，不問其所欲。見人弗能館，不問其所舍。賜人者不曰來取。與人者不問其所欲。」〈月令〉：「身欲寧，去聲色，禁耆欲。安形性，事欲靜，以待陰陽之所定。」〈檀弓上〉：「有子問於曾子曰：「問喪於夫子乎？」曰：「聞之矣：喪欲速貧，死欲速朽。」〈王制〉：「中國、夷、蠻、戎、狄，皆有安居、和味、宜服、利用、備器，五方之民，言語不通，嗜欲不同。達其志，通其欲：東方曰寄，南方曰象，西方曰狄鞮，北方曰譯。」〈禮運〉：「飲食男女，人之大欲存焉；死亡貧苦，人之大惡存焉。故欲惡者，心之大端也。人藏其心，不可測度也；美惡皆在其心，不見其色也，欲一以窮之，舍禮何以哉？」〈樂記〉：「人生而靜，天之性也；感於物而動，性之欲也。……夫物之感人無窮，而人之好惡無節，則是物至而人化物也。人化物也者，滅天理而窮人欲者也。於是有悖逆詐偽之心，有淫泆作亂之事。是故強者脅弱，眾者暴寡，知者詐愚，勇者苦怯，疾病不養，老幼孤獨不得其所，此大亂之道也。……廣則容奸，狹則思欲，感條暢之氣而滅平和之德。是以君子賤之也。……小人樂得其欲。以道制欲，則樂而不亂；以欲忘道，則惑而不樂。……獨樂其志，不厭其道；備舉其道，不私其欲。是故情見而義立，樂終而德尊。君子以好善，小人以聽過。故曰：生民之道，樂為大焉。」

　　縱觀《禮記》中談起「欲」有 103 次、69 段落。於那保守封建的時代，並不諱談論「欲」，相反的所論皆屬精闢。如〈禮運〉：「飲食男女，人之大欲存焉」，又「死亡貧苦，人之大惡存焉。故欲惡者，心之大端也」，欲望是不可測度的「人藏其心，不可測度也」。在此是擔心，如果每一個人都要把欲望，完全加以實施「欲一以窮之，舍禮何以哉」，就會暴露出人與人個體之間或人與團體之間，相互尊敬的禮俗與自我秩序之節制，若欠缺此環節則家族、民族、國族之倫理道德，將何以維持？因為人性善惡「美惡皆在其心」，為求國體安全、社會群體和諧，人民福祉的保障，是故必須推行人人都要修正行為，講究「獨樂其志，不厭其道；備舉其道，不私其欲。」

　　道家《文子》[10]談起「欲」多於《禮記》，有 148 次、67 段落，言：「嗜欲者，生之累也」，「聖人不以事滑天，不以欲亂情」（〈道原第一〉）；「上多欲，即下多詐」（〈精誠第二〉）；「縱欲怠惰，其亡無時」（〈九守第三〉）；「人性欲平，嗜欲害之」（〈上得第四〉）。對於此儒、道兩家，深知「欲」之惡與害，都有採不提倡之共識，並特別拉高「欲」於聖人之高度，盡力以行「仁者不以欲傷生、知者不以利害義」（《淮南子‧人間》）。正如《左傳》〈襄公三十一年〉言：「大夫多貪，求欲無厭」，皆乃是人性也。

　　荀子總結儒家：「生而有耳目之欲，有好聲色焉，順是，故淫亂生而禮義文理亡焉。然則從人之性，順人之情，必出於爭奪，合於犯分亂理，而歸於暴。故必將有師法之化，禮義之道，然後出於辭讓，合於文理，而歸於治」（《荀子》〈性惡廿三〉）此「性惡論」之法，也正是身為儒家的荀子，會認為必須從德治、禮治，提升為法治之道理。更提出先聖先賢惡其亂「故制禮義以分之，以養人之欲，給人之求。使欲必不窮乎物，物必不屈於欲。」（〈禮論十九〉），提出了「禮分」與「使欲」之觀念。透過分配，既滿足人的欲望與追求，也不會過度使用物質而枯竭。「萬物各得其和以生，各得其養以成，不見

---

[10] 《文子》共分十二篇八十八章，主要解說老子之言，闡發老子思想，繼承與發展道家「道」的學說。傳為文子所作，老子弟子，少於孔子，曾問學於子夏和墨子，文子學道早通，遊學於楚。後又遊學到齊國，彭蒙、田駢、慎到、環淵等皆師事之，形成齊國的黃老之學。《漢書‧藝文志》道家類著錄《文子》九篇，班固在其條文下註明：「老子弟子，與孔子同時。」王充曾稱：「老子、文子，似天地者也。」對他極推崇。北魏李暹作《文子注》，傳曰：「姓辛，……號曰計然。範蠡師事之。本受業於老子。」楚平王孫白公勝曾向他詢問「微言」。唐玄宗詔封文子為「通玄真人」，詔改《文子》為《通玄真經》，與《老子》、《莊子》、《列子》並列為道教四部經典，並列唐代科舉之用。1973 年河北定縣 40 多號漢墓出土的竹簡中，有《文子》的殘簡，其中與今本《文子》相同的文字有六章，不見於今本的還有一些佚文，確證了《文子》一書的存在，為西漢時的先秦古書，並非柳宗元等人所認為的偽書。

其事，而見其功，夫是之謂神。皆知其所以成，莫知其無形，夫是之謂天功。」人本著努力生產，工作與創作，便能夠得到天功的協助，豐富的生存下去。正是本著「舜曰：『維予從欲而治。』」（〈大略廿七〉）堯是執政者，所以「使欲」能夠「心、志、治」確實齊一，以上《禮記》雖謂爲是儒家政治禮治主張上的一部理論經典，但現實與理論差別甚大。

得著管仲稷下之士理性傳承的鬼谷子，當然也主張利用人性之弱點，鼓吹有志之士「使欲」以成其志，〈飛箝第五〉曰：「將欲用之於天下」。雖無反儒、道、墨、法家之「正欲、禮欲、無欲、不欲、節欲[11]、制欲」之觀點，但確實公然提倡用「欲」。《莊子》〈天地篇〉言：「古之畜天下者，無欲而天下足，無爲而萬物化，淵靜而百姓定。」老子還表示欲的不好：「罪莫大於可欲，咎莫大於欲得」（〈知足章第四十六〉），他甚至於還講到「不欲」之前的「將欲」，如何面對與處置？所謂「將欲」正值「歙、弱、廢、奪之」之前的時候，便馬上能同時明白，並即早進行補強，必須做到「張、強、興、與之」[12]。可見老子對於「欲」之研究與明瞭，而且還提出有效預防與疏通的作爲，如同現代管理之徹底。《韓非子》〈心度篇〉言：「聖人之治民，度於本，不從其欲，期於利民而已。」以上，也見到各家聖賢對於「欲」之患，無不表示需要加以棄之或禁絕之，其目的無非是爲實現君王簡易與方便管理天下蒼生，其理自明。唯韓非子又提出：「今民儇詗智慧，欲自用」，可見不僅是當今社會百姓欲望無窮不可遏止，古已有之。

其實只要觀察所處環境，就知道是因爲時代之不同使然。鬼谷子是處於戰國之亂世，是嘔思結束百姓之苦難、一統天下的縱橫家，對於「欲」之用的價值觀，存在有不同的解釋並不意外。《戰國策、趙策二》言：「夫斷右臂而求與人鬥，失其黨而孤居，求欲無危，豈可得哉？」可說是與儒、道不同。「欲」乃人性，人性有其光輝燦爛、善良與助人的一面，亦有黑暗邪惡、醜陋與害人的一面。正如子曰：「富與貴是人之所欲也，不以其道得之，不處也」[13]（《論語》〈里仁篇〉），從事政治管理性質的君子，他所行的「欲」是屬於正

---

11 《墨子》卷一〈辭過〉：「是以富貴者奢侈，孤寡者凍餒，雖欲無亂，不可得也。君實欲天下治而惡其亂，當爲食飲，不可不節。……君實欲天下之治而惡其亂，當爲舟車，不可不節。……君實欲民之眾而惡其寡，當蓄私不可不節。」

12 《道德經》〈微明章第卅六〉：「將欲歙之，必固張之；將欲弱之，必固強之；將欲廢之，必固興之；將欲奪之，必固與之。是謂微明。柔弱勝剛強。魚不可脫於淵，國之利器不可以示人。」

13 《論語》子曰：「富與貴是人之所欲也，不以其道得之，不處也；貧與賤是人之所惡也，不以其道得之，不去也。君子去仁，惡乎成名？君子無終食之間違仁，造次必於是，顛沛必於是。」

道之欲，與從事生產的平民百姓，其所直接追求富貴的無窮欲望是完全不同
的；又「克、伐、怨、欲不行焉，可以為仁矣？」子曰：「可以為難矣，仁則
吾不知也」（〈憲問第十四〉）。可見孔子對於「不欲」之人性，並非是他個人
以為的所謂仁之完人的高標準，「不欲」並非孔子心目中的仁者，因為仁者必
須是有人性的人。孟子也對富貴發表出人性之看法：「仁人……親之欲其貴
也，愛之欲其富也。」[14]

當然以繼承孔子的《孟子》〈離婁下〉言：「君子深造之以道，欲其自得
之也。自得之，則居之安；居之安，則資之深；資之深，則取之左右逢其原，
故君子欲其自得之也。」孟子認為欲是從求道之中，因而自得而來，並非一
味的追求而得來。他還認為欲不能解憂，於〈萬章上〉以貴為天下共主的舜
帝為例，言：「天下之士悅之，……；貴，人之所欲，貴為天子，而不足以解
憂。」表示出身為禪讓時代，即使擁有眾多讓人喜悅羨慕與追隨者、無比美
色、無窮的榮華富貴等，位高權重的帝君，都無法足以解憂，因為還擔心「絕
對的權力、絕對的腐化」[15]，而只認為孝順父母才是最重要與最根本與實在。
所以鬼谷子主張「欲之用」，是在所謂高層權鬥的現實世界裡，為求生存與富
貴之發展，進而必須處於爭相文攻武鬥的少數士族們，才是整本《鬼谷子》
教化之對象。完全不同於春秋時代，還處在封建體制思維下，已有仕途世襲
之可能保證的士族，主張君子「己所不欲，勿施於人」個人涵養與修行之目
的，是全然大不相同。

鬼谷子提倡借「使欲」，以現實社會裡追求富貴，在縱橫家身上屢屢可見。
蘇秦言：「貧窮則父母不子，富貴則親戚畏懼。人生世上，勢位富貴，蓋可忽
乎哉！」[16]之感慨。燕客蔡澤（「天下駿雄弘辯之士」）認為：「富貴顯榮成理
萬物……聖人所謂吉祥善事與」。遊說秦相言：「『日中則移，月滿則虧。』……

---

[14] 語出《孟子》〈萬章上〉萬章曰：「舜流共工於幽州，放驩兜於崇山，殺三苗于三危，殛鯀
於羽山，四罪而天下咸服，誅不仁也。象至不仁，封之有庳。有庳之人奚罪焉？仁人固如
是乎？在他人則誅之，在弟則封之。」曰：「仁人之於弟也，不藏怒焉，不宿怨焉，親愛
之而已矣。親之欲其貴也，愛之欲其富也。封之有庳，富貴之也。身為天子，弟為匹夫，
可謂親愛之乎？」

[15] 「絕對的權力，導致絕對的腐化」，這句話出自英國十九世紀，著名的自由主義政論家阿克頓
勳爵的作品《自由和權力淺說》。

[16] 語出《戰國策》〈秦一‧蘇秦始將連橫〉：「將說楚王路過洛陽，父母聞之，清宮除道，張樂
設飲，郊迎三十里。妻側目而視，傾耳而聽；嫂蛇行匍伏，四拜自跪謝。蘇秦曰：『嫂，何
前倨而後卑也？』嫂曰：『以季子之位尊而多金。』蘇秦曰：『嗟乎！貧窮則父母不子，富貴
則親戚畏懼。人生世上，勢位富貴，蓋可忽哉！』」

進退、盈縮、變化，聖人之常道也。」[17]更反覆以眾多實例（「若秦之商君、楚之吳起、越之大夫種，其卒亦可願矣。」）欲勸退應侯。被鼓動的范雎遂萌生起強烈的危機意識，歷經一場雄辯之後，竟不得不馬上隱退，還親自向昭王推舉蔡澤爲相。蔡澤明顯的想達其欲（欲脫困「見逐於趙，而入韓、魏，遇奪釜鬲於塗」，與欲奪取相位仕途與追求富貴），反制其欲（使范雎明白自己「祿位貴盛，私家之富過於三子，而身不退，竊爲君危之」，隨時面臨殺身之禍），合其欲（秦昭王之忌）。偉大的謀略家竟被後起之秀給取代！然而，這不正是一石兩鳥且雙贏之計，千古之中算相當成功的案例。

　　墨子同縱橫家與一般主流想法，一致都承認「今天下之士、君子，皆欲富貴而惡貧賤。」（《墨子》〈尚賢下〉），他還卻獨特的認爲「天之所欲則爲之，天所不欲則止」（〈法儀〉），也就是人欲必須控制與約束在「天欲」的範圍裡面，明顯的與鬼谷子所倡的「欲用」說是不同調。墨子鑑於「欲」之於君、臣、士與百姓等階級，各自存在著根本上的紛歧與相異之處，「一人一義，十人十義，百人百義，千人千義」（「義」爲議、「意見」或「做事方法」之意思），故將對於國家發展與社稷安危上，每會造成許多大不利的影響「厚者有鬥，而薄者有爭」，乃提出「天下之欲，同一天下之義」之「尚同一義爲政」[18]與「非欲用說」[19]兩個的理論，以便將紛陳各異的欲望、意見與想法和國家之目標給統一起來。墨子曰：「今天下之王公、大人、士君子，中實將欲爲仁義，求爲士；上欲，中聖王之道；下欲，中國家百姓之利」（〈尚賢下〉），「中」乃

---

[17] 語出《史記》〈范雎蔡澤列傳〉與《戰國策》〈秦三、蔡澤見逐於趙〉：「蔡澤復曰：『富貴顯榮成理萬物，萬物各得其所；生命壽長，終其年而不夭傷；天下繼其統，守其業，傳之無窮，名實純粹，澤流千世，稱之而毋絕，與天下終。豈非道之符，而聖人所謂吉祥善事與？……而君之祿位貴盛，私家之富過於三子，而身不退，竊爲君危之。語曰：『日中則移，月滿則虧。』物盛則衰，天之常數也；進退、盈縮、變化，聖人之常道也。』……應侯曰善。乃延入坐爲上客。……居秦十餘年，昭王、孝文王、莊襄王。卒事始皇帝。」

[18] 語出《墨子》〈尚同下〉：「然計得下之情將柰何可？故子墨子曰：「唯能以尚同一義爲政，然後可矣。何以知尚同一義之可而爲政於天下也？然胡不審稽古之治爲政之說乎。古者，大之始生民，未有正長也，百姓爲人。若苟百姓爲人，是一人一義，十人十義，百人百義，千人千義，逮至人之眾不可勝計也，則其所謂義者，亦不可勝計。此皆是其義，而非人之義，是以厚者有鬥，而薄者有爭。是故天下之欲同一天下之義也，是故選擇賢者，立爲天子。天子以其知力爲未足獨治天下，是以選擇其次立爲三公。三公又以其知力爲未足獨左右天子也，是以分國建諸侯。諸侯又以其知力爲未足獨治其四境之內也，是以選擇其次立爲卿之宰。卿之宰又以其知力爲未足獨左右其君也，是以選擇其次立而爲鄉長家君。」

[19] 同上〈尚同下〉：「古者天子之立三公、諸侯、卿之宰、鄉長家君，非特富貴遊俠而擇之也，將使助治亂刑政也。故古者建國設都，乃立後王君公，奉以卿士師長，此非欲用說也，唯辯而使助治天明也。」

合乎、合適、符合的意思。墨子在〈尚同〉與〈尚賢〉篇章多所陳述。

　　持類似墨子「尚同一義爲政」的主張，於當時各家各派或多或少也都是古今中外，任何政體不管是獨裁、集權、民主……所必須面對，爲政之難題。《文子》言：「勿使可欲，無日不求，勿使可奪，無日不爭，如此即人欲釋，而公道行矣。……故天下可一也」[20]；《韓非子》言：「欲自用，不聽上」（〈忠孝第五十一〉）；《莊子》記曰：「通於一而萬事畢，無心得而鬼神服」（〈天地篇〉）；《荀子》言：「無君以制臣，無上以制下，天下害生縱欲」（〈富國第十〉）。所以國家領導者不管是以政治、軍事、外交、經濟，何者爲先、爲重點，針對權力平衡或是權位爭奪，始終都會是牽扯出無窮無盡之紛爭。是故墨子認爲：「凡使民尚同者，愛民不疾，民無可使。曰必疾愛而使之，致信而持之，富貴以道其前，明罰以率其後。爲政若此，唯欲毋與我同，將不可得也」（〈尚同下〉）。對於將人民之私欲或從政官吏，統一起爲國家所有施政之標準，今日都有所困難與窒礙難行了，何況是墨子等諸子百家身處的古老歲月？

　　當然墨子的時代都已是如此了，遑論當今屬於物慾橫流、民智已開、自我意識高漲，世界各國百姓往來頻繁，關係緊密的廿一世紀消費時代。所以，與其非常在意人民私欲過多有如洪水猛獸，不如將之開放，何懼之有？《淮南子》所謂：「故聖人法與時變，禮與俗化；衣服器械，各便其用；法度制令，各因其宜。」（〈氾論篇〉）連提倡法家思想集大成的韓非都說了：「法與時轉則治，治與世事宜則有功。」（〈心度篇〉），正如《大學》所言：「民之所好，好之；民之所惡，惡之。」才是正道！

　　所以，先秦諸子過去可能居於中土物資、能源、技術、安全等能力之有限；或認爲統治者必須將百姓視之爲子女，以父母官之高度行過度保護之心態；或以極高度的道德標準檢視人性，而將人民百姓與替朝廷服務的大小官吏，約束在一個爲政做事與生存生活的標準模式裡面，除完全不行之外，也不能有半點逾越此制約與規定，強制規範於標準模式之下，固然可以方便於統治與管理，但卻違反了《易經》向來所強調變通的智慧，（這也就是鬼谷子的智慧）所以才會使國家社會僵化，失去發展。當時幾乎所有的諸子百家主流意識，都對於「欲」之過度依賴視之爲惡，名之爲縱欲。《荀子》所謂：「欲

---

[20] 語出《文子》〈上義〉：「老子曰：凡爲道者，塞邪道，防未然，不貴其自是也，貴其不得爲非也，故曰勿使可欲，無日不求，勿使可奪，無日不爭，如此即人欲釋，而公道行矣。有餘者止於度，不足者逮於用，故天下可一也。夫釋職事而聽非譽，棄功勞而用朋黨，即奇伎天長，守職不進，民俗亂於國，功臣爭於朝，故有道以禦人，無道則制於人矣。」

惡同物，欲多而物寡，寡則必爭矣！」（〈王制第九〉）；會引發政治紛爭與社會禍亂「爭則必亂，亂則窮矣！」（〈富國第十〉）；而深以為有加以禁絕或管理之必要。故〈禮論第十九〉曰：「以養人之欲，給人之求，使欲必不窮乎物，物必不屈於欲，兩者相持而長，是禮之所起也」。以上便是荀子認為在人欲之無窮而物質有限的國度裡，「以明分達治，而保萬世也」（〈君道第十二〉）；主張應以「禮」來「度量分界」，才能有效達成「貴賤有等，長幼有差，貧富輕重皆有稱者也」國富與安民之理想。

　　放眼今日全世界，所有之糧食農作、生活富裕、工商資訊與休閒旅遊等之經濟產業極度發達，醫學衛生、學術思想、資訊文化與科技文明之進步神速，可說完全都是拜賜於全人類普遍又周密的夢想之所致。假如沒有無窮的欲望與強列的好奇心，以及完全依賴想像力與創造力，今日世界各民族，不就是還會繼續過著原始人類之艱困的生活，為溫飽與衛生和疾病所苦嗎？所以過去我國古聖先賢所堅持、擔心、害怕、恐懼，認為人民慾望過多有違施政與社稷安危，此觀點對於治國而言，實有修正之必要，乃至於實在是極度的落伍與反智。環顧西方，由於十六、七世紀自然科學與工業革命之後，大量生產與大量消費之下，人類的問題已不是患寡而是患不均。早期的共產主義注重於分配，有如荀子的「人生而有欲，欲而不得，則不能無求，求而無度量分界，則不能不爭，爭則亂，亂則窮。先王惡其亂也，故制禮義以分之。」竟必須動用國家與黨派之力量，制定出許多的規定（「制禮義」），以控制和管理人民的工作與糧食（「以分之」），卻反而造成更多的飢餓、貧窮、災難與腐敗。當時離戰國年代為期不遠的思想著作《淮南子》便寫下千古名言：「古之所以為榮者，今之所以為辱也；古之所以為智者，今之所以為亂也。」（〈氾論篇〉）並不是毫無道理的。

　　《鬼谷子》於二千多年之前，提出劃時代的「欲用」說，經過西方工業革命與資本主義的發展，三、四百多年來的實踐與經驗之事實證明，於今日觀之，可說是完全優於墨子之「非欲用說」與荀子「禮欲」說。此重量級的思想主張，假如不是奇蹟，那就是鬼谷子的智慧超人，或說是有其先見之明。鬼谷子的此「欲用」說，雖然已沉寂了二千多年的漫長歲月，從未有人加以論述，但終能戰勝「不欲、無欲、節欲、禮欲、寡欲、禁欲」等觀念；且跳脫先秦「天理人欲」與兩宋的「理欲」[21]之理論思辨論戰，真正落實於今日世

---

[21]　**理欲觀**　是種探討人類理性之規範（道德和法制）與欲望二者之相互關係的各種觀點，是人

界人民，普遍生活與國家政治管理層面，成為真正的普世價值。所以，如能將《鬼谷子》的「導欲、使欲、用欲……」等欲用理論與實務之方法再度明白地發掘出來，廣為加以應用與受用下，相信對於我中華民族心智之啟迪、民族信心之強固、中國夢之追尋，乃至於全人類之出路，都將會是充滿著無比的推進力量。這著實真會令人升起無上的興奮與喜悅，和無比的激動與雀躍不已。

鬼谷子精研遊說計謀學說，當然深切瞭解聖賢「在上則民樂其治，在下則民慕其意，志不忘乎欲利人」（《文子》〈精誠第二〉）角色之重要，更明瞭「欲」之施與受的利害關係：「謀慮、情欲，必出於此。乃可貴，乃可賤；乃可重，乃可輕；乃可利，乃可害；乃可成，乃可敗：其數一也」（〈揣篇第七〉）。然而身處於領袖是世襲的國體制度之時代下，有識者要有所表現，就必須像擁有絕對權力所有者靠攏，才能取得權力管理者的角色，一方面展開施政意志報負的發揮，一方面得以獲取名利富貴之雙收。在此之前，就必須將擁有絕對權力之統治者（國君、諸侯）與最高權力之管理者（宰相、將軍）的意志先行統一起來，才有可能實行如墨子「尚同一義為政」（〈尚同下〉）。

鬼谷子未談及「天欲」，對於墨子所言：「天欲人相愛相利，而不欲人相惡相賊」（〈法儀〉）。又「故君子力事日彊，願欲日逾，設壯日盛。」[22]所以「人

類社會不可規避的永恆課題。蔚為傳統哲學與倫理學重要的範疇，也是人性論中無法超越的核心問題。「理」則是指自然界、人為世界之道理規律、原理原則、規範制度，和以之為基礎所形成的理論體系。「欲」則是希求，即以人的生理和心理上所需要為基礎，所形成心靈與物質上追求的各種矛盾總和問題，逐漸形成中外歷代思想家們所關注的一個焦點問題。由於理論體系不同，理欲觀也各自不相同。我國具有理論形態的理欲觀，奠基於先秦諸子學。此一時期的理欲觀可說是百花齊放，耀彩繽紛。荀子對於先秦的理欲觀的批判，繼承儒道之大成，已達此番思想的關鍵領域。唯獨千年以對於鬼谷子的用欲，始終並未有學者加以探究精研，可謂是失落的環節。而後產生出歷年來學者爭論最為劇烈的朱熹之理欲觀。之後清、戴震在批判程、朱理學理欲觀時，既看到理和欲的統一性，又看到其矛盾性。反對禁欲主義，主張以理節欲，認為以「達情遂欲」使天下人的欲求得以合理滿足，感情得以通暢的表達，就是「仁」一種最高的道德準則，具有相當重要的地位。現代新儒家的代表梁漱溟與賀麟，其文化學說中的理欲觀，也各具鮮明特色。西方也有過類似的論辯，持心理史觀的主張者，專從道德心理角度評價歷史人物或歷史事件。如何正確處理理性與欲望關係問題，始終困擾著中西學者，眾多的觀點也隨著時代的演變而不斷地演進。直至十六、七世紀思潮風起雲湧，中西方社會都產生並發展出了新的經濟形態、政治結構，還廣受自然科學、天文宇宙等先進觀念之大舉影響，發生了程度上大轉變。現代以來更因後現代主義的思潮、城市環境、毒品犯罪、恐怖活動……等問題，尤其是在對人性情欲開放的肯定和文化衝突、層出不窮與無解的問題，對理欲觀念產生更多的影響，也將帶引學者與思想家繼續探討與研究。

[22] 語出《墨子》〈修身〉：「故君子力事日彊，願欲日逾，設壯日盛。君子之道也，貧則見廉，富則見義，生則見愛，死則見哀。四行者不可虛假，反之身者也。藏於心者，無以竭愛。動於心者，無以竭恭。出於口者，無以竭馴。暢之四支，接之肌膚，華髮隳顛，而猶弗舍者，

欲」之無窮彷彿是利劍一把，不僅一刀兩刃，其包藏的一體兩面，可能會發展成貴賤、輕重、利害、成敗，截然不同的下場，全憑一念之間。所以他才會語重心長說出「將欲用之於天下，必度權量能」[23]（〈飛箝第五〉）界定如何高度管理的話。在古代那資訊取得非常困難之環境下，一來沒報紙、雜誌平面媒體，二來也無電視、廣播電台，更沒有劃時代的電腦手機、網路資訊……等電子傳播媒體，他還要我們多多細膩觀察以廣收訊息「見天時之盛衰，制地形之廣狹、阻險之難易，人民貨財之多少，諸侯之交孰親孰疏、孰愛孰憎，心意之慮懷。」真是一位思維超縝密，並能突破了那個時空的思想家。大凡遊說、勸說，基本上都是用之於影響君王、諸侯，尤如行走於鋼索之上，稍一不慎隨時可能墮入萬丈深淵，慘遭萬劫不復。

　　雖然鬼谷子強調「微摩之以其所欲」，進而「測而探之，內符必應」，之後「必有為之」以此教導弟子善用他人之欲望，必有莫大的用處與好處。必須親近「欲望」相同的君主人，才不會「同欲而相疏者，其偏害者也」（〈謀篇第十〉），但一向力主用之於政治上，並不鼓勵用來傷人。還說「先意承欲者，諂也」（〈權篇第九〉），不得不慎。如《詩經》曰：「緝緝翩翩、謀欲譖人。慎爾言也、謂爾不信。捷捷幡幡、謀欲譖言。豈不爾受、既其女遷。」[24]反而害人不淺。

　　《鬼谷子》言：「隨其嗜欲，以見其志意」（〈捭闔第一〉）；鬼谷子的「欲與意志」主張，雷同於尼采在《權力意志》企圖從「生命欲動」去發揮精神作用[25]。「欲」的確是把利劍，主動善用之，可以協助個人立志，進而改變人

其唯聖人乎！」
23 語出《鬼谷子》〈飛箝〉：「將欲用之於天下，必度權量能，見天時之盛衰，制地形之廣狹、阻險之難易，人民貨財之多少，諸侯之交孰親孰疏、孰愛孰憎，心意之慮懷。審其意，知其所好惡，乃就說其所重，以飛箝之辭，鉤其所好，乃以箝求之。」
24 《小雅、小旻之什》〈巷伯〉詩之原文：「萋兮斐兮，成是貝錦。彼譖人者，亦已大甚！哆兮侈兮，成是南箕。彼譖人者，誰適與謀。緝緝翩翩，謀欲譖人。慎爾言也，謂爾不信。捷捷幡幡，謀欲譖言。豈不爾受？既其女遷。驕人好好，勞人草草。蒼天蒼天，視彼驕人，矜此勞人。彼譖人者，誰適與謀？取彼譖人，投畀豺虎。豺虎不食，投畀有北。有北不受，投畀有昊！楊園之道，猗於畝丘。寺人孟子，作為此詩。凡百君子，敬而聽之。」《毛詩序》云：「〈巷伯〉，刺幽王也，寺人傷於讒，故作是詩也。巷伯，奄官兮（也）。」造謠之所以有效，乃在於謠言總是披著一層美麗的外衣。造謠之可怕，還在於它是背後的動作，是暗箭傷人。造謠之可恨，在於以口舌殺人，殺了人還不犯死罪。
25 魏元珪著《生命默想錄》〈對自然主義的批判、生命與精神〉：「精神不單是受生理、力必多、性欲望或權力欲支配，當一個人的心靈向下沉淪時，其精神狀況也必每下愈況」5 月 6 日，台中浸宣出版社，2006 年出版。

生，尤其是在窮途末路，跌入谷底，它就如「夢想」（「有夢最美、希望相隨」）[26]之一般；然而此處講的是「被動的、隨順自己的意願」。《尚書、大禹謨》：「俾予從欲以治，四方風動，惟乃之休」；《孔傳》：「使我從心所欲，而政以治」；《荀子、大略》：「維予從欲而治」，〈正名篇〉言：「性者天之就，情者性之質，欲者情之應也」，「欲不待可得，所受於天，求者從所可，受乎心也。」魏元珪亦表示：「性、情、欲三者在荀子觀之，乃一體之三名，三者實相互關連，均來自天賦本然，故不能以情欲之多寡而衡人，亦不能以寡欲，去欲以治人矣。」又「荀子人性論無形中乃肯定欲之重要性。」[27]心學大師王陽明說：「境由心生」。所以「欲」可以是支小船的划槳，也可以是大船的輪舵，因爲人處於時機、立場等環境之不同，故心也會隨「性、情、欲」之變而變，大凡私利與公益得區分清楚，這乃是我先聖先賢所一致不變的要求。能守護好者，總會贏得有人爲你拍手，得到讚賞與鼓勵，是可遇不可求的事。子曰：「七十而從心所欲」，我們個人如果能夠達到此「不踰矩」[28]境界，便是最好的事了。

但有時會如《詩經》曰：「築城伊淢、作豐伊匹。匪棘其欲、遹追來孝。王后烝哉。」[29]（《大雅、文王之什》〈文王有聲〉）；「挖好城壕築城牆，作邑般之匹配實在是好事。君王您千萬不要圖貪私欲要品行端正，用心盡孝爲周邦，才會是個眞正受到百姓永遠愛戴聖明的王呀！」。《左傳、僖公二十年》：「以欲從人，則可；以人從欲，鮮濟。」勸你保守一點，不要輕舉妄動，服從於自己的私欲。明、王守仁《傳習錄》卷下：「循理則雖酬酢萬變，而未嘗動也；從欲則雖槁心一念，而未嘗靜也。」其實，連位高權重之舜帝，亦擔心他自己的「欲望」過多，無人執行或有違，找個貼身之大臣禹來隨時盡可能提醒，以便放心「予欲左右有民，汝翼。予欲宣力四方，汝爲。予欲觀古人之象，……。予欲聞六律五聲八音，……予違，汝弼，……欲並生哉！工以納言，……否則威之。」[30]

[26] 有夢最美、希望相隨 是陳水扁當年競選臺北市長時的競選口號。如今，這句口號卻成了阿扁的一大諷刺。民進黨前主席施明德，就曾經數度質問弊案纏身的陳水扁：是否仍然記得當年的口號，是否履行了當年的口號，是否讓人民感覺到希望相隨。但我們拋卻政治用意不談，當就這句話本身而言，是充滿哲理，詩意，與感召力的。
[27] 參見魏元珪著《荀子哲學思想》〈第三章、荀子心性論的探討〉頁80～82，谷風出版社1987年。
[28] 語見《論語》〈爲政第二〉子曰：「吾十有五而志於學，三十而立，四十而不惑，五十而知天命，六十而耳順，七十而從心所欲，不踰矩。」
[29] 《詩經、文王之什》〈文王〉是一首四言古詩。全詩歌頌周文王姬昌的道德功績。
[30] 語見《尚書、虞書》〈益稷〉。帝曰：「籲！臣哉鄰哉！鄰哉臣哉！」禹曰：「俞。」帝曰：「臣

　　以上的句子裡面，連續用到了五個「欲」字。諸子百家言「欲」，多指君王之治國之「欲」而言，如鶡子言：「夫國者、卿相世賢者有之，……凡萬物皆有器。故欲有爲不行其器者，雖欲有爲不成。」[31]諸侯之「欲」王者亦然，不用帝王之器者不成，我王道思想是以「因民欲取天下」（《淮南子》〈兵略訓〉）。可想而知一位上古時代集當時全中國，權力最大化的帝王，舜帝如何的自我克制與小心翼翼，深怕逾越權力的界限而腐化了自己（就如同今日美國總統歐巴馬，一次全家旅遊渡假，便跟國家之納稅百姓花上千萬美元）；會因權力「欲望」無限擴充之下，可能演變出傷害國家大政與天下蒼生百姓，而深切的自我警惕。這就是西方主流思想從不信任人性，必須設計出各種法律與制度，以便有效管理與控制，如參、眾兩院之國會加以限制。

　　以上所言「欲望無窮」，所以很明顯上「欲」是把雙刃刀，得以慎用之。《鬼谷子》所指的「欲」，顯然與《道德經》所言之「我無欲而民自樸」之對象大不同，前者，非指天子帝王或平民百姓，而是針對有上進心、有作爲的仁人志士；後者，則是指一國或是統領天下之帝王，在治理國家上必須「不見可欲，使心不亂……常使民無知無欲」（《道德經》〈安民章第三〉）；才不會有「馳騁田獵，令人心發狂」情況發生，「是以聖人欲不欲……以輔萬物之自然」（〈輔物章第六十四〉）；才能算是「聖人亦不傷民」。同樣在國際外交之政局上，大小國之間之國策欲望，也應秉持「大國不過欲兼蓄人，小國不過欲入事人，兩者各得其所欲」（〈爲下章第六十一〉）。此處就如同鬼谷子雖贊同「以奇用兵」，卻否定老子「以無事取天下」之一般。然而，這一切都必須在「以道莅天下」，雙方才有可能如此之節制；可惜的是，老子也明白那是多麼困難，故呼喚大家「道者萬物之奧……，何不日求以得」（〈道奧章第六十二〉），「吾意善治天下者……同乎無欲」（〈馬蹄章第九〉）。人與人、國與國相互以善，以道「挫其銳，解其紛，和其光，同其塵」（〈不盈章第四〉）治國、治天

作朕股肱耳目：予欲左右有民，汝翼。予欲宣力四方，汝爲。予欲觀古人之象，日、月、星辰、山、龍、華蟲、作會，宗彝、藻、火、粉米、黼、黻、絺繡，以五采彰施於五色，作服，汝明。予欲聞六律、五聲、八音，在治忽，以出納五言，汝聽。予違，汝弼；汝無面從，退有後言。欽四鄰，庶頑讒說，若不在時，侯以明之，撻以記之；書用識哉，欲並生哉。工以納言，時而揚之：格則承之庸之，否則威之。」

[31]《鶡子卷下》〈道符、五帝三王傳政甲第五〉：「夫國者、卿相世賢者有之，有國無國智者治之，智者非一日之志，治者非一日之謀，而知所避。發教施令爲天下福者謂之道，上下相親謂之和，民不求而得所欲謂之信，除去天下之害謂之仁。仁與信，和與道，帝王之器。凡萬物皆有器。故欲有爲不行其器者，雖欲有爲不成。」

下，先得有無私欲之共識，方得以相安無事之可能。所謂「聖人無常心，以百姓心爲心」，國家保障人民享有心志之自由，隨時可以實現心中的想望，所以老子容許百姓「可欲」，算是老子、莊子道家治國之計，及其對於領導者所要求之最高理想境界。

二、將欲用之於天下

鬼谷子不認爲如老莊之「無欲無爲」思想可以達到天下太平，除非是太平盛世，這可以從中國文化源流的《易經》，通篇的「无」（即今之「無」一字），共發現被使用達三百零三次（包含〈古經〉與〈易經〉兩部分）；其中竟然有多達一百四十一次，也就是接近一半是被用之於「无咎」之字辭上。例如〈乾卦第一、九三〉：「君子終日乾乾，夕惕若，厲，无咎」；〈文言〉：「子曰：君子進德脩業，欲及時也，故无咎」；又〈既濟卦第六十三、初九〉：「曳其論，濡其尾，无咎」。以上所指「無咎」的「無」，並非是道家所主張的「無欲無爲」，而是「不會有、避免」罪過，或是犯錯、禍害、危害、災害、災病⋯⋯等，不好的現象發生。意即有預先且積極，去避開有不利於自己的意涵於其中，如〈繫辭上〉言：「无咎者，善補過也！」。

無怪乎《易經》能夠得到中華民族所有百姓，至今包括士人與庶民的愛載與支持。所以處於亂世若不努力奮發，如何改變與結束天下混亂、民不聊生之定局，儒、道之聖人還有何心情泰然處之？故《鬼谷子》苦思改變世事亂局，在道家「可道與可欲」方便智慧之下，毅然採用亂世用重典之一般，強力並有爲的「以奇治兵」之方式，非儒、道「以正治國」便可。因爲戰國七強爭霸中，已無一超強大國足以統一天下，得以讓天下蒼生得以平安過日子。必須培育出一個超強大國，及一位意志堅定與欲望無窮之領導者，才能有實現之可能，成了當時各國彼此各自發展上心照不宣之共識。而當時中國的世局形勢之主流，也的確是往此一道路上，歷史嶄新的進程向前邁進。

回顧當時，天下已大亂、人心不古又不平，如何去亂扶平，加以整頓復歸成爲一？故爲此，鬼谷子再次以「變動陰陽」學說，強力採用逆勢操作，大力鼓吹「欲」之妙用。於此，鬼谷子深知「除其貴欲⋯⋯，不以欲亂情⋯⋯。夫人從欲失性⋯⋯；人之性欲平，嗜欲害之」[32]之道理；鬼谷子也知曉「使欲」會是久居上位者，與古之聖人所過於擔心如是會使天下大亂，無法統治與治

---

[32] 語出《文子》〈道原第一〉，老子言。

理之大忌諱。然而鬼谷子深知所謂「善爲上者，能令人得欲無窮，故人之可得用亦無窮也」[33]，就如同現代的國家，政府必須將經濟貿易大餅做大，與世界各國簽訂各式自由貿易協定、降低關稅，乃至於給國外旅客享有消費營業稅之退稅與免稅……等等互利關係；百姓才能有創業、就業，上班、消費、生活之機會，否則經濟成長會持續下降，工商百業蕭條人民生活塗炭，例如當今的歐洲與美國、日本，號稱已高度開發的先進國家，也無不一例外的遭遇到經濟成長大幅衰退之現象與危機。因以之故，首先，鬼谷子提出了：「將欲用之於天下」（〈飛箝第五〉）之大前提，以「大有爲」態度積極面對，大異於道家之「我無爲而民自化」。鬼谷子乃言：「乃摩之以其欲，焉有不聽者。」（〈摩篇第八〉）。「用其意，欲入則入，欲出則出」，人之「欲」望，宛如大湯鍋，而他人的「意思」或自己的「意志」就像湯瓢，只要能夠掌握住這支「瓢」杓子，不管是自己或是別人，也就能「欲親則親，欲疏則疏；欲就則就，欲去則去；欲求則求，欲思則思。」（〈內揵第三〉），它的功效「若蚨母之從其子也；出無間，入無朕。獨往獨來，莫之能止。」可以讓自己充分掌握住對方，也就是不衹是喝別人剩下的湯汁而已，眞正能夠撈到湯鍋之中的好料，而非讓自己「滑欲於俗」。

　　之後，鬼谷子本著既無私又專業的教導，絲毫不保留的於《本經陰符七術》裏，再進一步指導與他有緣的每一個人，如何能夠將心中「欲」的想望與本能、潛能，加以實現，以致於達到無所不能之萬能，他認爲人定可以勝天。棄除無爲、無望、與無能之消極，但卻必行積極作爲的道家，僅採所謂「應之以人事，順之以天理」（《莊子》〈天運〉篇），認同於「治心術，理好憎，適情性」（《文子》〈九守〉篇）。又《呂氏春秋》所言：「故人之欲多者，其可得用亦多；人之欲少者，其得用亦少；無欲者，不可得用也」，這項觀點非常之先進，可說相當合乎當代社會職場用人的最起碼要求。《呂覽》繼續指出「夫無欲者，其視爲天子也與爲輿隸同，其視有天下也與無立錐之地同」（〈離俗覽、爲欲篇〉）。當今蔚爲民主政治的時代，試問沒有良好政見發表的候選

<hr>

[33] 語出《呂氏春秋》〈離俗覽、爲欲〉：「善爲上者，能令人得欲無窮，故人之可得用亦無窮也。蠻夷反舌殊俗異習之國，其衣服冠帶，宮室居處，舟車器械，聲色滋味皆異，其爲欲使一也。三王不能革，不能革而功成者，順其天也；桀、紂不能離，不能離而國亡者，逆其天也。逆而不知其逆也，湛於俗也。久湛而不去則若性。性異非性，不可不熟。不聞道者，何以去非性哉？無以去非性，則欲未嘗正矣。欲不正，以治身則夭，以治國則亡。故古之聖王，審順其天而以行欲，則民無不令矣，功無不立矣。聖王執一，四夷皆至者，其此之謂也。」

人會能夠得到選民之青睞與支持？以至於超過投票數門檻而獲致當選？如果沒有講出來它的治國理政的想望，而因為會讓百姓懷疑他未來可能的施政能力。再就今日民間企業經濟體而言，會有哪家公司願意花錢敢於聘用一位沒有賺大錢「欲望」的業務代表，或是沒有宏圖大展之野心的企業執行長？營利事業團體如是，因為無法達成營業目標！非營利事業的社團法人組織亦如是，因為沒有動力與幹勁，也就無法達成機構的活動目標！這些不能不為的原因，是由於人類已快速脫離了自然世界，在人造世界的器文明之經濟社會裏面，尤其是長久以來講究競爭的資本主義下，已發展成超出生命本質上的物質過度需求，從而造起處處要使用金錢的生活模式，於此之下想維持良好工作又相當之不容易，更因人口過於集中，難以負荷城市的壓力，與美式民主之選舉戰爭的惡鬥下之結果使然！以上，這些都拜賜於「欲」之過度濫用！但是如果「欲」有適度之使用，那情況會是如何？

所以，被後世認為與孔子同樣齊名，最優秀的古代教育家的鬼谷子，便認為沒有「欲望」者就會缺乏志氣，所以他說：「將欲用之於人，必先知其養氣志」。原先是他的弟子們，以專家之姿態，將老師課堂上所親自傳授「欲」的駕馭術，用之於天下。還好今天，有《鬼谷子》這套簡易的教材給留下，面對「欲」之精細妙用毫無半點頭緒的群眾，稍可彌補不及親自拜師學藝的遺憾。他說：「有所欲，志存而思之」（《本經陰符》〈養志第二〉）；接著是要我們明白「志者，欲之使也」，「志氣」才是唯一實現「欲望」的使者呀！學術界從不將之視為改造社會的珍貴思想，但還好，秉持人性的民間並未忘懷早已牢記，並且都能好好加以寶貝之、善用之。正所謂「凡舉人之本，太上以志」[34]〈孝行覽〉。

剛開始訓練時，起初鬼谷子要求大家練習定下「欲」的種類，宜單一不可要求過多，因為「欲多則心散，心散則志衰，志衰則思不達。」如此才能「心氣一」；之後「則欲不徨」；只要「欲不徨」，自我訓練到此地步，欲念專精不徬徨之後「則志意不衰」；果然真讓自己已經是「志意不衰」了，於是便能「則思理達矣。」由此觀來，還真是個循序漸進、循循善誘的老師。之後，鬼谷子老師便會說，你們已算是能夠從靜態的，孵「欲」之功夫過關了，可以正式開始升級進入動態的「將欲動變，必先養志伏意以視間」（〈分威法伏

---

[34] 語出《孝行覽》〈遇合篇〉：「凡舉人之本，太上以志，其次以事，其次以功。三者弗能，國必殘亡，群孽大至，身必死殃」。

熊〉）功夫之境界了！

　　第三階段還要訓練反聽，要反複練習「欲聞其聲，反默；欲張，反斂；欲高，反下；欲取，反與。」熟悉有此自我控制的能力之後，便可以施展「欲合者，用內；欲去者，用外」。鬼谷子也寫到不要使「欲」過於高漲，「若欲去之，因危與之……退為大儀」[35]，當隨時能「棄欲」以脫身，方是大計（〈內揵第三〉）。歷史上最有名「棄欲」，就是范蠡與被號稱為「謀聖」的張良[36]「狡兔死、走狗烹」，「飛鳥盡、良弓藏」的退隱之名言。結局相反、下場悽慘的是不願放棄「名與祿」，苦苦追求與貪戀，屬文種與被後世稱為「兵仙」的韓信[37]了。韓信說：「果若人言，『狡兔死，良狗烹；高鳥盡，良弓藏；敵國破，謀臣亡。』天下已定，我固當亨！」（《史記、淮陰侯列傳》）。

　　以鬼谷子之言：「其有欲也，不能隱其情」，來形容韓信不為過。如果以現代人之職場角色來看待韓信，他一開始協助劉邦打天下是「展現才能」、接著是想升為代齊王，是要「升官發財」、再來就是「聚集人才」，想要「另立門戶」。本是無可厚非，想當王卻無法掩飾其情，卻又羽翼未豐、謀略不夠（未聽蒯通之計），遂使「欲望」過大無法控制，屢遭識破，最後慘遭呂后、蕭何設計殺害，一代功臣名將之青年才俊，死時才卅三歲呀。真乃是「知進而不知退，知存而不知亡，知得而不知喪。其唯聖人乎！知進退存亡而不失其正

---

[35] 〈內揵第三〉：「若命自來，己迎而禦之。若欲去之，因危與之。環轉因化，莫知所為，退為大儀。」若受到君主或領導所重用，機遇降臨身上獲得重責大任、享有高職位高報酬，便得好好保握利用、發揮才能。但一旦發現苗頭不對，於是要決定離開，馬上就要在危險到來之前放棄權柄。又如果在多次嘗試內揵，仍然無效不為所接受、不成功，當以急流勇退、明哲保身，最佳之方法。

[36] 張良（約 250～186 BC），字子房，漢族，傳為漢初城父人，今亳州市城父鎮（一說河南寶豐）。漢高祖劉邦的謀臣，秦末漢初時期傑出的軍事家、政治家，漢王朝的開國元勳之一，「漢初三傑」（張良、韓信、蕭何）之一。足智多謀的張良向劉邦提出的「聚集三王，方可與霸王一戰」的出色的智謀計策，成功幫助劉邦擊敗了楚漢戰爭中，最強勁的對手西楚霸王項羽，為漢高祖劉邦奪得天下建立西漢王朝，立下了汗馬功勞。待大功告成之後，張良及時功成身退，避免了韓信、彭越等「鳥盡弓藏」的下場。張良在去世後，諡為文成侯（也稱諡號文成），此後世人也尊稱他為謀聖。《史記》中有專門的一篇《留侯世家》。

[37] 韓信（約 231～196 BC），淮陰（今江蘇淮安）人，西漢開國功臣，中國歷史上最傑出的軍事家，「漢初三傑」之一。曾先後為齊王、楚王，後貶為淮陰侯。為漢朝的天下立下赫赫功勞，但後來卻遭到劉邦的疑忌，最後被安上謀反的罪名而遭處死。韓信是中國軍事思想「謀戰」派代表人物，被後人奉為「兵仙」、「戰神」。「王侯將相」韓信一人全任。「國士無雙」、「功高無二，略不世出」是楚漢之時人們對其的評價。《淮陰侯列傳》：「呂後欲召，恐其黨不就，乃與蕭相國謀，詐令人從上所來，言豨已得死，列侯羣臣皆賀。相國紿信曰：『雖疾，強入賀。』信入，呂後使武士縛信，斬之長樂鐘室。信方斬，曰：『吾悔不用蒯通之計，乃為兒女子所詐，豈非天哉！』遂夷信三族。」

者，其唯聖人乎！」（《易經、文言》）。同鬼谷子之言，「欲」得需知進退。實在是身爲現代人的我們，在職場或事業上奮鬥的最佳箴言！

鬼谷子對「欲」之控制，最高的講究是「往而極其欲也」。此句所謂極之「欲」，《說文》解爲：「貪，欲也。」若經察覺其欲過度顯現與要求，便可能招惹麻煩，有心人便能「隨其嗜欲以見其志意」（〈捭闔第一〉），特別的嗜好之意志與情意。看似一種爲人不得不之最佳的生活品味，但有時也會是商人眼中的「人性之弱點」，更是遊說者與陰謀者，所一貫使用的技倆。鬼谷子教導「不能隱情欲，必失其變」（〈揣篇第七〉），而被加以利用毫不自知，甚至於遭人控制。所以必須學會自我有所節制，才能化險爲宜。歷史上因「貪欲」而入罪，損毀自己之品性德操還事小，因其所形成傷人害己、毀國毀家之罪惡情事，才是最難以原諒。「貪婪」於西方但丁《神曲》就被列入於「七原罪」[38]中。以上若還有諸多困難與不瞭解，鬼谷子又說了「無以人之所不欲，而強之於人」（〈謀篇第十〉），竟與「己所不欲、勿施於人」[39]一致。雖說如此，但是其實困難度也不小，「子貢曰：『我不欲人之加諸我也，吾亦欲無加諸人。』子曰：『賜也，非爾所及也。』」（《論語》〈公冶長〉）。

鬼谷子由「知欲、孵欲」，一路指導我們走到「將欲、變欲、反欲、棄欲、

---

[38] 七原罪：「傲慢、妒忌、暴怒、懶惰、貪婪、暴食、色欲」。但丁在《神曲》裡：根據惡行的嚴重性順序排列之七宗罪，其次序爲：一、好色：但丁的標準是「過份愛慕對方」，而這樣便會貶低了神對人們的愛。二、饕餮：浪費食物，或是過度放縱食欲、酗酒或屯積過量的食物。（但丁認爲是「過份貪圖逸樂」）三、貪婪：希望佔有比所需更多爲之貪婪。（但丁認爲：貪婪是「過度熱衷於尋求金錢上或權力上的優越」）。四、懶惰：懶惰及浪費時間。（懶惰被宣告爲有罪是因爲：其他人需更努力工作以填補缺失，因應該的事情還沒有做好，對自己是百害而無一利）。（但丁神學觀：懶惰是「未能全心愛上帝，未能全副精神愛上帝，未能全人之心靈愛上帝」——具體來說包括懶惰、怯懦、缺乏想像力、滿足及無責任心）。五、憤怒：源自憎恨而起的不適當（邪惡的）感覺，復仇或否定他人，在律法所賦與的權力以外，行使懲罰他人的意欲亦被歸作憤怒。（但丁描述爲 love of justice perverted to revenge and spite）對正義的愛墮落爲復仇和怨恨。六、妒忌：因對方所擁有的資產比自己豐富而心懷怨怒。（但丁說：Love of one's own good perverted to a desire to deprive other men of theirs）對自身優點的愛墮落爲一種剝奪他人優點的欲望。七、驕傲——期望他人注視自己或過度愛好自己。（因擁有而感到比其他人優越）（但丁說：把自己相對於上帝或 FELLOWS 的位置放在錯誤的地方，Dante 的定義是「對自己的愛墮落爲對身邊的人的憎恨與輕視」。

[39] 語見《論語》〈顏淵第十二〉：「仲弓問仁。子曰：『出門如見大賓，使民如承大祭。己所不欲，勿施於人。在邦無怨，在家無怨。』仲弓曰：『雍雖不敏，請事斯語矣。』」〈衛靈公第十五〉：「子貢問曰：『有一言而可以終身行之者乎？』子曰：『其恕乎！己所不欲，勿施於人。』」

極欲、隱欲」，這整套的「使欲」（「志者，欲之使也！」）「導欲」功夫論，我們可以完全看出鬼谷子之爲弟子「（培）養志（氣）」的苦心。眞的要教導一位有堅定「欲望」的人已夠不容易了，而還竟要訓練出一位傑出的，縱橫天下廣爲各國所爭相聘用的遊說謀略大師，以無比堅定的意志氣力（志勝），跟無數的牛鬼蛇神相爭鬥（智勝），翻開歷史，單憑力勝想思取勝，還眞是寥寥無幾！若非像蘇秦曾追隨過明師鬼谷子，所親自授予的整套培訓及更高階的磨練，但憑「頭銜樑、錐刺骨」[40]決心，瞎猜胡來、曠廢時日的自我訓練，（就像自得其滿的亞運田徑高手，不經世運級的教練培訓，想進奧運得獎還相當不容易。）希冀成功恐有如不可能之任務，頗爲困難矣！所幸有《鬼谷子》此部奇書傳世，若將其讀上個千百萬遍，進而依己最迫切之「欲」求，習得「揣情摩意」妙法，再加上擁有超高資質，最終悟出捭闔道術之一二，一招半術闖江湖，能糊口飯吃盡屬不易。成功，雖只是屬於個人自由意志論的範疇，但若能經明師客觀指點，加以全盤瞭解，也才算是一條最佳捷徑。〈本經〉言：「有所欲志，存而思之」，不正是同與孔子曰：「學而不思則罔，思而不學則殆。」（《論語・爲政》），以致貴爲大師；也才正是鬼谷子「使欲以養志」的千古明訓。

　　我們對照於「憲問：……『克、伐、怨、欲不行焉，可以爲仁矣？』子曰：『可以，爲難矣！仁，則吾不知也。』」（《論語》〈憲問〉）。仁亦不仁？其實，都已經是其次了！因爲光要行克、伐、怨、欲等人間法，便都已是極其困難之事了，尤有甚者與其如此的高尚、理想，不如先把肚子顧好，正如台灣俗語說：「第一顧腹肚、第二顧佛祖」。鬼谷子還是繼續提倡：「心者，神之主也。志意、喜欲、思慮、智謀，此皆由門戶出入。」想要同時擁有志氣、欲望、思慮、智謀的朋友們，先把你的「心」小心抓好喔，再請跟我一起走，經過這扇大門後，就是通往那座莊嚴殿堂囉！

　　鬼谷子使「欲」的思想，明顯與「子曰：『吾未見剛者。』或對曰：『申棖。』子曰：『棖也欲，焉得剛？』」那所謂的「無欲則剛」是完全的不同。其

---

[40] 《戰國策》〈秦策、秦一〉〈蘇秦始將連橫〉：「說秦王書十上而說不行。黑貂之裘弊，黃金百斤盡，資用乏絕，去秦而歸。羸縢履蹻，負書擔橐，形容枯槁，面目犁黑，狀有歸色。歸至家，妻不下紝，嫂不爲炊，父母不與言。蘇秦喟歎曰：『妻不以我爲夫，嫂不以我爲叔，父母不以我爲子，是皆秦之罪也。』乃夜發書，陳篋書事，得《太公陰符》之謀，伏而誦之，簡練以爲揣摩。讀書欲睡，引錐自刺其股，血流至足。曰：『安有說人主不能出其金市錦繡，取卿相之尊者乎？』期年揣摩成，曰：『此眞可以說當世之君矣！』」

實鬼谷子提倡的應該是「公欲」,「私欲」頂多是說到「喜欲」境界而已,那僅只是基本的俸祿、該有的報酬,合乎人性最起碼的生理、心理之要求。倒還蠻像是「海納百川有容乃大;壁立千仞無欲則剛。」[41]人各「引其欲」、疏其情、理其志、做其事、成大業、謀幸福。以開放的心胸,求同存異、容納異己,成就多元社會,造福人群,和諧人生。「有所欲志,存而思之。志者,欲之使;欲多,則心散;……志意不衰,則思理達矣;理達,則和通。」(〈養志第二〉)。鬼谷子從「欲」貴「心欲安靜,慮欲深遠」一路開始,到「養志」而「實意」,而「理達」,以至「和通」。開出一條明確有階段性,又成功的踏實之功夫論的道路。如同《易經》〈需卦〉〈初九〉言:「利用恆,無咎。」雖然會「需於郊,需於沙,需於泥,需於血……」等等之困頓與險阻,但祇要是合理正當的,一切的需求與欲望,完全是受到鼓勵的。僅〈上元‧象傳〉言「雖不當位,未大失也。」

三、不能隱情欲,必失其變

「欲」與「隱」如果並列,說起來還真有些不健康,因為表面看起來完全不同屬性質,其實就目的而言,還沒有什麼不一樣。前面一個「欲」字,一般說來是熱情的、認真的,要去逐步實現與完成它;而後者另一個「隱」字,給人觀感,則總是忍耐的、沉默的;當然也是有步驟的等待機會來臨之時,再加以彰顯,將蘊釀許久、使壓抑多時的「欲」來實現,所謂「不鳴則已,一鳴驚人」[42]。神隱之後,總會留給人們,預期的驚豔。因此採用「隱」

---

[41] 林則徐(1785～1850AD)福建省福州市,閩侯縣人。年輕時候,一邊刻苦攻讀史書,重視愛國情操,一邊認真練習楷書,寫了許多對聯。林則徐任兩廣總督,深感責任重大。那時,帝國主義者用鴉片毒害中國人民,清朝政府腐敗無能,不敢抵抗,只好讓大量白銀不斷外流。林則徐目睹這種情況,極為氣憤。於是,他於 1840 年勇敢地挺身而出,堅決查禁鴉片,並給自己的府衙又親筆寫了一幅對聯:「海納百川有容乃大 ;壁立千仞無欲則剛。」這幅對聯形象生動,寓意深刻。上聯諄諄告誡自己,要廣泛聽取各種不同意見,才能把事情辦好,立於不敗之地;下聯砥礪自己,當官必須堅決杜絕私欲,才能像大山那樣剛正不阿,挺立世間。林則徐提倡的這種精神,令人欽敬,為後人之鑒。魏源稱讚他,是近代中國「睜眼看世界的第一人」。

[42] 一鳴驚人 這則成語源于,楚莊王勵精圖治、振興楚國的故事。《韓非子‧喻老》記載這件事說:「楚莊王莅政三年,無令發,無政為也。右司馬御座,而與王隱(有所暗指的話稱「隱」)曰『有鳥止南方之阜(土山),三年不翅,不飛不鳴,嘿然無聲,此為何名?』王曰:『三年不翅,將以長羽翼;不飛不鳴,將以觀民則。雖無飛,飛必沖天;雖無鳴,鳴必驚人。』」韓非子的記載是這則成語最早的典源。
《史記‧滑稽列傳》也載有楚莊王之後同類事:「齊威王之時喜隱,好為淫樂長夜之飲,沈湎不治,委政卿大夫。淳于髡說之以隱曰:『國中有大鳥,止王之庭,三年不蜚(通「飛」)

的策略，這理應是有抱負、有能力的人，處於非屬自己之良好時機的自處之道。所謂「隱伏而處，審候敵人追我」（《虎韜、必出》），又「善守者，藏於九地之下：……故能自保而全勝也」（《孫子兵法、軍形》），無不說明著隱藏之用的重要。

依鬼谷子的「陰陽開闔」理論，對「欲」與「隱」言，一個是「陽」，另一個便是「陰」了。能成就事功，正常時期便得採「隨順陰陽」來配合，因為「陽動而行，陰止而藏；陽動而出，陰隱而入」、「故與陽言者，依崇高；與陰言者，依卑小。以下求小，以高求大」（〈捭闔第一〉）。在積極的陽剛衝刺之下，也必須有陰柔的等待與學習；在個人英雄式的拼命表現，極力想出頭天的當前，總得別忘記還有人走在你的前面。正如《易經、文言》言：「初九曰：『潛龍勿用』，何謂也？子曰：『龍、德而隱者也。不易乎世，不成乎名，遯世無悶，不見是而無悶。樂則行之，憂則違之，確乎其不可拔，潛龍也』」剛上職場學習，不正要有〈乾卦、初九〉的認知與實踐嗎？

多方與人合作取得助力「以陽動者，德相生也；以陰靜者，形相成也」（〈捭闔第一〉），因「陽動」，所以能散發出陽光式爽朗、開朗的個性，有此種德操易於使人樂於接近；同時也以「陰靜」的態度、隱匿自個之意見，凡是配合別人以及參與著團隊，所決定之行動，也容易獲取他人樂意的幫忙。這是鬼谷子處高度視野下，對於「欲」從事政治活動的縱橫家，所提出睿智的建言。當然處於教育普及資訊發達之科學文明的廿一世紀，人才濟濟的現代化社會之職場與商場上，「隱與匿」早就形成了，人們在主流意識下的一種默契的共同行為。鬼谷子言：「既用，見可否，擇事而為之，所以自為也」、「見不可，擇事而為之，所以為人也」（〈捭闔第一〉）；如是不管是「見可」或「見不可」，都不只是為己，也為他人。因此我們的社會，彼此為著大家共同的利益，而把事情給分工合作；為著更美好與幸福的生活，大家一致贊同用「隱與匿」，連結起今日的心情與明日的想要。正是如此，所以世界才能夠永遠朝著，更優美更和諧的理性新文明，而昂揚大步的向前邁進！

所以個人之「欲」望之主張，與「隱匿」的行動配合之下，總會有預想不到之效果。因為，它是一種智慧的表現「智者事易，而不智者事難」（〈謀

又不鳴，王知此鳥何也？』王曰：『鳥不飛則已，一飛沖天；不鳴則已，一鳴驚人。』」這則成語的意思是說，南方的土山上有一種鳥，三年不鳴不飛，但一飛便可沖天，一鳴便能驚人。後世遂用「一鳴驚人、一鳴、一飛鳴、沖天翼、三年翼」等比喻有才華的人，平時默默無聞，一旦施展才華，就能做出驚豔眾人的事功或營業人員的業績。

篇第十〉)。鬼谷子還勉勵我們說，連「聖人」他需要「制道」的時後，因爲面對「天地之化，在高與深」，處於愈是複雜的知識化結構的社會，包括每一個你我的所有人們，不可鋒芒太露，是入世做人的大忌。建功立業有成，愈是需要將態度建立在「隱與匿」之上；一來韜光養晦，二來也有如《易經》〈乾卦、上九〉：「亢龍有悔」；〈象傳〉：「亢龍有悔，盈不可久也。」子曰：「貴而無位，高而無民，賢人在下位而無輔，是以動而有悔也」才能持盈保泰。何況我們還不過只是小民一位，當然就該好好學習「世無可抵」則「深隱而待時」(〈抵巇第四〉)，聖人的這種精神了！

鬼谷子說：「智用於眾人之所不能知，而能用於眾人之所不能見」(〈謀篇第十〉)，這種智慧與才能，是最受到另眼看待。例如：個人可以將智慧運用到別人所看不見的地方，譬如發現出企業隱藏著有看不見的危機所在，或是發明出新專利的產品。公司的營業發生瓶頸、行銷出了問題，企業裡上自高層、下至營業員、職員、同事……等，眾人個個束手無策；此一時，你拿出非常有效且具體、又環環相扣，事後證明同業也無法跟得上的促銷辦法，或取得一張國外大客戶的上億訂單，迅速呈上繳交。這種千萬人吾往矣，漂亮的一擊，使出「眾人之所不知、不能見」的「智慧與能力」；如同「天逢甘霖」之即時雨，化解一場致命大火，使得奄奄一息的公司或工廠，起死回生，不也是一樣的偉大？企業經營不就與打戰用兵一樣嗎「坳澤窈冥者，所以匿其形也；清明無隱者，所以戰勇力也」(《六韜、奇兵》)。

〈謀篇第十〉：「故聖人之道陰，愚人之道陽」，鬼谷子以此句話，再作進一步說明，爲何：「聖人制道，在隱與匿」。但，假如只想要過著凡人庸俗的日子，那《鬼谷子》書裡高調的話，也就不必多聽了。因爲《鬼谷子》一書，初時即是爲了給不願過著庸俗平凡日子的有志之士學習的，它向來即是：縱橫天下、變動陰陽、扭轉乾坤的帝王禁書。鬼谷子又說「道理達於此之義，則可與語。」明白此番義理，你的人際關係便已是一番境界了，也就可以更上一層樓，你可以與最高權力者，獨享促膝夜談那更長遠的計畫之治國或企業經營的謀略（還是不脫欲望）的樂趣了。「由能得此，則可以轂遠近之誘」(〈謀篇第十〉)，這便是謀篇一文，最後的一句精彩的話語。

鬼谷子對於「隱與匿」觀察與應用，也提出了它一如陰陽一般，也有動態之變化，它是活的東西，不管是自我或他人之「隱與匿」，都會因時、因人、因事之關係，進一步有所改變。必須透過揣情，否則會因「揣情不審，不知

隱匿變化之動靜」（〈揣篇第七〉），那就無法有效掌握事情之演變，致使可能與自己所配合的關係生變；如對於客戶的瞭解不夠，原本的大筆訂單，可能為友廠所奪走而不自知。同時，也必須經常檢視與保持自己的「情欲」，是否有所動搖與生變「不能隱情欲，必失其變」，這些之變化依據經驗之事實存在，都會有軌跡可循「夫情變於內者，形見於外」，「故常必以其見者，而知其隱者，此所謂測深揣情」。凡遊說者必須「欲說者務隱度，計事者務循順」（〈內揵第三〉）；又對於被遊說者有所隱瞞，則必須展開一切可能，加以追追追「其有隱括，乃可徵，乃可求，乃可用」（〈飛箝第五〉）才能完善其事。可見鬼谷子是位非常的積極與很負責任的老師，好似依其書本理論，一定得保証你成功之一般；這又好像是一本「武林秘笈」，練就完成後似乎能夠保證你武功蓋世、天下無雙。

　　鬼谷子對「隱與匿」有正面的一面：「故微而去之，是謂塞窬匿端，隱貌逃情，而人不知，故能成其事而無患」（〈摩篇第八〉）。但，也有負面的告誡，因為一般情況「為人，凡決物，必託於疑者。善其用福，惡其有患；善至於誘也，終無惑偏。有利焉，去其利，則不受也；奇之所託」所以千萬不可：「若有利於善者，隱託於惡」，那一切的努力，則將「則不受矣，致疏遠」（〈決篇第十一〉）。所以個人自我管理的「隱與匿」，對己對人都有不小的風險存在，一切故在於自我管理了。鬼谷子還說如果遇上「以道為形，以德為容，貌莊色溫」這類行為思考等原則，毫不變通之人，「不可象貌而得之，如是隱情塞隙而去之」（〈中經〉）；就不必再耗時間與精力於他身上，最好馬上隱情塞隙離去，這表是對自己的生命安全，裝上了止水閥。

　　鬼谷子的「隱」之用，是一種善巧變通，積極有為之入世辦事的作法。蓋聖人管理世人「使之而觀其無隱，……使之而不隱者」[43]，才將能其繁雜世事，化繁為簡，故絕非是矯揉造作，或是出世清談之行為，只為確實面對與解決問題。並不為後世出名，它是短暫、精緻、細微的交相應用；也就是對於「道」之敬奉，已成達人專家之境界了「君子之道費而隱」（《中庸》）；一生之中，對於善之真理無時無刻無不隨時依循「君子遵道而行」，堅持挑戰阻擾真理的實現，從不放棄追求。所以並非「素隱行怪」，也不「半途而廢」，

---

[43] 語見《六韜、文韜》〈六守〉「文王曰：『慎擇六守者何？』。太公曰：『富之而觀其無犯，貴之而觀其無驕，付之而觀其無轉，**使之而觀其無隱**，危之而觀其無恐，事之而觀其無窮。富之而不犯者、仁也，貴之而不驕者、義也，付之而不轉者、忠也，**使之而不隱者**、信也，危之而不恐者、勇也，事之而不窮者、謀也。人君無以三寶借人，借人則君失其威。』」

如是「遯世不見知而不悔，唯聖者能之」[44]，若能將「隱與匿」善用之，眞的不是一位普通的「人」，而乃非「聖人」莫屬了！

總之，「隱與匿」是非常管用的。在〈捭闔第一〉說到：「隨其嗜欲以見其志意……闔而捭之，以求其利」觀察對方的嗜好與欲望，利用開闔的方法，也就是時而隱藏自己的意圖，進而獲取對我有利之資訊。「闔而閉之者，異其誠也」鬼谷子他還特別將「隱匿」之方法，列入聖人「爲人處事」的五種成功方法之一，即：「聖人所以能成其事者有五：有以陽德之者，有以陰賊之者，有以信誠之者，有以蔽匿之者，有以平素之者」[45]（〈決篇第十一〉）；「隱微之中，是謂洞天下，姦莫不聞變」（〈符言第十二〉）。君主領導、高階主管們，如能夠在屬下面前，將自己之表面隱藏起來，處於一種隱微安靜之中（卻利用長目、飛耳、樹明，隨時監督各單位及一切人員），便能夠洞察天下。一切可能在你身邊，正在萌芽蘊釀之壞事姦情，無不一一會在此照妖鏡前，自然化解消失於無形。亦如《六韜》〈上賢〉言：「夫王者之道，如龍首，高居而

---

[44] 語見《禮記、中庸》「素隱行怪，後世有述焉，吾弗爲之矣。君子遵道而行，半途而廢，吾弗能已矣。君子依乎中庸，遯世不見知而不悔，唯聖者能之。」

[45] 古之聖人，蓋多指天下之最高領導者而言，《鬼谷子》全書亦是如此總括之。故本句所言處事之五要領，自今，對於民主時代的國家領袖亦受用，一點都毫不過時。就以中華民國在台灣政府的總統馬英九，於 2013 年 9 月所引起的馬、王（立法院院長王金平）之「九月政爭」。起因爲：王身爲國民黨立院龍頭，竟爲民進黨立院黨鞭，進行司法關說。馬總統以「這不是關說！什麼才是關說？」堅持爲維護司法正義爲由，發動要求王自動下臺之聲明，結果王不願下臺，形成進入法院訴訟之程式。造成全國百姓人心惶惶、股市波動、社會動盪失敗的實例。這項出名的政爭案例，竟然被向來不談政治的台灣《商業週刊》，特地破例於第 1347 期刊登，籌畫推出封面故事〈不只打倒對方，還贏得掌聲，這樣鬥才高明〉系列文章；該刊認爲位爲「一國之君，應是政治紛爭的最後裁決者，若是親自干涉個案，不但將使國家政治紛爭失去最後仲裁者，也會使原本單純的法律案件變質爲政治案件。」並提出六項課題：「借刀殺人、師出有名、一刀斃命、正面迎擊、制敵機先、速戰速決」教導讀者認識政爭之管理方法。從其鞭闢入裡、分析精采的文章之中，便可完全看出鬼谷子聖人主張，爲人處事原則的寶貴價值。貴爲聖人做事不宜過度宣揚，「聖人無爲」留給屬下有施政表現、成功報負的歷練機會；在平時隱匿之間，積極發覺部下不忠處，充分的掌握以後接班人之忠誠度與執行能力；在尚未發動鬥爭事發之前，宜必須與對手「密室協商」給予可能伏首稱臣之機會，達到「不戰而屈人之兵」；在不能保證完全成功時，就需於嚴密籌畫之前派出死士，給予擔當發動政爭的總負責人。就是戰鬥開始時，亦須隱匿於後方身居總策畫者地位，在「爲無爲」下於成功之後便站出來講話，以迎接與收割勝利如果實，如此才得以表現出英明領導者的魅力，也才能累積以後繼續領導的實力與光環。《鬼谷子》所言：「故聖人之道陰」、「主事日成，而人不知；主兵日勝，而人不畏也」、「主兵日勝者，常戰於不爭，國不費，而民不知所以服，不知所以畏，而天下比之神明」、「聖人謀之於陰，故曰神；成之於陽，故曰明」，才是眞正成功的國君。留美學法律精通英文曾爲蔣經國的英文秘書的馬總統，對於中國古書並未深入閱讀學習，不知美式的法理情，根本不適合我國，以致造成總統民調更加低落。百姓都懂、唯獨他不懂，可能至今還不知失敗之原因，無法學到鬼谷子的智慧。（本文亦刊載於聯合報城邦部落格）

遠望，深視而審聽，示其形，隱其情」。

第二節　鬼谷子的遊說理論對現代人際關係之貢獻

　　整本《鬼谷子》可說是透過每一篇章，將遊說理論串聯建構起來：「其術也，用之於天下，必量天下而與之；用之於國，必量國而與之；用之於家，必量家而與之；用之於身，必量身材能、氣勢而與之；大小進退，其用一也。必先謀慮計定，而後行之以飛箝之術」（〈忤合第六〉）。站在越高處、看得越遠。才能將四周之環境，與其關係和自身之能力、計謀，加以計量一番，把「捭闔、反應、內揵、忤合、飛箝、揣情、摩意、轉丸」（俗稱雄辯八術）等遊說之術，應用到天下人事，不就可以總裁與總攬全域了嗎？

　　以上，如《易經》所言：「將叛者，其辭慚；中心疑者，其辭枝；吉人之辭寡；躁人之辭多；誣善之人，其辭遊；失其守者，其辭屈」（〈繫辭下〉）。人之於社會，主要是以言語字辭相溝通，掌握其中之言辭、行為、情緒，因人而異於理性與感性之心的規律，也就能完全掌控事情之現況，更不論當今資訊時代之人、事、地、物，如同「海量資料」[46]般，如何判斷、分析、利用，及其任何可能之發展、演變與預測。《鬼谷子》之一對一、一對多的，以及採用直接面對、直接影響、直接收集等「前台」之遊說手法，此第一手資料配合「後台」之計謀策略，合併使用遊說計謀兩者之原理原則，對於日理萬機之決策者的預測與管理來說，將是何等之重要？何等之尊貴？

　　鬼谷子隻身神隱於後台，而讓弟子們站立於國際政治舞臺上，叱吒風雲、折衝樽俎，翻手為雨、覆手為雲；這於以外交為主的戰國時代，還真羨煞多少人。茲不說「合縱連橫」對於整個國際形勢影響之大？也不提「計謀權變」

---

[46] 海量資料（Big Data）是全球語言監測機構，所公佈最令人困惑的科技術語，它於 2010～2012 年榮登第一名。它所指之資料，就是所謂的電子數位資料，可於電腦雲端上處理中儲存，以 Hadoop 程式工具進行應用與管理，研究與分析。由於資料量超級之龐大，目前已超越了 GD（一部電影之電子資料量，約佔電腦記憶儲存體的一個 GB=10^9）；而達到 TB（1024 個 GB，美國國會圖書館所有藏書約佔 15 個 TB=10^{12}）以上之 PB（1024 個 TB，美國郵局一年處理的信件總量約佔 5 個 PB=10^{15}）；甚至於以 EB 計算（中國大陸人口總數 13 億，人手一本 500 頁的書籍，加總約是一個 EB=10^{18}，一頁 A4 的紙面資料約 5 個 KB=10^6）；然而，當今世界至 2010 年為止，人類總資料量約是 1.2 個 ZB（10^{21}）；乃至於以 YB（1024 個 ZB=10^{24}）來計量，將會是人類所難以想像、無法描述的情況。海量資料可以為政府施政、改善人類生活，如便民服務之重大災害防治、犯罪預警等，企業集團之無限商機如醫療服務、網路行銷、廣告分析等價值創造，未來社會現象可能之預測之新概念與新機會等。（以上參考自《遠見雜誌》〈看見未來五分鐘〉2013 年 1 月份，319 期，頁 180～220）今乃屬於雲端科技之領域。

對於政局發展有多詭譎？更不論「揣情摩意」的遊說有多管用？且不語「奇正虛實」的兵法多玄奧？以及「欲取先與」的經商手法有多好用？還有「符言九術」於現代之人事管理上多受用？「空往實來」之獲益模式多經典？「變動陰陽」的動能與奇蹟多耐人尋味？它無不早已寫進與燒錄於炎黃子孫的腦袋裡頭，自今還綿延出於千千萬萬中國人的血液裡頭，刻正流動著它的因數！

以上，及所衍生出來的「卅六計、七十二錦囊妙計」，這些方法與理論，都載於區區不到萬言，在精不在多的《鬼谷子》一書之中，於千年以來，早已被討論得夠仔細與夠專業有成了。於此，無不都能看出，由內而外、由己而眾、由私而公、由小搏大、以寡擊眾……眾口鑠金、眾志成城，的千變萬化的軌跡裡頭。它挑逗起人們的求生存、求發展之脫貧致富、以弱禦強的欲望，也奮起人們講智慧、鬥心力，光宗耀祖、保家衛國的決心與毅力。其「化不可能為可能」的信念，被我們永遠收藏於內心，期待有朝一日，發揮出其應有的力量，於需要之時！

我們都知道的，以一個人的力量是無法成就目的，所以鬼谷子採用古來行之已久的遊說溝通方式，其所投入的成本與達成的效果，是最簡單與最值得與最不可思議的。所以，在事情深陷於多方糾纏、複雜，又持久難解的問題，盤踞不去的僵局裡，遊說溝通越是適用之，如同耳語與謠言之一般的超高速之傳遞而有效。《鬼谷子》與理論與蘇秦、張儀……等縱橫家的實踐之下，教導我們「權衡度量、見人說法、因人施言、見機行事、各得其所」[47]。此套策略，乃是出自於遊說者對被遊說者，所採取「量身訂作」的方法；係針對其個性特徵，符合其心理傾向，具機動又靈活，以便達成最佳之預期目的，而設計出來。雖沒有如〈繫辭下〉所言：「變動以利言，吉凶以情遷。是故愛惡相攻而吉凶生，遠近相取而悔吝生，情偽相感而利害生。」之命定之吉凶，但竟出於人為的「變動利言」，而生出情遷、遠近、親疏、愛惡、相攻、利害。

一、不論忠奸，只道親疏

鬼谷子清楚欲達成「遊說」之目的，必須是建立在雙方共識的機制上，也就是有其相互的共同利益，互動才能有所可為。「義」乃是世間為人相互間做事之道，強調成事的鬼谷子，當然心知肚明。而這道理，明顯的與孟子的「仁義與利益」有絕然分別的主張（「義利之辨，影響中國知識份千有餘年」

---

[47] 參閱李天道《鬼谷子兵法》〈第九章、度量權衡見人說法〉頁167。

[48]），完全的不同。如是，鬼谷子思想被認為只圖利益，與成事之便，竟成千古之罵名。其實《易經》早就說過，曰：「利者，義之和也」[49]。

　　因此最基本的有關人與人其「親與疏」之關係，《鬼谷子》在〈內揵〉、〈飛箝〉、〈權〉、〈謀〉等四篇裡，多有所論述，例如：「相益則親、相損則疏」[50]，還有「外親而內疏」、「內親而外疏」（〈謀篇第十〉）。對於「近而疏者，志不合也」；通於《鄧析子》：「事有遠而親，近而疏，就而不用，去而反求。風此四行，明主大憂也」。此種人際關係之親疏所引起的事，便會影響到事情的成敗；《鬼谷子》又言：「見其謀事，知其志意。事有不合者，有所未知也。合而不結者，陽親而陰疏。事有不合者，聖人不為謀」（〈內揵第三〉）；又《鄧析子》書上也有同樣之言語：「夫合事有不合者，知與未知也。合而不結者，陽親而陰疏。」[51]又：「事有遠而親，近而疏，就而不用，去而反求。風此四行，明主大憂也。」可見《鬼谷子》與《鄧析子》思想之間，有某種程度的相互影響與傳承之處。

　　鬼谷子為何不論忠奸，只說「親疏」？這初看起來，因為《鬼谷子》本身就是論計謀，存在有私欲。當今社會功利主義橫行，為公為私如一線之隔；又，當今社會講究民主，非現行犯難以判定何謂好人壞人，乃至於法律都有保障到受刑犯之人權；為講究和諧與雙贏目的之社會，人們常以利益為維續關係的利基點，也就是以人們相互之間的親疏密度而言。所以要說什麼是好人或壞人，什麼是忠貞與奸詐，著實不必要。這樣的事，在漢文帝的臣子賈誼卻已說過：「疏者必危，親者必亂」[52]經由單純之「親疏」也難以辨識忠奸。

---

[48] 語出《柏楊版資治通鑑》第一冊《戰國時代》：「孟軻的思想──強調『義利之辨』，以及大刀一揮的二分法思考模式，影響中國知識分子千有餘年。」第 174 頁。《資治通鑑》司馬光記載周顯王 33 年（336 AD）「初孟子師子思。嘗問，牧民之道合先」，子思曰：「先利之」，孟軻甚至於跟其老師孔伋持不同意見，但子思繼續說，曰：「利用安身，以崇德也，此皆利之大者也。」孔伋認為先訓練民眾追求利益，但孟軻卻反對表示應該教他們仁義才對。

[49] 《文言》曰：「元」者，善之長也；「亨」者，嘉之會也；「利」者，義之和也；「貞」者，事之幹也。君子體仁足以長人，嘉會足以合禮，利物足以和義，貞固足以幹事。君子行此四德者，故曰「乾、元、亨、利、貞」。

[50] 語見〈謀篇第十〉：「故同情而相親者，其俱成者也；同欲而相疏者，其偏害者也；同惡而相親者，其俱害者也；同惡而相疏者，其偏害者也。故相益則親、相損則疏，其數行也：此所以察異同之分其類一也。故牆壞於其隙，本毀於其節，斯蓋其分也。」

[51] 《鄧析子》〈無厚卷一〉：「夫合事有不合者，知與未知也。合而不結者，陽親而陰疏。故遠而親者，忘相應也。近而疏者，忘不合也。就而不用者，策不得也。去而反求者，無違行也。近而不禦者，心相乖也。遠而相思者，合其謀也。故明君擇人，不可不審。士之進趣，亦不可不詳。」

[52] 《治安策》：「動一親戚，天下圜視而起，陛下之臣，雖有悍如馮敬者，適啟其口，匕首已陷

　　這問題我們在《鬼谷子》上，發現是以「類」消解之。就如同名家在《公孫龍子》雖說「羊有角、牛有角。牛之而羊也；羊之而牛也，未可。」好像說是牛羊問題，但其實都只是觀念之差別罷了！〈通變論〉上言：「是俱有，而類之不同也。」所以，以人之忠貞與奸詐，來分爲好人或壞人，不如說他們同樣都是「人」之一類；同樣都具有忠與奸，爲私爲公之雙重目的存在；只要把公與私之利益，相互連上「親與疏」，就更能夠創造出更大利益之空間出來，何樂而不爲？卻在狹隘的觀念裡打轉，搞得敵友越分明鴻溝越大，雙方也越來越沒有出路？即鬼谷子所言的「相益則親、相損則疏」。一個進步的文明社會，就是關係越複雜的社會，他就是鬼谷子所要標榜的「親疏」法則，唯有透過「親與疏」距離的縮短，才能夠帶來團體與個人之間的和諧，與另一層次崇高的目的。

　　《鬼谷子》的「親疏」與類，本來就是縱橫家行使遊說目的一種手段，對於國君意志之影響，很難以「忠臣或奸臣」簡單道理之論證。況且，於春秋戰國時代，本就有如當今國際社會一般，有能力之人士，都是遊走於世界各國或跨國集團之間上班的。高級專業人才，從來就是被挖角、或就是自己跳巢，不是嗎？只要對於自己有利就去哪個邦國高就，貢獻本身之才能與所學，何來有「忠與奸」之封建時代偏狹之奴隸思想存在之道理？以鬼谷子思想上觀點論之，那根本不是問題。因爲除了周天子的公家機關之外，欲逐鹿中原爭霸天下的諸侯國，哪一個無不都是私人機構？當今，號稱民主、人權、自由、法治、科學最先進的美國政府，指責別國對付出賣自己的國家的同時，不也是也扮演著追殺洩漏情資與所謂出賣國家的罪犯。這是種莫大的弔詭！其實，這些只是對內之管理體系中之人事考核與機密資料與保全等出了問題，這種紕漏一點都不值得搬上檯面。鬼谷子要關心的是比這個更重要的問題，也就是與國家領導者接近的「親疏」問題，因爲唯有接近國家領袖才有可能進一步影響與改變領導者的意志，進而防患未來之一切。國際間弱國百般設法以接近強國領袖，如 APEC 會議，各國領袖，互相密探參訪，均如是。

　　對於「親疏」問題的應對方法，《鬼谷子》有多起良好之計謀對策，如「察異同之分其類一也」（〈謀篇第十〉），（此「分類」之手法，乃是非常合

其胸矣。陛下雖賢，誰與領此？故疏者必危，親者必亂，已然之效也。其異姓負強而動者，漢已幸勝之矣，又不易其所以然。同姓襲是跡而動，既有徵矣，其勢盡又複然。殃禍之變，未知所移，明帝處之，尚不能以安，後世將如之何！」

乎現代社會科學之方法，在二千多年以前不可謂不先進）[53]。這在《鬼谷子》開宗明義之第一章〈捭闔第一〉也提到過：「籌策萬類之終始，達人心之理，見變化之朕焉」，「諸言法陽之類者」、「諸言法陰之類者」（〈捭闔第一〉）。如此採用科學的分類方法，將問題加以區分為各種類別，從而有了不同對應方式，針對現實做出最踏實、最實際、最理性而作出解答。又經得起蘇秦、張儀去實踐，而獲致最大之成功。實在是椿令人驚嘆與佩服，細膩又精微之可重複實驗的心靈工程。因為物以類聚，為求親近之目的，必須找尋貴我之間有所相同之處（類），接著只要保握住一些變化的變數。即可由「疏」，而進入「親」，再進入「私」，與最「密」之領域了！

　　與鬼谷子同樣很實際，也講究分類的《墨子》，在談到言辭間，也多次強調「類」的重要，以及屢次提到「類」的邏輯觀念，「名，達、類、私」，〈經下〉：「止，類以行之。說在同。」〈非攻下〉言：「未察吾言之類，未明其故者也。」〈大取〉再言：「厚親，不稱行而類行」，又「夫辭以故生，以理長，以類行也者。立辭而不明於其所生，妄也。……夫辭以類行者也，立辭而不明於其類，則必困矣。」墨子才會感慨：「今人非道無所行，唯有強股肱而不明於道，其困也，可立而待也。」墨子指出不遵循分類的道理，就不能做事，雖有強壯的身體和勇氣，而不知道做事的道理，就必然會遭到困頓與難行。〈小取〉：「以辭抒意，以說出故，以類取，以類予。」所以集遊說之大成的鬼谷子，深深懂得「類」之妙用，才會在〈謀篇〉裡頭主張：「察異同之分其類一也」，可見「類」之重要。它最有利於在遊說說詞與謀略做事之前，得先做好人際關係，而一定要利用《鬼谷子》的「親疏」之法，才能夠接連上溝通管道，得以接近所謂的關鍵人物，此乃必備之工具。墨子都說：「聖人也，為天下也，其類在於追迷。」聖人都如此了！何況我們是常人？

　　《鬼谷子》全書有關：「親」一字被提到了14次、共10段落；而「疏」字也被提到15次、共11段落。所以「疏」，這個單詞，雖只一次與一段之差

---

[53] 有關《鬼谷子》全書使用到以「類」強調事情區分之字句，共有17次與10段落，先後在七篇之文章裡提到分類之手法。雖本文不加分析論述，但因事關重要暫時抄錄，容以後有機會當為文討論。除本文所羅列之四句之外，其它如下：「雖非其事，見微知類。」（〈反應第二〉），「不見其類而為之者，見逆」（〈內揵第三〉），「故物歸類」「……此物類相應，於勢譬猶是也。」、「……摩之以其類，為有不相應者」（〈摩篇第八〉），「故言多類，事多變。故終日言不失其類，故此不亂」（〈權篇第九〉），「聖人者，以類知之。」、「故人與生生一出於化物。知類在竅」、「執一而養產萬類」（〈盛神法五龍〉）。「以變論萬象類，說義無窮」、「智略計謀，各有形容，……事類不同。」（〈轉圓法猛獸〉）。

而已，但這正是反應出因「疏」比「親」，所涉及交叉出的雙方問題，較嚴重與更難纏。所以必須多些準備與多用些腦筋，多加關心因應才行才對，否則，難以達成目的。連張良之智慧的人，也會在西漢皇室的明爭暗鬥中，恪守「疏不間親」的遺訓，可見「親疏之論簡矣，唯其用非易也」。

　　「故外親而內疏者，說內；內親而外疏者，說外」、「故因其疑以變之，因其見以然之，因其說以要之，因其勢以成之，因其惡以權之，因其患以斥之」，「摩而恐之，高而動之，微而證之，符而應之，擁而塞之，亂而惑之，是謂計謀」（〈謀篇第十〉）。這些計謀確實是好用的方法，但在這些方法進行的同時，鬼谷子正在告訴我們，還要做好「角色扮演」，才是維持人際關係的重要元素。又「老子曰：聖人天覆地載，日月照臨，陰陽和，四時化，懷萬物而不同，無故無新，無疏無親」（《文子》〈自然第六〉）鬼谷子明白清楚道家力倡聖人無為，但他卻又要縱橫家子弟及賢人有為，並完全採納他所傳授的「親疏」之法以接近君王與權貴，用來影響並主導君王之志向，這又是一樁反其道而行之主張。「夫道至親不可疏，至近不可遠，求之近者」（同上文子轉述老子之言）。

二、人之情，出言則欲聽，舉事則欲成

　　本一小節是繼上一節所談的「鬼谷子論親疏關係」，以進入從「說話、情感、做事」三方面，繼續探究鬼谷子思想。從《鬼谷子》言：「人之情，出言則欲聽，舉事則欲成」，可以看出人與人之感情，影響著交談與做事至關重大。又太公說：「君子情同而親合，親合而事生之，情也。言語應對者，情之飾也；言至情者，事之極也。」[54]（《六韜、文韜》），又「必見其陽，又見其陰，乃知其心；必見其外，又見其內，乃知其意；必見其疏，又見其親，乃知其情。」又孔子說：「上好信，則民莫敢不用情」[55]，無不都是在說明「說話、情感、

---

[54] 語見《六韜、文韜》〈文師〉：「文王勞而問之曰：『子樂漁邪？』太公曰：『臣聞君子樂得其志，小人樂得其事。今吾漁，甚有似也。殆非樂之也。』文王曰：『何謂其有似也？』太公曰：『釣有三權：祿等以權，死等以權，官等以權。夫釣以求得也，其情深，可以觀大矣。』文王曰：『願聞其情。』太公曰：『源深而水流，水流而魚生之，情也。根深而木長，木長而實生之，情也。君子情同而親合，親合而事生之，情也。言語應對者，情之飾也；言至情者，事之極也。今臣言至情不諱，君其惡之乎？』文王曰：『唯仁人能受至諫，不惡至情，何為其然？』太公曰：『緡微餌明，小魚食之；緡調餌香，中魚食之；緡隆餌豐，大魚食之。夫魚食其餌，乃牽於緡；人食其祿，乃服於君。故以餌取魚，魚可殺；以祿取人，人可竭；以家取國，國可拔；以國取天下，天下可畢。』」

[55] 語見《論語》〈子路〉：「樊遲請學稼，子曰：『吾不如老農。』請學為圃。曰：『吾不如老圃。』

做事」這三者的關係是緊密、相連與互動之重要性。

　　進行「遊說」初始無不是由「親與疏」之中切入，蓋著眼於人際關係的重要。因爲彼此有了關係之後，才能將原本緊張或危險之關係，化爲良好之關係，乃至於友好關係；進一步產生親密之關係後，便能形成最高級之超越「合同」的夥伴關係，才能無阻礙的持續完成使命與目的。所以人際關係之營造，不僅古代國家在內政、外交或間諜戰，非常受重視且使用頻繁；於當今之工商業社會更是不可缺少，反而有增無減。雙方有了關係，有了某種程度之情感，辦起事來一切就好辦了，大陸有句順口溜：「辦事都得憑關係；有了關係靠關係，沒有關係找關係，難找關係買關係；辦事一定要找關係，找不到關係就大有關係，找到了關係就沒關係。」眞是道盡現實。

　　以上，反應出人與人的情感之建立，關係至爲重要。《禮記、禮運》：「人情者，聖王之田也。」[56]聖王爲了要治國安民，必須認眞的經營臣民情感，就如同農夫善於耕耘自己的田地一般；又「聖王修義之柄、禮之序，以治人情。」聖王有國家利器、官僚階級、獎賞刑罰、宗教祭祀、倫理道德……等管道，以行使上下之關係，將一切以制度化、組織化，以禮治方便行之，只要意志堅定，方向正確當有收獲。故其曰：「故禮之於人也，猶酒之有蘗也，君子以厚，小人以薄。」[57]這是統治者對於被統治者，以仁義與禮俗的一種管理方式。

樊遲出。子曰：『小人哉，樊須也！上好禮，則民莫敢不敬；上好義，則民莫敢不服；上好信，則民莫敢不用情。夫如是，則四方之民繈負其子而至矣，焉用稼？』」樊遲請教種莊稼。孔子說：「我不如老農。」請教種蔬菜。說：「我不如菜農。」樊遲出來。孔子說：「樊遲眞是個小人！領導重視禮法，則群眾不會不敬業；領導重視道義，則群眾不會不服從；領導重視信譽，則群眾不會不誠實。如果這樣的話，則天下百姓都會攜兒帶女來投奔你，哪用得著你自己種莊稼？」

[56]　〈禮運〉：「孔子曰：「夫禮，先王以承天之道，以治人之情。……故聖人耐以天下爲一家，以中國爲一人者，非意之也，必知其情，辟於其義，明於其利，達於其患，然後能爲之。何謂人情？喜怒哀懼愛惡欲七者，弗學而能。何謂人義？父慈、子孝、兄良、弟弟、夫義、婦聽、長惠、幼順、君仁、臣忠十者，謂之人義。講信修睦，謂之人利。爭奪相殺，謂之人患。故聖人所以治人七情，修十義，講信修睦，尚辭讓，去爭奪，舍禮何以治之？故聖人作則，必以天地爲本，以陰陽爲端，以四時爲柄，以日星爲紀，月以爲量，鬼神以爲徒，五行以爲質，禮義以爲器，人情以爲田，四靈以爲畜。以天地爲本，故物可舉也；以陰陽爲端，故情可睹也；以四時爲柄，故事可勸也；以日星爲紀，故事可列也；月以爲量，故功有藝也；鬼神以爲徒，故事有守也；五行以爲質，故事可復也；禮義以爲器，故事行有考也；人情以爲田，故人以爲奧也；四靈以爲畜，故飲食有由也。……故聖王修義之柄、禮之序，以治人情。故人情者，聖王之田也。……所以持情而合危也。」可見儒家比鬼谷子，更加重視「情」及其理由。

[57]　語見《禮記》〈禮運〉：「故禮之於人也，猶酒之有蘗也，君子以厚，小人以薄。故聖王修義之柄、禮之序，以治人情。故人情者，聖王之田也。修禮以耕之，陳義以種之，講學以耨之，本仁以聚之，播樂以安之。故禮也者，義之實也。協諸義而協，則禮雖先王未之有，可以義

有厚薄深淺、精緻粗糙、簡易繁複之分。然而在毫無規則之下，官、士、小民要取得互利與情感關係，<u>鬼谷子</u>主張必須「隨其嗜欲，以見其志意；微排其所言而捭反之，以求其實；貴得其指，闔而捭之，以求其利」（〈捭闔第一〉）如此「隨嗜欲、見其志、排其言、求其實、得其指、求其利」，進而得在「審定有無，與其實虛」的理論指導之下，才能夠「隨其嗜欲，以見其志意」也就能漸漸的對其目的人物有所瞭解，才能有一丁點可能，進入所要的關係圈子裡面去。

　　只要相互之間有了關係之連結，不管是生意往來的買賣關係，或是吃過飯、喝過酒，打過招呼、說過話、送過禮，都會有交情存在。所以不管是朋友之情、親戚之情、師生之情、官場、商場、職場上下之情、見面都有三分情。從古以來，深受儒家思想<u>孔</u>、<u>孟</u>、<u>荀</u>的「仁、義、禮」主張，影響我國人的就是最講究「情」了。〈禮運〉：「先王以承天之道，以治人之情」；《論語》也言：「上好信，則民莫敢不用情」（〈子路篇〉）；「君子篤於親，則民興於仁」（〈泰伯篇〉）；「君子不施其親」（〈微子篇〉）「人人親其親、長其長而天下平」。儒家「情」之發展到了<u>郭店</u>楚簡《性自命出》言：「凡人情爲可悅也。苟以其情，雖過不惡；不以其情，雖難不貴。苟有其情，雖未之爲，斯人信之矣。未言而信，有美情者也」（〈凡第十六章〉）；儒家對於「情」的認知，已到了相當的細膩的理解，與十分重視的階段了。遠超過法家之所難以理解，而遙遙的領先，但又擔心氾濫成災，所以必須以禮教規範之。可見「眞情」[58]在我國儒家社會裡，從來都是超越在「理與法」之上，認爲自然流暢最美，也最可貴。但是法家則不以爲意，<u>韓非子</u>言「不愼其事，不掩其情，賊乃將生」（〈主道第五〉）；「人主不掩其情，不匿其端，而使人臣有緣以侵其主」（〈二柄第七〉）。法家爲求極權與霸權之政體維護，而必須犧牲眞我，以掩飾眞情，實在是有扭曲人性之虞。

　　道家對於「情」所看的理解的與儒家則完全不同調，<u>莊子</u>言：「是遁天倍情，忘其所受，古者謂之遁天之刑」（〈德充符第六〉）如此看淡生死之情；又「<u>惠子</u>謂<u>莊子</u>曰：『人故無情乎？』<u>莊子</u>曰：『然』……無人之情，故是非不得於身」（〈德充符第六〉），出世都已唯恐逃之不及了，實在無暇也不願意與

起也。義者藝之分、仁之節也，協於藝，講於仁，得之者強。仁者，義之本也，順之體也，得之者尊。」

[58] <u>郭振香</u>著《先秦儒家情論研究》「儒家的眞情」，<u>合肥</u>：安徽出版社，2011 年 8 月一版，頁41。

人多交陪。還借助孔子的話說：「行事之情而忘其身，何暇至於悅生而惡死」（〈人間世第四〉），要懂得忘情做事才會心安。鬼谷子，對於葉公子高將使於齊，問於仲尼曰：「王使諸梁也甚重，齊之待使者，蓋將甚敬而不急。匹夫猶未可動，而況諸侯乎！吾甚慄之」之言，或許會相當同意孔子之回答，但深於縱橫術的鬼谷子是否會認為，可惜葉高沒讀過他的書。同儒家一樣之積極入世的縱橫家是善於處理「情」感的，而且還主張完美的將人情運用於人事之上。所以鬼谷子很有保握的說：「人之情，出言則欲聽，舉事則欲成」（〈權篇第九〉）；只要有良好的人情關係存在，講話便有人聽，做事才會很方便，也就容易成功。但是卻為重於君權的法家，所不容許。韓非子說：「智術之士，明察聽用，且燭重人之陰情；能法之士，勁直聽用，且矯重人之姦行。故智術能法之士用，則貴重之臣必在繩之外矣。是智法之士與當塗之人，不可兩存之仇也」（〈孤憤第十一〉）。鬼谷子對於所謂的「陰情」之說，相當的泰然而且更積極的處之。

　　俗語說：「人在情義在」。《易經》〈繫辭下〉也說：「吉凶見乎外，功業見乎變，聖人之情見乎辭」可以肯定的說：人與人的感情與關係，不必說是古代重政治之聖人、君子、人臣了，連當今以經濟發展為主的社會，不管是老闆或上班族或生意人或平常人，都是一樣絕無差別。想要有立足之地，除了起碼擁有基本的學歷與才能之外，就是良好的人際關係了。鬼谷子就是告訴我們此重要性。子曰：「無情者不得盡其辭，大畏民志，此謂知本」（《大學》）；以上表示「孔子舉例告訴我們說，極端的言詞在訴訟之時，都要有真誠之情感在。雙方訴訟，絕不在於巧詐辭詭之美與多；如果沒有真誠的情感，辯訟言詞是會詞窮的，那才是訴訟成敗根本之道呀！」所以在日常生活上，常經由「說話」直接的溝通與表達之外，彼此之間必須持續的尊重、關懷、認同與往來，更需要相互經由厚植的「感受與情意」，一切無不是長期努力而來，才能於需要時獲得回報。即我們的父執輩們常言，所謂的「要學會做事之前，得要先學會做人」。

　　《禮記》言：「順人情……有恩有理，有節有權，取之人情也」（〈喪服四制〉）。縱觀《禮記》中談起「情」字有 67 次、55 段落，雖未若「欲」一字之多，但已反映出「情」，於儒家禮教中之地位。《性自命出》言：「道始於情，情生於性。始者近情，終者近義。知情者能出之，知義者能入之」，可見情義之重要。鬼谷子有鑒於建立「情」感之對於做人做事（人與事）之訣竅，必先知「情」後達理，關乎說話、遊說或關說、入仕、經商……等事之至大，

於社會商場及官場文化上，都佔據相當重要的份量，故特加指導推引，以明安危、以利顯國家社稷，《鬼谷子》為此特別著墨不少。經過整理後發現有：「同其情、料其情、見其情、得其情、揣其情、隱其情、求其情、合其情、悉心見情、測深揣情、揣情隱匿、揣情飾言、隱貌逃情、情合者聽、開閉情意、至情託焉、決情定疑、反相為情、隱情塞隙」。有這麼多與「情」相關的詞彙，是研讀《鬼谷子》說話術，所必須要做的功課。

透過情感培養及日常往來與相互關心，久之便能夠連結成一種以「關說」[59]，而形成互利又互諒的共生團體。具備有「關說」且可以能成功者，乃是雙方就於平常所積極建立的交情所致；是種居於利益交換的人際關係的相互信賴以之回報的鐵律。它常久以來，便深植於我國民族性，即便已實施民主政治制度的中華民國，關說屢屢不斷，始終存在，如國民黨之「九月政爭」嚴重到動搖國本，危害憲政，紛擾無數百姓安寧。畢竟今日民主之法治時代與昔日獨裁之人治封建時代大相其異，所以民意代表大到立法委員喬事關說[60]，其「關說」僅能止於司法之下，號稱世界民主楷模的美國其國會議員，亦不敢越雷池一步（不被揭發，不算）。

只是遊說關說，向來於各國的政治活動之內政外交，乃至於民意代表的選民服務，以及民間的商業活動與人民所有的日常生活⋯⋯等等各種關係維繫上，總是被「情」與「利」相互糾葛，始終揮之不棄。古往今來，不分中外其功至偉，人類文明進步受此牽動而發展，生生不息。只是往昔人際關係的遊說、關說、送禮、行賄等方式，刻意經營出的上下關係或合作關係，所形成的主動式之利益關係，此種古老低調的、隱形的喬事、成事方式，已被當今具顯性又互動式的「夥伴關係」[61]（Partnership）所取代。

---

[59] 語出《史記》〈梁孝王世家〉：「上廢栗太子，竇太后心欲以孝王為後嗣。大臣及袁盎等有所關說於景帝，竇太后義格，亦遂不復言以梁王為嗣事由此。以事秘，世莫知。乃辭歸國。」又〈佞幸列傳〉：「以色幸者多矣。至漢興，高祖至暴抗也，然籍孺以佞幸；孝惠時有閎孺。此兩人非有材能，徒以婉佞貴幸，與上臥起，公卿皆因關說。故孝惠時郎侍中皆冠鵔鸃，貝帶，傅脂粉，化閎、籍之屬也。兩人徙家安陵。」

[60] 台灣的立委喬事百百款，資深國會助理都知道，在立法院最常見的「四不喬」包括：「官（官司）、罰（罰單）、刑（刑案）、試（國家考試、聯招或入學試務）」。至於最常處理的「四常喬」是：「票（火車票座位）、床（病床）、兵（兵役關切及調動）、監（監獄探監增見）」。由於接連發生多起立委及國會助理「喬」事，被檢舉有「對價關係」，而遭檢調調查與起訴，所以很多立委也學乖了，通常有需要避嫌及可能踩到對價關係紅線的事，大部分都不是立委本人站上火線處理，而是透過國會助理來「選民服務」。（以上文字取自於 NOWnews 今日新聞網）

[61] 合作夥伴關係　是人與人之間或企業與企業之間達成的最高層次的合作關係，它是指在相互

　　「情是網、利是刀」，站立在習慣性的思維上，它永遠都是敵我互不共生的「零和遊戲」（Zero Sum）。「情」可以是充滿希望的人脈網路，也可能會是一張作繭自縛使自己溺斃的邪惡魚網，或慘遭被俘虜無法脫逃致命的鋼索；「利」是塊蜜糖，也可能是片毒藥。而「利」沒有「情」作基礎，則將是無法永久，反之亦然。所以鬼谷子說：「或結以道德、或結以愛黨友，或結以財貨、或結以采色」（〈內揵第三〉）。然而中華民族卻在民間裡，長久以來存在著儒家的「仁、義、忠、恕」與墨家的「愛」，兵家的「智、信、仁、勇、嚴」等複雜的情感，都是從人性情感裡頭所衍生出來，它位在於「情」與「利」之中間，是善與惡、弱者與強者、是正義與邪惡的橋樑，也是潤滑劑。不同的國家與城市結盟，亦是透過各自領導與相關官員的互訪與親近而維繫。

　　鬼谷子深懂其中三昧，必須於適當場合中首先取得對象之「說話」同意，進而建立情感效益與利害關係，使角色與地位因而產生變化，才能經由「遊說」取得話語權之可能。國際上有所謂的領袖「走廊外交」[62]，即是種弱國對於強國取得說話權，進而個別之表其情志，不得不使用之權衡之術。鬼谷子認為經由「遊說」，便可以建構出，不管是個人之人際關係或是商業運作行為，乃至於政治利益之交換，所不得不留意與學習的進程。此人與人關係互動之精髓，亦早為我中華文化之內涵。僅以自己的私心私欲考量，順著私情以私利為優先，雖對個人受用無窮，但可能會因傷害別人之狀況下，有違反公益正義之原則，以至於隱匿為商場與官場之潛規則。

　　世人錯把「機變狡詐」之旁門伎倆「小人比人，則左道而用之，至能敗家奪國」（〈中經〉，鬼谷子於此痛斥之），當成為救國救民之正道的「智慧謀略」之偏見由來已久，而將一部《鬼谷子》價值徹底貶低，並完全汙衊了鬼谷子的人格。其實，作為士師[63]的鬼谷子，豈非不知身為「士、農、工、商」

信任的基礎上，雙方為了實現共同的目標而採取的共擔風險、共用利益的長期合作關係。含義（1）、發展長期的、信賴的合作關係。（2）、這種關係由明確或口頭的合約確定，雙方共同確認並且在各個層次都有相應的溝通。（3）、雙方有著共同的目標，並且為著共同的目標有挑戰性的改進計畫。（4）、雙方相互信任、共擔風險，共用資訊。（5）、共同開發，創造。（6）、以嚴格的尺度來衡量合作表現，不斷提高。

[62]　**走廊外交**　最初是指 2010 年 10 月 4 日在比利時之布魯塞爾召開的第八屆亞歐首腦會議上，中國總理溫家寶與日本前首相菅直人在場外的走廊「巧遇」「偶然相遇」並「順道」談論有關 2010 年中、日之釣魚台風波，並座談了 25 分鐘的事情。後來類似的事件都被稱為「走廊外交」。

[63]　姜太公、諸葛亮、劉伯溫、全都是帝王師。鬼谷子因不做官，當不了國師，故於當時只算當擔一位士師。

[64]四民之首的「士」其位之高、言與行之重？又孰不知處亂世「高為量而罪不及也，重為任而罰不勝也，危為其難而誅不敢也」[65]（《文子》〈下德〉），君、臣、民之難為？如何重振國家民族過去之風華與未來繁榮之命脈，唯有去除固守利益不思改革腐化的貴族勢力，逐教且思進步強兵富國的落寞貴族之後，飽嚐顛沛流離，幾乎等同一般百姓的「士」人（「以才智用者，謂之士[66]」《後漢書》）；以遊說外交結合強化兵力以興國之「學術」，再配合適當之權位、掌權策謀以申志，而脫貧致富且貴以達志。當然亦知曉「遊說」其關係有其是非所在，故將遊說者之資格定義出高規格，以防利弊，於〈捭闔第一〉言：「捭闔者，天地之道」又於〈盛神第一〉詳加以言，要作一位捭闔縱橫的士人，其基本條件如其所言：「士者，通達之神盛，乃能養志」（於此鬼谷子所言之捭闔者，及其後續所言之內揵者、背向者、轉圓者、損兌者、守義者……概為聖人之分身與角色之扮演，通通指向有為之士者，亦可透過學習，朝向聖人之階而邁進。）

《孟子》言：「無恆產而有恆心者，惟士為能」[67]；《白虎通》〈爵〉：「通古今、辯然不，謂之士」可見「士」之高標準，古來已有共識；而「謀士」更有甚之，如《禮記》〈曲禮〉曰：「列國之大夫，入天子之國，曰某士」。鬼

---

[64]《管子》〈小匡〉：「士農工商四民者，國之石民也。不可使雜處，雜處則其言哤。其事亂，是故聖王之處士，必於閒燕。處農必就田野。處工必就官府。處商必就市井。」劉向《說苑》〈政理〉：「《春秋》曰：『四民均，則王道興，而百姓寧；所謂四民者，士、農、工、商也。婚姻之道廢，則男女之道悖，而淫泆之路興矣。』」《淮南子》〈齊俗訓〉：「治世之體易守也，其事易為也，其禮易行也，其責易償也。是以人不兼官，官不兼事，士農工商，鄉別州異，是故農與農言力，士與士言行，工與工言巧，商與商言數。是以士無遺行，農無廢功，工無苦事，商無折貨，各安其性，不得相干。……失處而賤，得勢而貴。聖人總而用之，其數一也。」〈齊語〉：「桓公曰：『成民之事若何？』管子對曰：『四民者，勿使雜處，雜處則其言哤，其事易。』公曰：『處士、農、工、商若何？』管子對曰：『昔聖王之處士也，使就閒燕；處工，就官府；處商，就市井；處農，就田野。』」

[65]《文子》〈下德〉：「老子曰：治世之職易守也，其事易為也，其禮易行也，其責易賞也。是以人不兼官，官不兼士，士農工商，鄉別州異，故農與農言藏，士與士言行，工與工言巧，商與商言數。是以士無遺行，工無苦事，農無廢功，商無折貨，各安其性。異形殊類，易事而不悖，失處而賤，得勢而貴。夫先知遠見之人，才之盛也，……。末世之法，高為量而罪不及也，重為任而罰不勝也，危為其難而誅不敢也：民困於三責，即飾智而詐上，犯邪而行危，雖峻法嚴刑，不能禁其姦。獸窮即觸，鳥窮即啄，人窮即詐，此之謂也。」

[66]《後漢書》〈王充王符仲長統列傳〉：「以筋力用者謂之人，人求丁壯；以才智用者謂之士，士貴耆老。充此制以用天下之人，猶將有儲，何嫌乎不足也？故物有不求，未有無物之歲也；士有不用，未有少士之世也。夫如此，然後可以用天性，究人理，興頓廢，屬斷絕，網羅遺漏，拱桿天人矣。」

[67]《孟子》〈梁惠王上〉：「無恆產而有恆心者，惟士為能。若民，則無恆產，因無恆心。苟無恆心，放辟，邪侈，無不為已。」

谷子於〈中經〉上明確定義：「能言者，儔善博惠；施德者，依道；而救拘執者，養使小人。蓋士遭世異時危，或當因免填坑，或當伐害能言，或當破德爲雄，或當抑拘成罪，或當戚戚自善，或當敗敗自立」必須遵循天道之外，並隨時「微而與道相追」之下而靈活運用，否則謀士誠屬難爲。〈反應第二〉又強調說：「己不先定，牧人不正，事用不巧，是謂忘情失道」，如此失道又忘情，將是多麼嚴重的事情。今日嚴重的問題，乃是士人多已「失道」，而成多數庶民之故。

　　鬼谷子當然是不允許弟子有此迷失，才提前於〈捭闔〉、〈反應〉一二前後兩篇加以耳提面命，免以得不償失。依道而行，才能「爲人，凡謀有道，必得其所因，以求其情」。必要的倫理道德與人相處的能力、人際溝通效率……等之良好的品德、操守、態度才行；當然最重要的就是個人的自信、自律與自動自發之領導者的人格特質，以及一種對外可以感動別人的情愫與魅力。前者自我要求並不困難，正所謂孔子的重要傳人，曾子所說之千古名言：「士不可不弘毅，任重而道遠」[68]。作爲一位有爲有守，受人尊敬的士人（君子），必須要有寬廣的意志、堅忍的人格品質，因爲自己擔當國家興亡、文化傳承責任重大，奮鬥的道路遙遠，不可稍加懈怠！如孟子於〈滕文公下〉言：「士之失位也，猶諸侯之失國家也。……士之仕也，猶農夫之耕也，……古之人未嘗不欲仕也，又惡不由其道。不由其道而往者，與鑽穴隙之類也」又回答「士何事？」曰：「尚志」[69]及「士之食志與食功」之論。儒家非常重視修己之功夫，然而外王的涵養，孔、孟算是屬於硬功夫；所以就後者，魅力與吸引力與服從力、說服力……等領導者之特質加以探討，實非鬼谷子所傳授之柔軟身段來得有效與直接，或就道家來看必是種混然天成的人才，但若說能夠經由外在的訓練而得來，就非縱橫家莫屬了。當然其功，首推於《鬼谷子》。

　　《孟子》〈盡心下〉曰：「諸侯之寶三：土地，人民，政事。」正如鬼谷子專注於謀「士」與成「事」，其來有自。政事必依靠知識分子的努力，然而「事」與「士」之功過，總有其　體兩面，法家《韓非子》言：「激急親近，

---

[68] 《論語》〈泰伯章〉：「士不可以不弘毅，任重而道遠。仁以爲己任，不亦重乎？死而後已，不亦遠乎？」

[69] 〈盡心上〉：「王子墊問曰：『士何事？』孟子曰：『尚志。』曰：『何謂尚志？』曰：『仁義而已矣。殺一無罪，非仁也；非其有而取之，非義也。居惡在？仁是也；路惡在？義是也。居仁由義，大人之事備矣。』」又〈盡心下〉：「孟子曰：「不信仁賢，則國空虛。無禮義，則上下亂。無政事，則財用不足。」

探知人情，則見以爲譖而不讓」，「不愼其事，不掩其情，賊乃將生」永遠都是非常矛盾的命題。雜家《呂氏春秋》上言：「有以鱠死者，欲禁天下之食，悖。……有以用兵喪其國者，欲偃天下之兵，悖」[70]，所謂絕不可因噎廢食。《文子》又記載有老子言：「夫人之所以亡社稷，身死人手，爲天下笑者，未嘗非欲也；知冬日之扇，夏日之裘，無用於己，萬物變爲塵垢矣！故揚湯止沸，沸乃益甚，知其本者，去火而已。」[71]毫不知變通，或常淪落爲固執於眞理而犧牲性命。此乃是患上了「非黑即白」的論證所造成，制約自己只能預設在「放棄」和「完美地完成」之中二擇其一，而事實上放棄與否，和完美與否之間，並無必然關係。智慧大師本著個人意志與自由和對方的情感，建議我們多加思考與選擇，因爲二者之外，仍存在其他可行，但可能不完美[72]的方案。

鬼谷子所主張之「人之情」，此處有關「情」（此處指情感之認識與建立），首先在〈捭闔第一〉：「開而示之者，同其情也」。把自己開放，以表示出自己的意圖，是爲了要獲得對方的認同，這裡有著現代心理學上「同理心」[73]之應

---

70 語出《呂氏春秋、孟秋紀》〈蕩兵〉：「夫有以鱠死者，欲禁天下之食，悖；有以乘舟死者，欲禁天下之船，悖；有以用兵喪其國者，欲偃天下之兵，悖。夫兵不可偃也，譬之若水火然，善用之則爲福，不能用之則爲禍；若用藥者然，得良藥則活人，得惡藥則殺人。義兵之爲天下良藥也亦大矣。」

71 《文子》〈上禮〉：「老子曰：爲禮者雕琢人性，矯拂其情，目雖欲之禁以度，心雖樂之節以禮，趨翔周旋，屈節卑拜，肉凝而不食，酒微而不飲，外束其形，內愁其德，鉗陰陽之和而迫性命之情，故終身爲哀人。何則？不本其所以欲，而禁其所欲，不原其所以樂，而防其所樂，是猶圈獸而不塞其垣，禁其野心，決江河之流而壅之以手，故曰：開其兌，濟其事，終身不救。夫禮者，遏情閉欲，以義自防，雖情心咽噎，形性飢渴，以不得已自強，故莫能終其天年。禮者，非能使人不欲也，而能止之，樂者，非能使人勿樂也，而能防之。夫使天下畏刑而不敢盜竊，豈若使無有盜心哉！故知其無所用，雖貪者皆辭之，不知其所用，廉者不能讓之。夫人之所以亡社稷，身死人手，爲天下笑者，未嘗非欲也，知冬日之扇，夏日之裘，無用於己，萬物變爲塵垢矣！故揚湯止沸，沸乃益甚，知其本者，去火而已。」

72 涅槃謬誤（nirvana fallacy）或完美主義謬誤（perfectionist fallacy）是一種非形式謬誤，係宣稱某個解決方案無法做到完美，因此不可行。較白話的詮釋是：「不能做到完美，就不應該做」。涅槃謬誤是一廂情願論證的一種表現方式，因其與現實解決方案比較的完美方案是假想而現實上無法做到的，是種一廂情願的信念。涅槃謬誤是基於非黑即白論證的預設所形成，它預設了只能在「放棄」和「完美地完成」之中二選其一，而事實上放棄與否和完美與否之間並無必然關係，二者之外仍可能存在其他可行但不完美的方案。如果涅槃謬誤宣稱某方案不完美之處是潛在風險未被消除，則屬因噎廢食。

73 同理心 1920 年代美國心理學家鐵欽納首度使用一詞，指的就是這種行爲模式（motormimicry）。同理心，就是站在對方立場設身處地思考的一種方式。同理心，又叫做「換位思考、神入、共情」。指站在對方立場設身處地思考的一種方式，即於人際交往過程中，能夠體會他人的情緒和想法、理解他人的立場和感受，並站在他人的角度思考和處理問題。主要體現在情緒自控、換位思考、傾聽能力以及表達尊重等與情商相關的方面。在既定

用。同樣的道理是實施「捭之者，料其情也；闔之者，結其誠也」（同上），在一開一闔之中，彼此獲得了理智的靠近與情意的磨合。雙方情感得到互信，往後的合作便容易多了。假如對方不接納、不明白，使用言語心意抽象的「比喻」方式，回答我們的問話「其不言無比，乃爲之變。以象動之，以報其心、見其情，隨而牧之」（〈反應第二〉）；就必須加以變化，改用以動作行較爲具象的「形象」之表現方式，打動對方的心，讓他能體會出眞實的情感，便能夠從而得知他的意象。以上，是《鬼谷子》所謂說話藝術的釣語張網：「其釣語合事，得人實也。其猶張罝而取獸也。」[74]。

　　鬼谷子主張「得其情」後（此處指的是眞情，亦可是情報而言），可能會「不得其情而說之者，見非。」所得到的，可能根本不是眞實的情報，「得其情乃制其術，此用可出可入，可捷可開」（〈內捷第三〉），所以還得必須「揣其情」，因爲「揣情不審，不知隱匿變化之動靜」，因爲欲望常會發生「隱其情」的狀況。〈象傳、萃卦〉曰：「觀其所聚，而天地萬物之情可見矣。」暗地裡從他所常聚會、喜愛之人與物之中，不難發覺出其所隱密不宣的背景資料。又從其感受亦不難有所體會，〈象傳、咸卦〉曰：「天地感而萬物化生，聖人感人心而天下和平，觀其所感，而天地萬物之情可見矣。」所以必須充分掌握情之變「其有欲也，不能隱其情。必以其甚懼之時，往而極其惡也；其有惡也，不能隱其情。不能隱情欲，必失其變」（〈揣篇第七〉）；遇事多思慮，學會支配個人情緒，「貌者不美，又不惡，故至情託焉」（〈謀篇第十〉）；遇上事情，不喜形於色，不怒目相待，會讓人感覺深沉，值得信賴，也才是位可托以大事與機密可靠之人。這一切無不是依靠著口舌言語之運用「故口者，機關也；所以開閉情意也。耳目者，心之佐助也；所以窺見姦邪」（〈權

已發生的事件上，把自己當成是別人，想像自己因爲什麼心理以致有這種行爲，從而觸發這個事件。因爲自己已經接納了這種心理，所以也就接納了別人這種心理，以致諒解這行爲和事件的發生。與「己所不欲，勿施於人」同出一轍。就算是自己的看法與人不同時，不認同——也不能判定對方的一定是錯；嘗試反復地思考，認眞從其他角度去看，針對事而不是針對人，便會發垻自己原本的定奪不一定完全正確。因爲事情發生在「我」之身上（主觀）與發生在「你、他、她、它」身上（客觀），分別可非常大。別人的想法和行爲總有他的原委。同理心，是情商（EQ）的一個重要組成部分。現代情商理論認爲，情商有五個方面，分別是：「自我情緒認知，自我情緒控制、自我激勵、同理心、人際關係處理」。同理心，重要的是要站在對方的角度來理解問題，將心比心，這樣你就知道對方爲什麼會那麼想，從而更能理解對方的做法，減少誤會和衝突。（朗識測評）

[74] 〈反應第二〉：「象者，象其事；比者，比其辭也。以無形求有聲。**其釣語合事，得人實也。其猶張罝而取獸也。**多張其會而同之，道合其事，彼自出之，此釣人之網也。常持其網而驅之。」

篇第九〉），而隱藏在話語背後的心態與感情的磨合，才是重點之所在。

　　爲求情投意合「故同情而相親者，其俱成者也；同欲而相疏者，其偏害者也」（〈謀篇第十〉）。〈繫辭上〉曰：「聖人立象以盡意，設卦以盡情僞，繫辭以盡其言，變而通之以盡利，鼓之舞之以盡神」，以上之「盡意、盡情、盡言、盡利、盡神」和鬼谷子所講究的「情、意、言、利、神」也完全一致，沒一樣不是身爲聖人所具有與該要做的事。而今人處於現代化社會，受過知識教育與人群社會之五倫、六倫[75]之公民宣導、學習與教化之下，也漸趨有聖人之智與仁心了，所謂民智已開[76]。鬼谷子所堅持的智謀之道，並不如以前給人之不好印象，相反的尚能給普天之民「去誤解、致合群、增富貴、養智慧」的功效。〈象傳、恆卦〉曰：「聖人久於其道，而天下化成；觀其所恆，而天地萬物之情可見矣。」以上，正是受《太公》、《易》、《道德經》、《管子》與等兵、道、儒、法、陰陽……等，中國固有傳統學說思想影響到鬼谷子，竟發展出異於時代，獨特的思想與觀念的學說，至今還受用。

　　「是故君子不自大其事，不自尚其功，以求處情。」子曰：「君子不以色親人；情疏而貌親，在小人則穿窬之盜也與」，「情欲信，辭欲巧」（〈表記〉）以上由儒家《禮記》之言，可以看出與鬼谷子主張明顯不同。因爲鬼谷子認爲遊說者利用人情親疏，博取感情，換取功勞、獲得富貴，是對自己的一種獎勵，是應得的。身處亂世或許不得不的作爲，應證老子言：「大道廢，有仁義；智慧出，有大僞；六親不和，有孝慈；國家昏亂，有忠臣。」久處亂世的人們，最需要的是情感的慰藉。鬼谷子利用這些以毒攻毒，以利掃蕩罪惡

---

[75] 五倫　中國傳統有：「父子有親、君臣有義、夫婦有別、長幼有序、朋友有信」（《孟子‧滕文公上》），是君臣、父子、兄弟、夫婦、朋友關係的經典規範。李國鼎（1910～2001 AD，南京市人。曾任中華民國經濟部及財政部部長，在任內推動許多經濟建設，被譽爲台灣經濟奇蹟的重要推手）在儒家五倫的基礎上，於民國七十年因應現代社會提出第六倫：群己關係。以六倫爲現代社會人倫關係之準則。李氏提出群己觀念，倡導社會進行心靈改革，重建工業化之後人類精神文明的價值理念。「群己關係」的第六倫主要內涵：「人與陌生人的關係，人與自然的關係，人與團體的關係，在現代社會裏需要建立的關係」。被高希均譽爲「如果說『五倫』是小愛，『第六倫』則是大愛」。聖嚴法師（1931～2009 AD，江蘇南通人。禪宗曹洞宗的五十代傳人、臨濟宗的五十七代傳人）也觀察到了這個時代愈進步，人類的倫理道德卻更加薄弱，也鼓吹把古代的「五倫」加入新的觀念、賦予新的精神，成爲「心六倫」，而於其所創之法鼓山及台灣和華人等地區，廣加以推廣。

[76] 受過高等教育的人數，以西歐 1960 年代爲例，只佔人口的 8%。但到了近幾年，西歐各國已不低於 35%。然而根據最新推估，全世界將於 2020 年，約有一億六千萬左右的人，高達 8% 總人口數通過大學之教育訓練。以中國大陸而言每年都有七、八百萬學生，擠進高等教育學府的大門。

「絕聖棄智，民利百倍；絕仁棄義，民復孝慈；絕巧棄利，盜賊無有」，才能復歸太平，實現老子「以正治國」的理想。只是落入紅塵，也就難以脫俗了。鬼谷子已無法教使蘇秦、張儀回頭「見素抱樸，少私寡欲」（〈樸素章第十九〉）難令所屬了。

　　綜觀鬼谷子一生，一向循規蹈矩，未因提倡遊說計謀而獲取利益，都僅只是以教書傳道來謀生。即使歸隱山林、著書授徒，也都從未招兵買馬，主動從事暴動叛亂與擾亂社會……等之非法恐怖活動之狂妄行為；也從未指使得意門生，借此巧取豪奪、圖謀不軌、或奪權篡國等，惡意之念頭或實質舉動。從來都只是招收學生，依學生喜好，各自傳授遊說心理學、軍事學、策略學，養生修真學。當學生學成後，小焉者尋找機會，追求一些小名利，或做點小事業、或養家活口，以安身立命；優秀者，或幫忙公、侯、大夫等邦國權貴之家族，處理一些內政家事，或協防軍事外交、保衛國家人民安全；更上焉者，協助有為之君主或以縱橫治世、或一統天下而努力。如果有其最大目地，也只是沿襲諸子百家之心願，貫徹中華道統之決心，一心始終就是想把亂世終結，以揭露出人性之弱點為代價，超然運作使之，犧牲性命在所不惜。所謂「非至聖達奧，不能禦世；非勞心苦思，不能原事；不悉心見情，不能成名；材質不惠，不能用兵；忠實無真，不能知人」〈忤合第六〉，這整句話，應是鬼谷子「恨鐵不成鋼」的心聲。

　　總之，本節說明鬼谷子教導弟子理解與應用人之「情與欲」，以利遊說縱橫天下並不困難，如《易經、咸卦》〈象傳〉言：「聖人感人心而天下和平，觀其所感，而天地萬物之情可見矣。」而後也分別在〈恆〉、〈大壯〉、〈萃〉等卦提到，透過「觀其所感、觀其所恆、觀其所聚」天地萬物之情可見。一如儒家利用禮教將「情與欲」疏通導引，以善於聖人君子（「人情者，聖王之田也。」）以封建政治「上對下式」的安國治民之用。然而今之世代，世界各國的百姓之智慧、知識與能力、財力，已然足夠提供國家富強康勝、繁榮局面之所需，也就是一種普遍「下對上式」的經濟集團和法人社團，如各式功能互異的基金會，已經是全民直接參與社會福利、法治宣導、文化教育……等等，廣義的保家衛國的重責大任了。當今世界的國家安定與社會健全之責任，並非只是如古代少數聖人或特殊階級的貴族們之特權，相反地已成為全民之義務了。可見處於競爭激烈、複雜多變的工商業與資訊透明的社會，全民如何適度地認識學習與掌握控制，鬼谷子式的「情與欲」是何等之重要？

然而道家卻不如此認爲。

縱觀鬼谷子思想：雖與道家多雷同，如「不出戶，知天下……不窺牖，見天道。」（《道德經》〈天道章第四十七〉）等，但爲解求蒼生之苦，乃積極投入，故鬼谷子提出不同老子之意見，一反老子的「無智」：「絕聖棄智，民利百倍」、「以智治國，國之賊」[77]，再反老子的「無欲」：「不見可欲，使民不亂」、「聖人欲不欲」、「使民無知無欲」，三反老子「無爲」：「爲無爲，則無不治」[78]（〈安民章第三〉），四反老子「無爭」：「不尚賢，使民不爭」，「水善萬利而不爭……夫唯不爭，故無尤」（〈若水章第八〉）。五反老子的「無事」：「以無事取天下」，「我無事，而民自富」（〈治國章第五十七〉）。

鬼谷子給了國人，一條人生「情與欲」的明確道路，它永遠不褪流行，也就是離不開人世間。此路包括有：入世之權謀兵法、間世之遊說溝通、以及出世之修眞養性，還有那窮究世間之理的天文數術。如此之餘，可以演變成當今：生活的學問、管理的學問、生命（修眞）的學問和科學（求眞）的學問。此四大學問，每每在人之情欲間相互流轉之際，不管現在或未來，只要有人類賴以生存之處，都得適用。鬼谷子之入世思想，取儒家、道家、法家、兵家、名家、陰陽家等，其精華以縱橫治國之；出世思想，則採老莊道家、醫家、農家等，以遁世隱士處之。入者輝煌騰達，出者快樂幸福滿足。努力用心工作、學習、生活、保健，則無處無不充滿著精彩豐富之人生。其中有狂、有狷、有中庸，任人採掬挖掘；充滿自由無障礙與無比解放的生命格局，任人享用與持有。

鬼谷子企圖以《鬼谷子》一書，深藏遊說計謀、智慧競爭、自由解放……，帶引中華兒女，走向一條屬於富貴自信與健康活潑的康莊大道，試圖創造出民族偉大燦爛的美好夢想。可惜，一來、千年以來，思想完全束縛於帝制之所控制；二來、民智未若當今開放，因此只是曇花一現、事與願違。清末維新派之康有爲、革命黨之孫中山，只思國家民族之救亡圖存，僅取其表面之遊說計謀；而學術界也未及全面發掘及整理《鬼谷子》深層思想之內涵，故

---

[77] 《道德經》〈玄德章第六十五〉：「古之善爲道者，非以明民，將以愚之。**民之難治，以其智多。故以智治國，國之賊**；不以智治國，國之福。知此兩者亦楷式。常知楷式，是謂玄德。玄德深矣，遠矣，與物反矣，然後乃至大順。」

[78] 《道德經》〈安民章第三〉：「**不尚賢，使民不爭**；不貴難得之貨，使民不爲盜；**不見可欲，使心不亂**。是以聖人之治，虛其心，實其腹，弱其志，強其骨。**常使民無知無欲**。使夫知者不敢爲也。**爲無爲，則無不治。**」

始終與鬼谷子真正「治國、治民、治己」的積極縱橫思想，擦肩而過。

　　它完全被淹沒於二千多年來，我國集權皇朝世傳以儒、道爲主的理想政治環境裡面，主流思想始終處於入世、出世（菁英份子以外儒內道、外圓內方爲自許）的人生觀與生命觀之中，相互矛盾得難以真正面對現實的世界，以提供出有效的藥方。如此，使我國廣大人民，常期處於差不多就好的知識觀的認知中，自認天人合一爲最佳生活哲學，不敢懷疑、不敢違背。社會各式禁忌充斥、人民創造力薄弱、文化禁閉學術僵化、思想相對呆滯不前，生活與生命沉悶無趣。

　　全民在數千年間被宋儒矯枉過正，將民族「情感」給予封閉與隱藏；以及長久以來年青人在創新與表現「欲望」的受禁錮之下，中國人爲求安定和諧和平，不敢也不願面對衝突爭執與紛爭、紛歧；主流意識在急於求「道之同、德之正」，我們成了失真的一代，連帶著性命與性格的自我之本真也消失。社會常年處於老化無力的負面之下，所以民力無法擁有正常的管道的宣洩與發揮和實現之下，漸漸的無法得到向上之提升；舉國之「士與事」的品質於是漸入腐敗，所以之故，當然國家民族會走向危險的境域。滿清之前由於路途遙遠，與交通不發達，也就沒有什麼大國可以比較影響與競爭，也因此對於科技學術思想的落後，可能一點也都毫無所感。如此相對於歐西、美日列強，而後思想學術與科技之蓬勃發展，與舉國上下充滿著活力充沛；以上種種，致使僵化破敗的中華文明顯現出學術思想、自由意志等等，真正的看見到落後與老態龍鍾，無法得到精神心靈與物質科技上應有之發展與進步。所以在五千多年的歷史長河裡，於清末遭致八國聯軍逼迫，簽訂下了喪權辱國的「辛丑條約」[79]，終究給了中華民族一個最慘痛的教訓，致死地於後生，也算是給這個尚不該被滅絕的民族一針強心劑，從此改變了中國人的命運！

　　本一小節，總結出對於探討鬼谷子：人之「情感與欲望」的積極入世與相互自由競爭的思想。筆者認爲，只要能夠好好加以充分認識與應用，便能

---

[79] 《辛丑條約》亦稱《辛丑各國和約》、《北京議定書》，是中國、清朝政府與英國、美國、日本、俄國、法國、德國、義大利、奧匈、比利時、西班牙和荷蘭在義和團運動失敗、八國聯軍攻入北京後簽定的一個和平協定。條約簽定於光緒二十七年（1901 年）七月二十五日，辛丑年，故名辛丑條約。因條約簽訂日爲陽曆 9 月 7 日，因此有「九七國恥」一說。《辛丑合約》是中國近代史上賠款數目最龐大、主權喪失最嚴重的不平等條約。條約規定：中國賠款 9.8 億兩白銀，該條約標誌著清政府完全成爲帝國主義統治中國的工具，中國徹底淪爲半殖民地半封建社會。其後十年也就是 1911 年，在國父孫中山先生的十次大革命的領導之下，中華民國成立。但是也開始墮入內戰的深淵。

產生有效控制與發展，尤其對於當今文明將會更有幫助，所謂「執古之道，以禦今之有」（《老子》〈道絕章第十四〉）。以上，透過對鬼谷子的「情與慾」的主張而探討與比較之後，多少認識到我們中華民族的祖先，也是相當的活潑與解放和勇敢。希望透過鬼谷子的「情與慾」的自由思想，能夠重新帶給我們對於祖先的尊崇學習與反省和自由改造，而更有信心的抬頭挺胸向前看去，使中華民族重新站立在國際的新舞台之上，與世界各優秀民族並肩齊步共創人類新文明。

三、圓者不行，方者不止

《本經陰符》言：「轉圓者，無窮之計也。……智略計謀，各有形容，或圓或方，……故聖人懷此，用轉圓而求其合。故與造化者爲始，動作無不包大道，以觀神明之域。」「天地無極，人事無窮，……。轉圓者，或轉而吉，或轉而凶，聖人以道，先知存亡，乃知轉圓而從方。圓者，所以合語：方者，所以錯事」（〈轉圓第六〉）；又「損兌者，機危之決也。……聖人不爲之辭。故智者不以言失人之言，……圓者不行，方者不止，是謂大功。……故善損兌者，譬若決水於千仞之堤，轉圓石於萬仞之谿。而能行此者，形勢不得不然也」（〈損兌第七〉）；字句中就以「圓者不行，方者不止」，爲鬼谷子遊說縱橫術的最高之境界。

《鬼谷子》的「遊說」，包含著透過雙方不對等之溝通，超越包含等同於現代的一種協商轉化，而其最終的目的無不是要將自己的利益最大化，其危險與艱困重重疊疊，但還不得不行使之，一切原因都在於形勢多變不得不然。以上〈損兌第七〉：所言：「圓者不行，方者不止，是謂大功」，鬼谷子首先將《古三墳》之《形墳》：「方圓、角直、曲斜、……齒革必有用，百工器用必有制」（〈地皇軒轅氏政典〉），與墨子言：「百工爲方以矩，爲圓以規」（《墨子》〈卷一、法儀第四〉）等工匠所用之度量實體工具；或象徵「天圓地方」之「天道曰圓，地道曰方；方曰幽，而圓曰明」（《禮記》〈曾子天圓〉）；或建築之「堂高三尺，東西九筵，南北七筵，上圓下方」（同上〈明堂〉）；或如《易經》對於「方圓」字意演變爲：「蓍之德，圓而神；卦之德，方以知」（〈繫辭上〉），已較爲成熟且具抽象意思的用法；通通將之富以創意又巧妙的手法，輕易的轉變應用於「遊說計謀」，指導個人在生活上屬於言談、工作上班、交際之上，有如當今智慧手機專用應用的軟體程式（APP），比起交通路況 GPS 衛星導航

軟體，更好用且迅速又方便，使用上手了還可以因之而賺大錢。

　　鬼谷子更能一反《史記》言：「人雖賢，不能左畫方，右畫圓」（〈龜策列傳〉），而指導出「一心兩用」的「遊說」之最高段數。居然可以達到令圓通通的「圓型體」，無法翻滾；但卻能夠叫穩定的「立方體」，可以聽命而自由行進，但卻不可以停止，還會繼續向前行進而去！這不就是當今之幻想文學，詩詞文句顯得特別之優美；或是，宛如一齣今日武俠穿越劇之迷人？令人讚嘆鬼谷子除了「遊說計謀」，如此到地且硬梆梆的硬功夫之學問外，居然還會有文學藝術創作的雅興與能力？但其實卻是眞實存在，也就是指「圓計謀」與「方計謀」而言。轉圓而從方，此方圓的計謀應用智慧，不僅止於春秋、戰國高層之間的遊說，甚至於漸漸流傳到民間。

　　明朝出現了一本《菜根譚》，此書受盡民間的歡迎。翻開書來其中第一章，就叫著〈方圓篇〉，就叫人知道如何應用鬼谷子的「方圓術」原理，來處事做人。這些既「入世」又「出世」的生活哲學格言，應該是莊子的「間世」處事法則吧！幾個條目看出其方圓之術，應用得甚爲妥當：（一）、待人以寬，境界高。（二）、知退一步，須讓三分。（三）、莫去爭一時之長短。（四）、高調做事。（五）、低調做人。（六）、方圓兼用、恩威並施。（七）、只有無爭，才能無憂。（八）、鋒芒過露是做人的大忌。（九）、不足其實勝有餘。（十）、心存仁愛，天下歸心。（十一）、有德者，人恒助之。（十二）、海納百川，有容乃大。（十三）、交朋友要張弛有度。（十四）、幫助別人就是幫助自己。（十五）、心胸廣闊，煩惱無蹤。（十六）、嚴於律己，寬以待人。

　　以上，如同「外圓內方」（《白虎通義》〈辟雍〉）之力量，又如同我們祖先的錢幣－「孔方兄」之好用。此乃鬼谷子之眞言：「圓者，所以合語；方者，所以錯事。」（〈轉圓第六〉）；誠如《禮記》言：「規矩誠設，不可欺以方圓」[80]（〈經解第廿六〉）。又《新序》言：「直而不枉，不可與往；方而不圓，不可與長存」，都是我們這支古老民族，千百年來所累積出的生活上無可取代的高度智慧，由其是物質、精神兩相匱乏，終日蠅營狗苟奔波於生存之中的市井小民。《鹽鐵論》言：「孔子能方不能圓，故飢於黎丘」（〈卷二、論儒〉）。這乃是君子「富與貴是人之所欲也，……貧與賤是人之所惡也，不以其道得

---

[80] 《禮記》〈經解第廿六〉言：「禮之於正國也：猶衡之於輕重也，繩墨之於曲直也，規矩之於方圓也。故衡誠縣，不可欺以輕重；繩墨誠陳，不可欺以曲直；規矩誠設，不可欺以方圓；君子審禮，不可誣以奸詐。」

之，……君子無終食之間違仁，造次必於是，顛沛必於是」（《論語》〈里仁第四〉），高度的情操。

所以鬼谷子涉及「方圓」的為人處事的理論之學說，處於當今生存不易、競爭激烈的工商社會環境下的小老百姓而言，「懂得做人、懂得說話、懂得聽話」，已不是過去想要顯貴的人物之必要博弈；相反地已是一種「把人做好、把事做好」，現代人的必要之條件了。而且它更是當今各種基金會之社會福利，或者是台灣很流行的社會企業無私的共同努力的結果。以及，所謂「計謀成，則功不可間」（《本經陰符》〈實意第三〉）；鬼谷子的意思是「一旦計謀完成實現了，就將如同現代企業，好的產品文宣廣告之行銷計畫，廣為消費大眾的普遍接受之後，產品販賣業績攀升，便能夠讓營業站穩腳步，如此功勞也就能夠不間斷的持續著，方便以後各項產品知名度與公司信賴度及商譽的增長。」若〈原道訓〉所言：「莫見其為者，而功既成矣」；或〈說山訓〉：「得萬人之兵，不如聞一言之當；得隋侯之珠，不若得事之所由；得昌氏之璧，不若得事之所適。」可見《淮南子》多麼的推崇，縱橫家的遊說計謀與成事。

用上現代的經濟商業語言來說明鬼谷子的「方圓遊說」意思，它幾乎就是與當今的媒體廣告宣傳行銷畫上等號了。可以是一個人也可以是文宣單位或是公關部門等群體，透過電子媒體載體之方便，到處「遊說」以「說情」，也等同小眾媒體之部落格，如「臉書」（Face Book）被按「讚」，資訊時代網際網路之升級版。（如阿里巴巴挑起了每年十一月十一日「1111 光棍節」，網路購物的驚人奇蹟，三分鐘的網路購物，成交達新台幣五十億，而一小時成交達六百億台幣。）無中生有的創造消費者狂熱的購物「欲」望，並加以之沸騰。）再加上了有了「情」緒的好感、無比「親」切感的成分存在；感動各方眾好友，一起按「讚」，次數越多當然越好，還會被新聞媒體記者擷取以之，於大眾媒體電視台或報紙播報；還有背後優秀的「計謀策略」更是重要、重要得不可缺席。

鬼谷子有言：「智略計謀，各有形容，或圓或方……故聖人懷此，用轉圓而求其合」（〈轉圓第六〉）。個人的待人接物等處世原則，與企業經營要如「圓」球體之一般，研發手法宜靈活迅速、銷售想法宜變通活潑、價格成本又要有彈性，才能有發展；而為人的內在，或企業產品生產、品質管制要「方」正、遵道德、守法律、有規矩，才不會出亂子，經得起誘惑就不會吃上牢飯。其

實當今世代民智已開，「該圓該方」已不用教導都很清楚了；但是又有誰知道「方圓之術」，是鬼谷子的秘技，是經由縱橫家所傳播開來的。

四、本節結語

　　此一小節就是《鬼谷子》遊說理論，對於個人社會國家的偉大貢獻。因為此一書中蘊涵著豐富的現代社會學理論，與對社會學理論有重大啟發意義的思想或觀點。根據大陸學者許富宏的研究認為，以下幾點是可以放在我國社會發展思想史上：「（一）側重從謀略的角度研究社會的治亂和興衰。（二）功利與揚名：說客社會角色與矛盾扮演。（三）社會互動的四項基本原則：『1、知彼知己原則。2、利用特點與弱點原則。3、因勢利導原則。4、同情相親原則』。」[81]鬼谷子更多的思想可以如許先生所言，有更多的影響力。筆者就認為《鬼谷子》的修練與養生功夫主張，可以好好推廣與應用。像縱橫電影好萊塢影壇數十年，啟發了整個世代的喜劇演員羅賓、威廉斯，原本以幽默取悅觀眾，卻因憂鬱而自我撕裂（2014 年 8 月逝世）。擬似自殺的羅賓的悲劇，透露出許多喜劇演員（如著名的卓別林，金凱瑞等憂鬱與幻想症）逗趣與創意之中的內心黑暗面；許多的歐美喜劇演員都選擇走上絕路，吸毒、酗酒等等層出不窮。假如能夠遇上另一面的鬼谷子，認識熟悉我國道家出世、修心、養生的修練智慧，當不至於走上極端。

　　正是《易經》〈繫辭上〉所言：「形而上者謂之道，形而下者、謂之器。化而裁之謂之變，推而行之謂之通，舉而錯之天下之民，謂之事業。」這是《鬼谷子》給當時的縱橫家，如〈繫辭下〉所言：「能說諸心，能研諸侯之慮」，如〈繫辭上〉所言：「鼓天下之動者，存乎辭」，以及千年後給今天之世人，探究實踐後可能獲得的光彩。〈象傳〉曰：「剛以動，故壯。大壯利貞；大者正也。正大而天地之情可見矣」；〈繫辭下〉：「天地設位，聖人成能。人謀鬼謀，百姓與能」。研讀《鬼谷子》隨處可發現此書，就是「推廣智慧，多動腦筋」，「為人處事、善用思考」與養成「計畫、執行與檢討、追蹤」的習慣。此 P、D、C、A[82]（Plan-Do-Check-Act 的簡稱），鬼谷子也嘗言：「聖人以道，

---

[81] 參閱許富宏著《鬼谷子研究》〈第十章、鬼谷子心理學與社會學思想〉頁 230～235。

[82] PDCA 迴圈又叫戴明環圈，是管理學中的一個通用模型，最早由休哈特（Walter A. Shewhart）於 1930 年構想，後來被美國品質管制專家戴明（Edwards Deming）博士在 1950 年再度挖掘出來，並加以廣泛宣傳和運用於持續改善產品品質的過程中。它是全面品質管制所應遵循的科學程式。全面品質管制活動的全部過程，就是品質計畫的制訂和組織實現的過程，這個過程就是按照 PDCA 迴圈，不停頓地周而復始地運轉的。PDCA 迴圈是能使任何一項活動有效

先知存亡，乃知轉圓而從方」（〈轉圓第六〉），不就正是現代化工商業社會，企業經營、業務行銷與工廠管理、品質管理的命脈，最基本的要求嗎？

第三節　鬼谷子的謀略藝術對當今企業管理之貢獻

我們在千年前的《隋書》[83]〈經籍志〉[84]之記載得知：「縱橫者，所以明辯

進行的一種合乎邏輯的工作程式，特別是在品質管制中得到了廣泛的應用。P、D、C、A四個英文字母所代表的意義如下：(1)、Plan－計畫。產品可靠度目標預測與訂定、可靠度計畫研擬與確定、可靠度組織與分工。包括方針和目標的確定以及活動計畫的制定；(2)、DO－執行。可靠度作業激勵、命令與實施。執行就是具體運作，實現計畫中的內容；(3)、Check－檢查。產品可靠度 評定與評估、可靠度作業管制與稽核。就是要總結執行計畫的結果，分清哪些對了，哪些錯了，明確效果，找出問題；(4)、Action－行動（或處理）。各種可靠度工作之作業單位間協調、可靠度改善對策訂定、改善行動執行 與跟催。對總結檢查的結果進行處理，成功的經驗加以肯定，並予以標準化，或制定作業指導書，便於以後工作時遵循。

[83] 唐、武德四年（621 AD），令狐德棻提出修梁、陳、北齊、北周、隋等五朝史的建議。次年，唐朝廷命史臣編修，但數年過後，仍未成書。貞觀三年（629 AD），重修五朝史，由魏征「總知其務」，並主編《隋書》。參加隋書編修的還有顏師古、孔穎達、許敬宗等人。六三六年（貞觀十年），《隋書》的帝紀、列傳和其他四朝史同時完成，合稱「五代史」。《隋書》的作者都是飽學之士，具有很高的修史水準。《隋書》是現存最早的隋史專著，也是《二十五史》中修史水準較高的史籍之一。《隋書》志包括梁、陳、齊周、隋五朝制度，分段敘述。首先，它有明確的指導思想。下令修隋史的唐太宗親歷了滅隋的戰爭，在執政之後，他經常談論隋朝滅亡的教訓，明確提出「以古為鏡，可以見興替」的看法。汲取歷史教訓，以史為鑒就成了修隋史的指導思想。其次，《隋書》弘揚秉筆直書的優良史學傳統，品評人物較少阿附隱諱。主編魏徵剛正不阿，他主持編寫的紀傳，較少曲筆，不為尊者諱。如隋文帝之「刻薄」專斷，「不悅詩書」，「暗于大道」，隋煬帝矯情飾貌，「鋤誅骨肉，屠剿忠良」等情況，都照實寫來，了無隱諱。再次，《隋書》保存了大量政治、經濟以及科技文化資料。其中十志記載梁、陳、北齊、北周和隋五朝的典章制度，有些部分甚至追溯到漢魏。參加《隋書》撰述的人很多，幾乎集中了當時大部分有名之士；開始以魏徵為其主編，後來魏徵死了，又由長孫無忌續為主編，完成未完成的部分。

[84] 《隋書、經籍志》四卷。唐、魏徵（580～643 AD）等撰。是繼《漢書、藝文志》後，我國現存最古的第二部史志目錄。此《志》原是唐貞觀年間《五代史志》的原稿，後併入《隋書》、系根據《隋大業正御書目》，並參考阮孝緒的《七錄》分類體系而成，利用隋代遺書一萬四千四百六十六部，八萬九千六百六十六卷與《隋大業正禦書目》核對，刪去重複，按經、史、子、集四部四十類著錄，既反映隋朝一代藏書，又記載六朝時代圖書變動情況，並最終確立了四分法在目錄學中的地位，也是現存最古的四分法目錄書。《隋書》的《經籍志》是繼《漢書‧藝文志》後的一部十分重要的目錄書，《隋書》的《經籍志》是繼《漢書‧藝文志》後的一部十分重要的目錄書，敘述了自漢至隋凡六百年我國書籍之存亡、學術之演變，是對我國古代書籍和學術史的第二次總結，也是對我國學術文化史的一大貢獻。《隋書、經籍志》還有一個重要貢獻，就是為我國以後的四部圖書分類奠定了基礎。《漢書、藝文志》曾把天下圖書分編為六大類，到東晉李充造《四部書目》，始分書籍為四部。《隋書、經籍志》吸取其長，正式將各類書籍標出「經、史、子、集」四大類，其下再分四十小類。這種圖書分類法，為後世遵用達一千餘年。值得注意的是，《隋志》是經史子集四部後附入儒道二家，所以也不是完全的四分法，確切說應該算是六分之法。經部按「易、書、詩、禮、樂、春秋、孝經、論語、緯書、小學」十個大類，著錄經學文獻共六百二十七部，五千三百七十一卷，

説、善辭令，以通上下之志者也。」而作爲縱橫家首席理論指導的《鬼谷子》一書，便足夠擔負起這項美譽。一般通俗認知，僅以爲只是強辯說、善說話，大抵不明白如〈經籍志〉所言能夠：「通上下之志」，甚至於蔚爲明朝大儒的宋濂，亦以道德感情之私而誹詆之。絲毫不知領導者與屬下之意志與意見溝通之重要，或許在專制時代的太平盛世，臣子對於君王的聖旨，唯有絕對服從之義務。怪不得，此一奴性使國人有一很長的歲月，淪爲相當缺乏創意的民族，不敢質疑存在界與現象界，也連帶著科技、文化、經濟、學術、思想停駐不前，國力當然也就大受影響了。

　　多虧祖先庇佑，將「不易、變易、簡易」，講究將心「連結接通而體悟天地不變的道理、在變化萬千的紛擾人事中，隨時隨地取得與人溝通、化繁爲簡以自我變通」的《易經》傳承下來，使得炎黃世冑[85]的智慧與經驗有所承續。後來深明天地大化的鬼谷子，不忍心見到世局長期動亂不安、百姓生靈塗炭，而流傳下來了一部《鬼谷子》，將《易經》天道的陰陽吉凶之演化，彰顯出世道人心之變化，教化門生用於向擁有領導權與決定百姓命運的：士大夫（家）、諸侯（國）、霸主或君王們（天下），加以說服和協調、溝通，扭轉政治倫理。再以積極有爲之心態，介入參予並主導國政，採用鬼谷子之盡一切所能，使

通計亡書，合爲九百五十部，七千二百九十卷。史部十三類：「正史、古史、雜史、霸史、起居注、舊事、職官、儀注、刑法、雜傳、地理、譜系、簿錄」。部儒家類共著錄儒家文獻六十二部，五百三十卷，通計亡書。合六十七部，六百零九卷。分十四類：「儒、道、法、名、墨、縱橫、雜、農、小說、兵、天文、歷數、五行、醫方」。集部三類「楚辭、別集、總集」。道經四類「經戒、餌服、房中、符錄」。佛經十一類「大乘經、小乘經、雜經、雜疑經、大乘律、小乘律、雜律、大乘論、小乘論、雜論、記」。《隋志》在四部分類外尚有道佛附錄，合爲六部；但道佛二錄均有類無書，僅記總部、卷數而無具體書目，與四部的編制方法有所不同。

[85] 語見中華民國《國旗歌》：「山川壯麗、物產豐隆，炎黃世冑，東亞稱雄。毋自暴自棄，毋故步自封，光我民族，促進大同。創業維艱，緬懷諸先烈，守成不易，莫徒務近功。同心同德，貫徹始終，青天白日滿地紅。同心同德，貫徹始終，青天白日滿地紅。」亦爲奧林匹克委員會會歌。《明報月刊》記載，1930 年開始，國民政府一方面以黨歌代國歌，另一方面責成教育部徵集國歌。教育部多次徵集，均未有滿意者。1936 年再度徵集，共有 1700 人應徵，稿件 3000 多件，其中包括了黃自的歌譜。國民政府雖不滿意該歌曲作爲國歌，但又不忍捨棄，故以戴傳賢填詞，定爲國旗歌，升降旗時候演唱。1937 年國民政府中常會正式定黨歌爲國歌，但在升降旗時，卻奏國旗歌。一方面國民政府不能放棄孫中山遺訓，另一方面又欣賞黃自的歌譜，是故爲兩難之下，採取此辦法。

又《國語》〈周語下〉：「此一王四伯，豈繁多寵？皆亡王之後也。唯能厘舉嘉義，以有胤在下，守祀不替其典。有夏雖衰，杞、鄫猶在；申、呂雖衰，齊、許猶在。唯有嘉功，以命姓受祀，迄於天下，及其失之也，必有慆淫之心間之。故亡其氏姓，踣斃不振；絕後無主，湮替隸圉。夫亡者豈繁無寵？皆黃、炎之後也。唯不帥天地之度，不順四時之序，不度民神之義，不儀生物之則，以殄滅無胤，至於今不祀。」

用兵不血刃的智慧式鬥爭的方式：以和平、反間、外交、聯婚、割地、賠款、
獻城、國書……達成國與國之間的關係。

　　如今，時空雖異、世事依然混亂不已，國際形勢詭譎多變，依然是各國
政府的燙手山芋，外交問題層出不窮。國內沒有了諸侯此一封建社會之少數
貴族階級，但出現了資本家、企業主……等，掌握經濟命脈的新興階級，並
轉換成了一種以企業集團式的經營方式，呼風喚雨的正上演著你死我亡的零
合式戰爭。就以國際電腦業而言：「Google 谷歌與 Microsoft 微軟兩家世界級
（過去均是以軟體為業）的電腦大廠，居然要以安卓 Android 4.2 與 Windows 8
所改造的作業系統程式，於 2012 下半年先後分別加入，共同瓜分原先 Apple
蘋果電腦公司，所獨佔的平板電腦與手機之下的版圖，儼然形成以這三家電
腦公司為主的三國演義之爭霸戰。」

　　話說，而這三家公司的產品，多年來幾乎都是完全由我國所代工。但是
在蘋果獨霸之時我方代工生產獲利方面，卻只有被戲稱「茅山道士」的利潤
（所謂毛利三到四之諧音、亦即百分之三到百分之四不等）之微薄利益，少
得真是可憐，如雞肋般食之無味、棄之可惜。如今 Google 與 Microsoft 之國際
大廠也深受威脅力圖有為，遂領軍殺出此重圍之死地，台灣上下游的大小廠
商，有此一難得機會，非蘋（蘋果陣營之廠商）亦思與其合作，故此能夠走
出被蘋果多年以來所欺負之陰霾，固然拍手叫好，高興得不得了。但是，為
何老是別人吃肉我喝湯？往昔吃盡日本人之虧，近些年被南韓佔盡便宜！這
些問題牽涉面廣，也非本書所探討範圍。細思之，則有其不平等戰爭的味兒
於其中，如台灣版圖幅員消費人口不夠龐大，當然是構不成規模經濟之主因，
所以成本效益與消費影響力……，都不是強國之競爭對象的對手。但是善長
於超限戰爭之謀略的「後現代鬼谷術」之鬼谷子理論，卻是可以作為有意進
軍國際市場的企業集團，所必須具備的一整套縝密的發展營運計劃。《鄧析子》
〈無厚卷一〉：「慮不先定，不可以應卒。兵不閑習，不可以當敵。廟算千里，
帷幄之奇，百戰百勝，黃帝之師。」這不說中了企業家的心坎裡了，在日愈
激烈的商戰裡，越是能夠廟算千里帷幄之奇，越能夠經得起挑戰，有無上的
影響力（權）；才能站立在國際貿易之上，與世界知名公司一較長短（勢）；
保證產業經營通行無阻，獲取源源不絕的利益（利）；以及企業聲名（名）遠
播，領導者威望源遠流長，以世世代代永流傳；才不愧身為優秀的炎黃子孫
之傳人。

　　《孫子兵法》說過：「故上兵伐謀，其次伐交，其次伐兵，其下攻城」（〈謀攻篇第三〉），此亦合乎講究伐謀策略思想的《鬼谷子》之主張：「故謀莫難於周密，說莫難於悉聽，事莫難於必成：此三者，唯聖人然後能任之。故謀必欲周密，必擇其所與通者說也」（〈摩篇第八〉）。「謀略」真正運作起來，不脫離「言說」（對內上下意志之溝通、對外敵我談判之交鋒，區分有聲無聲與有形無形之分類分途而用）與「行事」（如企業五大管理之密切執行）。以上，除了我國企業缺乏經濟規模之外，使我國無法成就立足於國際，最重要之影響因素，乃是對於品牌之長期經營無謀略之處。「謀」是企業講究行動策略的「行事」之必成、會敗（有勇無謀）的關鍵所在，故跨國企業決不可輕易放棄與輕忽謀略之重要。

　　自古以來，諸子百家對於治國平天下之思想學說主張，卷帙皓繁、從不缺席，不管是儒、道、墨、法、兵、陰陽、縱橫家……，數不清的先聖先賢、仁人志士，無一不是為國族血脈之興亡，用盡青春、費盡口舌而奔走呼號、長期奮鬥不懈。說起「帝王術」[86]許多人根本上並不陌生，古人趙蕤[87]還加以總結著書，成為實用之學，稱之為所謂的《帝王學》[88]。《鬼谷子》言：「計謀者，存亡之樞機。慮不會，則聽不審矣：候之不得，計謀失矣，則意無所信、虛而無實」（〈實意第三〉）。世有言：「計源於勢、謀生於情」。

　　故對於當今組織大自國家政府、小至公司行號「謀略」之優劣有無，對

---

[86] 帝王學　是集中國古代帝王的領導學、謀略學、管理學以及識人術、用人術、縱橫術等為一體的特殊學科。君道，是作為一個單位、一個部門乃至一個國家的最高領導人所必須通曉、掌握的根本原則。把我們審視的目光投回古代，從某種意義上來說，帝王也是一個管理者，只不過他所管理的不是一般的團體，而是一個龐大的國家。綜觀五帝的治國之道，都能善用無為而治的法則，並在運用中使之體現為最高的和諧，天下百姓在日常生活中得到了實惠卻不知道是怎麼回事，行為合乎道義卻好像生來就有這種修養。這就是黃帝、顓頊、帝嚳、堯、舜之仁德的具體表現。

[87] 趙蕤　唐代著名的權謀學家，他自幼好帝王之學，「博學韜衿，長於經世」，並且「任俠有氣，善為縱橫學」，因此聞名於當世。唐玄宗多次徵召，他都辭而不就，過著隱居的生活。大詩人李白對他極為推崇，曾經跟隨他學習「帝王學」和「縱橫術」，時稱「趙蕤術數，李白文章」。

[88] 該書集中國古代帝王的「領導學、謀略學、管理學以及識人術、用人術、縱橫術」等為一體。縱覽帝王將相興亡得失的歷史，總結英雄豪傑成敗盛衰的教訓，點評歷代帝王興亡霸業及諸子百家經邦濟世之術的長短優劣，廣泛涉及帝王之學的方方面面，堪稱集中國人最高智慧的大成之作。《帝王學》一書自問世以來，受到歷代帝王和政治家的高度重視和推崇。其特點有三：一是全面。作者在前人相關著作的基礎上，博採眾長，從六個大的角度和多個側面全面解析帝王學；二是深刻。作者不是泛泛空論，而是在每個側面和細節問題上都做深入的剖析和論證，旁徵博引，層層遞進；三是實用性極強。乾隆皇帝一生多次閱讀此書，還親自題詩，向皇子和大臣們大力推薦。

其生存與發展將是何其的重要！不僅在軍事、政治、外交都需要，企業之商業謀略乃至於個人生活謀略，都必需具備。進行一系列操作：首先要有厚實國本，所謂國強民富；在企業上則是需於生產、研發、財務、營業、人事等五大管理制度上，企待嚴格健全的規劃與執行；如此算是該具備的基礎功夫，也就是必經之階段。而企業謀略應用之行使，例如：「產品研究開發、營業行銷策略」之戰略與戰術，它可分爲：可公諸於人的「陽謀」[89]，與不可公諸於世、秘而不宣的「陰謀」[90]。而這些企業謀略的領導者，有誰不懂得分辨與應用？

　　《鬼谷子》書中演示的是，首先是必須進行企業內部完善的規畫：「度於大小，謀於眾寡」（〈揣篇第七〉），因爲謀略先天具備有物質性質，因此必須進行必要的規劃、盤點、計算、採購、儲存、運輸等資材管理。接著檢討：「稱貨財，有無之數（資本、營運資金、現金流量；銀行存款、應收帳款、應付帳款、負帳、借款；倉庫存貨：原、物料、成品、半成品……等等）。還有謀

---

[89] **陽謀** 毛澤東的政治一大特點。據台灣《新新聞周刊》文章登載表示：「1957 年 7 月 1 日毛澤東客串人民日報主筆，寫了一篇社論。對右派集團開了第一槍，赤裸裸表示先前搞的大鳴大放，只是要引蛇出洞：『有人說這是陰謀。我們要說這是陽謀，因爲事先已告訴了敵人。』」引自（第 1439 期、2014 年 10 月 2 日～10 月 8 日）。其實「陽謀」原義，應該是起源於《鬼谷子》之〈捭闔第一〉：「捭闔之道，以陰陽試之。故與陽言者，依崇高。與陰言者，依卑小。以下求小，以高求大。由此言之，無所不出，無所不入，無所不可。可以說人，可以說家，可以說國，可以說天下」，即後人所稱之「捭闔術」。1956 年 4 月，毛澤東在中共中央政治局擴大會議上作《論十大關係》的報告，提出他關於處理政治、經濟、文化建設中的十大關係和矛盾的思想，被認爲體現了開放的思想。同年 5 月，毛正式提出在藝術方面「百花齊放」、在學術方面「百家爭鳴」的「雙百方針」。1956 年下半年，經濟出現緊張，社會矛盾也開始抬頭，全國先後約有一萬多工人罷工、一萬多學生罷課，對政府的批評意見也開始變多。一些中共幹部用類似處理敵我矛盾的辦法，處理罷工、罷課，造成矛盾激化（周恩來說「罷課不得已」；毛認爲「凡是鎮壓學生運動的沒有好下場」）。針對這些問題，他在同年 11 月的中共八屆二中全會上，認爲民主革命解決舊矛盾後又出現新矛盾，並認爲其根源是官僚主義。他宣佈次年開展整風運動，「整頓三風：一整主觀主義，二整宗派主義，三整官僚主義」。毛指出，整風是一種民主的方法，「以後凡是人民內部的事情，黨內的事情，都要用整風的方法，用批評和自我批評的方法來解決，而不是用武力來解決。」之後毛作成《如何處理人民內部的矛盾》的講話，宣傳如何在思想領域處理人民內部矛盾的主張。這篇講話改寫成《關於正確處理人民內部矛盾的問題》，在民主人士和知識份子當中引起強烈反響，拉開中共整風序幕。而《人民日報》等機關報對毛的講話一聲不響，毛決定提前發動全黨整風，1957 年 4 月 30 日召集民主黨派負責人座談，請他們積極提意見，幫助共產黨整風。1957 年 5 月 1 日《人民日報》公開發表中共中央《關於整風運動的指示》，整風運動正式開始。爲消除黨外人士的顧慮，中共重申「知無不言，言無不盡；言者無罪，聞者足戒；有則改之，無則加勉」

[90] 《三十六計》之〈第一計、瞞天過海〉：「備周則意怠，常見則不疑。陰在陽之內，不在陽之對。太陽，太陰。」

略上的目標對象之客體，也就是人員之因素了，「料人民多少、饒乏、有餘不足幾何？」（消費者、潛在客源、客戶、廠商，其忠實度、受歡迎度）；辨地形之險易，孰利、孰害（原物料之供應基地、經銷商、分銷商、旗艦店、加盟店、連鎖店……等之地點，是否在商圈合適位置？）；「謀慮孰長孰短？揆君臣之親疏，孰賢孰不肖？與賓客之智慧，孰少孰多？」（意見領袖、利益團體、弱式團體、少數族群、地方輿論、媒體報導……等之外部公共關係、社會觀感；內部公關、上下關係、員工向心力、職員心聲教育訓練、升遷考核、福利、家屬活動；友廠即敵廠之關鍵人物……等），「觀天時之禍福，孰吉孰凶？諸侯之交，孰用孰不用？」（天象氣候變動、農工原料期貨波動、節稅獎勵策施爭取、政府相關主管部門，工會、同業、異業交流、討論公司大股東動向），百姓之心，去就變化（消費者問卷調查、產品接受度、新品研發，……等）。其次需「修正」，「孰安孰危？孰好孰憎？反側孰辯？」（投資環境現況、異業結盟、公司現況與未來之發展計畫討論、）（〈揣篇第七〉）。接著「執行」：「故變生事，事生謀，謀生計，計生議，議生說，說生進，進生退，退生制；因以制於事」（〈謀篇第十〉）。最後採「稽核」：「心安靜則神策生，慮深遠則計謀成；神策生則志不可亂，計謀成則功不可間」，要在心安與意深、精神完全之投入方可之管理作業：「言必時其謀慮」。這些方法也都是《鬼谷子》全書重點之所在，也可說是《孫子兵法》所欠缺，爲鬼谷子之所善長。更能夠做爲老闆與執行長91商戰的參考，若與高級幹部們一起撥冗精研，當能獲益匪

91　首席執行長（Chief Executive Officer，簡稱「CEO」），在香港稱行政總裁；台灣稱執行長；中國大陸稱首席執行官，是在一個企業集團、財閥或行政單位的中最高行政負責人。企業的老闆是大小股東，股東選出董事組成董事會監管負責執行的企業員工（「董」字指監察之意），董事會之首爲董事長（董事會主席）。而執行長是 20 世紀 60 年代美國的公司治理改革創新時的產物。此前，美國公司的最高行政負責人是 president，相當於中國的總經理職位，公司的經營決策權在董事會，而 president 的職責就是貫徹執行董事會的經營決策。而執行長這一職位的出現，代表著將原來董事會手中的一些決策權過渡到經營層手中。執行長身兼公司經營決策與貫徹執行的雙重任務。執行長的助手（executive officers）是分管公司某一方面任務，具有一定經營決策權力的負責人，如業務發展總監（CBDO），財務總監（CFO），運營總監（COO），市場總監（CMO），信息總監（CIO），首席溝通官（CCO），首席法律顧問（CLO），首席技術官（CTO），風險總監（CRO），創意總監（CCO），合規總監（CCO，chief compliance officer），審計總監（CAE），人事總監（CHRO）。因此一般不設立「副執行長」。公司總裁（president）往往由執行長兼任；或者作爲執行長的副手負責公司日常事務處理，類似於運營總監 COO 的職能。美國公司的副總裁往往是一大批高層及中層管理人員的頭銜（而不是專設的職位），自高到低細分爲高級執行副總裁（Senior Executive Vice President），執行副總裁（Executive Vice President），高級副總裁（SVP，Senior Vice President），副總裁（VP）．不同級別的副總裁組成的會議是公司相應的辦公會議，對諸如經費分配、獎懲、績效考核等事務做討論決策。公司下屬的各級部門內部，往往也有部門內部的副總裁（VP）頭銜。許多

淺！

　　由上觀來，彼時爲縱橫家鋪路的《鬼谷子》，雖是千年以前爲家國興盛所謀之計策，今日依然管用，一點也毫不褪色。千古智慧、計謀能爲今所用是吾民之幸也！「由夫道德、仁義、禮樂、忠信、計謀，先取《詩》《書》，混說損益，議論去就。欲合者用內，欲去者用外。外內者，必明道數。揣策來事，見疑決之。策無失計，立功建德，治名入產業」（〈內揵第三〉）。鬼谷子不愧爲飽讀書詩（於此也是要求施策計謀之人，先由道德觀點出發、而後顧及仁義（「仁義者，自完之道也，非進取之術也。」[92]）、禮樂社會風俗習慣、忠恕、而後才不得不用謀略，以上是由詩、書上所記載爲先。並非外行人所認爲縱橫家是無情無義、拐騙行搶、不仁不義極惡之徒，而是站立在民族與國族與天下道統[93]之上），又有社會經驗、深明大義、尊重不同意見、分享利益、善與人討論、懂得變通，以執經達權，「適其時，取其中，得其宜，合其道」。還要能如「子絕四——毋意，毋必，毋固，毋我」（〈子罕第九〉）孔子杜絕四種弊病：不主觀臆斷，不絕對肯定，不固執己見，不唯我獨尊。這就是一種，也才算是鬼谷子所謂擁有通權達變大智慧的聖人，合而不結者，陽親而陰疏。以下，我們就從《鬼谷子》之原典當中列舉出，有關今日之組織與企業管理：「危機管理、標準作業、用人管理（古之識人、用賢、刑賞，今之獎懲、績效考核）」等貴爲今用，有特別貢獻的重要觀念與思想，將其略舉以分別探討之。

　　企業的董事長也兼執行長或總裁出現監察、決策與執行功能混合，這特別出現在公司第一代創始人身上。

[92] 語見《戰國策》、《史記、蘇秦列傳》、《戰國縱橫家書》之〈燕一、蘇代謂燕招王章〉：「蘇代謂燕昭王曰：「今有人於此，孝若曾參、孝己，信如尾生高，廉如鮑焦、史鰌，兼此三行以事王，奚如？」王曰：「如是足矣。」對曰：「足下以爲足，則臣不事足下矣。臣且處無爲之事，歸耕乎周之上地，耕而食之，置而衣之。」王曰：「何故也？」對曰：「孝如曾參、孝己，則不過養其親其。信如尾生高，則不過不欺人耳。廉如鮑焦、史鰌，則不過不竊人之財十。今臣爲進取者也。臣以爲廉不與身俱達，義不與生俱立。仁義者，自完之道也，非進取之術也。」

[93] 語見傅建平著《縱橫家與中國文化》〈第三章、縱橫家——戰國縱橫之世的顯學〉頁120。「各個思想流派，往往都用『道』這個字來概括其思想。道家自不待言，其學術派別的標誌就是『道』；儒家的思想學術內容以道德倫理學說爲主題；墨家『爲賢之道』則是以『力助人』，以『財分人』，以『道勸救人』（《墨子》〈尚賢下〉）其『兼相愛、交相利』之說，即是墨家『勸以救人』之『道』；法家的學說則是建立在『世事變而行道異』的思想基礎上（《商君》〈開塞〉）；……作爲同屬百家爭鳴中之一派的縱橫家，則明確宣稱他們所奉行服膺的是『進取之道』。」（《戰國策》、《史記、蘇秦列傳》、《戰國縱橫家書》之〈蘇秦謂燕王章〉）。」
　　筆者註：蘇代曰：「臣進取之臣，不事無爲之王。」應是蘇秦之弟弟蘇代對燕昭王之進言。

一、萌芽巇罅，則抵之以法

　　若是營利事業，對於領導者定於一尊，連帶著決策錯誤，而遭致敵對公司的競爭，可能就會是造致營運失敗，走向關門一途。鬼谷子早就能夠看清此事情發展之脈絡，所以他說：「聖人見萌牙巇罅，則抵之以法。」（〈抵巇第四〉）如今這種危機意識（萌芽巇罅），也早就有了所謂的危機管理的方法，而且要有未雨綢繆之打算。《詩經》云：「迨天之未陰雨、徹彼桑土、綢繆牖戶。」（《豳風》〈鴟鴞〉）的打算。

　　「世可以治，則抵而塞之；不可治，則抵而得之。」這句話的意思，換上今日之社會背景上而言，就是說：「一個組織，大自邦國，小至一家公司、行號、店鋪，其領導者，假如不適應了，如能力不足、違法貪汙……等，都必須加以罷免換人，才能保障人民、員工、或是全體股東之權益。」要罷免天子、諸侯、士大夫，或是總統、總經理，這在封建時代，推翻政權是一項大逆不道、完全是不可能的事，只因是在亂世以及民主時代，才顯現出其可貴。鬼谷子早就提倡一國的領導者（當時就是諸侯）假如能力不足，作威作虎，無法保家衛國，使百姓民不聊生、生不如死，也是應該可以被取代的；請世人瞭解事情眞象「五帝之政，抵而塞之；三王之事，抵而得之。」（〈抵巇第四〉），連五帝三王，夏、商、周時代，都是採取顛覆革命的手法，加以奪權了。鬼谷子的話以現代語言表示之，即所謂：「那，你到底是算老幾？」不是嗎！

　　鬼谷子接著又強調著說了：「諸侯相抵，不可勝數」。今天人類之社會，便是以自由經濟與國際貿易爲基礎的工商業社會，人們講究的就是競爭，如同春秋、戰國時代「當此之時，能抵爲右。」所有的生產、銷售、消費、研發……無不充滿挑戰，人們也無不期待著：更新、更好、更廉價的商品出現。所以創新、變化、改革、管理，乃成爲公司生存之道了，誰最能夠抵巇，走在時代的前衛，帶領風尚與流行，合乎社會發展趨勢，誰就算是佔據上風，立於不敗之地，誰就是霸主、就是君臨天下之王者。員工、股東、消費者都喜歡你，如同秦國勵精圖治、消滅六國、統一天下。

　　鬼谷子還告訴他的子弟們：「自天地之合離終始，必有巇隙，不可不察也。」（〈抵巇第四〉）做爲一位奔走在六國之間的縱橫家門徒，出門在外必不可有損家風門風，這是一項遊說計謀的基本功呀！今天想要作爲一位國際知明品牌的企業集團之高級營運幹部，就必須要擁有「察之以捭闔」的能力，果眞

有此能耐「能用此道」，那你才能貴為所用「時有可抵，則為之謀」，為之謀畫與執行可能打天下之責任與功勞，才能勝任愉快與享受，真乃是「聖人也」。假如「世無可抵，則深隱而待時」，暫時寫寫書、看看電影、上上網、出外旅遊，以等待出山的良好時機之真正賢才，「此可以上合、可以檢下，能因能循、為天下守神」（〈抵巇第四〉），不意快哉！

二、以識細微，經起秋毫之末

以上之萌芽巇罅，也是鬼谷子教其子弟懂得相應的手段，以靈活變通保護自己「或抵如此，或抵如彼；或抵反之，或抵覆之。」（《鬼谷子》〈抵巇第四〉）當今的總經理如果懂得抵巇之道，以經營管理公司整體之運作，不管是人事問題「微摩之以其所欲，測而探之，內符必應；其所應也，必有為之」；或是採購之原物料之價格、議價、合約、廠商管理問題；財務危機；業務管理之業代、客戶、獎金管理問題；產品之研究、生產、銷售、服務等問題……；無一不都充滿各種可能之萌芽巇罅（漏洞）。

身為領導者，都必須有洞察機微之能力，才不至於使小問題或小瑕疵，演變成不可收拾危及企業生存之大問題，《道德經》〈無難章第六十三〉亦言：「圖難於其易，為大於其細」，如能事先察覺到，化危機為轉機或成契機，也才能勝過亡羊補牢呀！所謂「周密之貴，微而與道相追」（〈捭闔第一〉）。

或為集團執行長、或為總經理、或身為一廠之廠長，對於識人（賢人、呆人、任用、調遣、培訓……），識物（原料、物料、產品、期貨、現貨……之管理），識資金（流動、借貸、調度、報表……）等等各項管理，均能夠有「一曰長目，二曰飛耳，三曰樹明。」（〈符言第十二〉）之效用：做為當今競爭激烈的一位管理者，絕不能絲毫有鴕鳥心態，也毫無僥倖的心理，必須有負上完全責任之準備，才能不被議處、開除、或自我辭職走人。

所以一位聖明成功的領導者，必須要能夠「明知千里之外，隱微之中，是謂洞天下姦，莫不闇變。」因為危機之突發性與不可避免性，常會是「有以陽德之者，有以陰賊之者，有以信誠之者，有以蔽匿之者，有以平素之者。」之方式出現（〈決篇第十一〉）；變化莫測的人、事、地、物之小小偏差，就可能帶來莫大的危害。「陽勵於一言，陰勵於二言，平素、樞機以用；四者微而施之」；「從外制內，事有繫，曲而隨之也。故小人比人，則左道而用之，至能敗家奪國。」是故，生死存亡常是藏於隱微之中呀！「聖人所貴道微妙者，

誠以其可以轉危爲安，救亡使存也」（〈中經〉）。以上，鬼谷子以細觀安危的思想，在老子《道德經》中也可見到同樣的主張：「其安易持，其未兆易謀，其脆易泮，其微易散，爲之於未有，治之於未亂。合抱之木生於毫末。」（〈輔物章第六十四〉）

　　如是「事之危也，聖人知之，……以識細微。經起秋毫之末，揮之於太山之本。其施外兆萌牙櫱之謀，皆由抵巇。抵巇之際爲道術用」，因而能夠對董事會交待、或因應股東會，有一個好對策與好下臺「獨保其身；因化說事，通達計謀」（〈摩篇第八〉），又「故微而去之，是謂塞窌匿端，隱貌逃情，而人不知，故能成其事而無患」；如此之狀況下，才能做出良好無誤之決策來「於是度之往事，驗之來事，參之平素，可則決之」（〈決篇第十一〉）。此「以識細微」之本能，乃是《鬼谷子》書中，積極鼓吹身爲聖人要跨越時空，洞察機先明白利害之基本功！也正如老子所言：「天下難事，必作於易；天下大事，必作於細」，「是以聖人終不爲大，故能成其大」（〈無難章第六十三〉）。

三、符言九術，事貴制人

　　〈符言〉乃是《鬼谷子》書中之一篇，即〈符言第十二〉與《管子》之〈九守篇〉及太公《六韜》〈大禮〉基本相同，可見君主的統禦其重要性。所謂「符言九術」，就是符言的九個段落，所述說的《鬼谷子》用人九個方法。分別是：「（一）、主位術，（二）、主明術，（三）、主聽術，（四）、主賞術，（五）、主問術，（六）、主因術，（七）、主周術，（八）、主參術，（九）、主名術。」以上這九個術，本是君主、諸侯對臣子之領導駕馭術，也就是君王對官員的一種控制的要點。主要由於那個時代並非工商業社會，私人企業並不發達，無法養活過多的白領階級（所謂讀書的士族，這些已失去官宦俸祿的後代）誠如《尉繚子》言：「農不離其田業，賈不離其肆宅，士大夫不離其官府。」（《武議第八》）。因爲沒有了經濟基楚，所以都爭先恐後的擠進了王公貴族之家，或做門客以服務主子養活自己與家人，也由於工作不好找，所以條件嚴苛。眞乃是：「緣身而責名，緣名而責形，緣形而責實，臣懼其重誅之至，於是不敢行其私矣」（《鄧析子》〈轉辭第二〉）。

　　今日和春秋、戰國時代的社會，型態已完全迴異，雖沒有了君臣之名，但尚存在有上司與下屬之實，看似從過去的從屬關係，演變成今日的僱傭關係，而且多了自由權與人格完整與法律的平等性。然而較高階者，也就是階

級較高與老闆往來密切的主要幹部們，與老闆之間的存在著互動行為，主從的忠誠關係與任用獎懲問題，並不亞於封建或專制時代。正如《荀子》〈議兵第十五〉所言：「兼是數國者，皆干賞蹈利之兵也，傭徒鬻賣之道也，未有貴上安制綦節之理也。」誠如楊倞之註：「未有愛貴其上、為之致死、安於制度、自不踰越、極於忠義、心不為非之理者也。」意思是，不可能那麼的忠心與死心踏地的為公司為集團的聲名與利益著想，更不必說會愛護公司和尊重老闆了。古已有之，何況當今人人充滿著利益橫溢的職場與整體的經濟社會！

例如今日是摩托羅拉手機的行銷總監，明日可能是敵廠的宏碁電腦之歐洲執行長，這些例子古往今來、古今中外，歷歷如數、隨處可見不足為奇。所以身為富可敵國的老闆與董事長，對於掌握集團營運命脈的執行長之人選，能不費心仔細去精挑細選。而該當事人也必須是位精力旺盛的身心，每天都得精神抖擻、精力百倍的賣命，以對於集團之管理使命，力求精益求精。然而商場如戰場，「伴君如伴虎」[94]，讓人心驚膽戰，有朝不合老闆之意，或新歡出現、或新銳誕生、奇葩再起之時，可能會力不從心；就因為精疲力盡、江郎才盡，慘遭被資遣、責退，強迫退休，以致下場與晚景凄涼。與「田鮪教其子田章曰：『主賣官爵，臣賣智力，故自恃無恃人。』」（《韓非子》〈外儲說右外〉）其實無異。故位為老闆之高位的領導者，對於幹部之精挑細選，依賴甚重與獎賞操控猶不得輕忽，也就如同《荀子》所言：「諸侯有能微妙之以節，則作而兼殆之耳。故招近募選，隆埶詐，尚功利，是漸之也」今日對於功利之重視，更是千百萬倍於古代，所以論功行賞，猶有甚之！

本節所談之「符言九術」，便是鬼谷子對於以上所言之君臣矛盾，這項千古事實，不作過度感性與無謂的批評「事貴制人，而不貴見制於人。制人者，握權也；見制於人者，制命也。」（〈謀篇第十〉）；而一向以理性帶領我們認識問題之現實「擇事而為之，所以自為也。見不可，擇事而為之，所以為人也。」（〈同上〉），進而做出建設性的方法與步驟，廣為可用具體而微之偉大貢獻，為國家民族留下寶貴的經驗與解決問題的智慧，此長治久安之道，向來被稱之為成為一種「帝王術」[95]，也能貴為今用。例如法家，重軍功及講究

---

[94] 清、無名氏《說呼全傳》第四回：「古人云：『伴君如伴虎，刻刻要當心。』」
[95] 我國帝王之一種駕馭臣民經營國家的方法，謂之。是從古學者將諸子百家之政治思想哲學等主張，及歸納再加上各朝代之君王實際經營成效所整理而成。古之著名帝王如秦始皇、唐太宗、宋太祖、劉邦、武則天、成吉思汗等，其奪權、治國、馭臣之道，常展現出中國帝王管理方法的精髓。這些我國古代的最高統治者，都有自己特殊的管理手段，每每能夠給現代管

「勢、術、法」爲帝王之道，恩威並用、設立特務刑罰……等，各類專制、慘酷霸道之手段駕馭臣民；儒家則認爲王道，是「以德服人，以仁義治天下」，「致忠信，著仁義，足以竭人矣。兩者合而天下取」[96]；雜家如呂不韋《呂氏春秋》認爲王者，當「無爲而無不爲」，原則和道家相同，但方法是君主在表面上不管，私底下則採用完全的監督。西方，馬基亞維里的《君王論》[97]，則是認爲臣子「因爲關於人類，一般地可以這樣説：他們是忘恩負義的、容易變心的，是僞裝者、冒牌貨，是逃避危難、追逐利益的。」所以君主應當效法「狐狸和獅子」。

　　鬼谷子處理矛盾、解決問題的手法是「非獨忠信仁義也，中正而已矣」[98]

理者有所啓迪。最主要表現還是：「權、術、法」等三方面。其一、確立並維護自己至高無上的地位；其二、廣泛召集天下人才，爲己所用；其三、治理國家，確保江山社稷之穩固。這就是所謂的帝王術。古今時空不同相差久遠，但管理和人性之經營，手段卻如出一轍，古代帝王的部分管理手段可以運用在現代管理中，絕對是沒問題，只要把帝王術加以融會貫通，必能成爲新時代有智慧的管理者。

[96] 語見《荀子》〈王霸第十一〉：「致忠信，著仁義，足以竭人矣。兩者合而天下取，諸侯後同者先危。《詩》曰：『自西自東，自南自北，無思不服。』一人之謂也。」又《孟子》〈梁惠王上〉：「孟子見梁惠王。王曰：「叟不遠千里而來，亦將有以利吾國乎？」孟子對曰：「王何必曰利？亦有仁義而已矣。王曰『何以利吾國』？大夫曰『何以利吾家』？士庶人曰『何以利吾身』？上下交征利而國危矣。萬乘之國弑其君者，必千乘之家；千乘之國弑其君者，必百乘之家。萬取千焉，千取百焉，不爲不多矣。苟爲後義而先利，不奪不饜。未有仁而遺其親者也，未有義而後其君者也。王亦曰仁義而已矣，何必曰利？」

[97] 本書是義大利政治家、思想家尼科洛、馬基亞維里的代表作。（1469～1527 AD）是義大利的政治哲學家。文藝復興中的重要人物，尤其是他所寫下的《君主論》提出了現實主義的政治理論、以及《論李維》的共和主義理論。是統一的中央集權的民族國家的堅決倡導者。他認爲，由於教宗和教會的存在、各城邦國家的彼此嫉妒和相互蔑視，使義大利喪失了中世紀時期在商業和貿易方面的領先地位，而且因沒有形成統一的民族國家而倍受西班牙、法國、德國的蹂躪。資本主義經濟的發展，急切需要趨向穩定統一秩序的政治變革。他主張建立統一中央集權的民族國家，結束義大利的分立狀態。爲了統一義大利，認爲應該不受任何道德準則的束縛，可以不擇手段去實現自己的目的。對於一個君主來説，不僅不必具備各種美德，而且還要保留那些不會使自己亡國的惡行。在慷慨與吝嗇方面，他説：「明智之士寧願承受吝嗇之名，因爲它雖然帶來醜名但是不引起憎恨，追求慷慨之譽，則必然招致貪婪之名，而貪婪之名則使醜名與憎恨俱來。」在守信和天信方面，他認爲君主應當效法狐狸與獅子：「由於獅子不能夠防止自己落入陷阱，而狐狸則不能夠抵禦豺狼。因此，君主必須是一頭狐狸以便認識陷阱，同時又必須是一頭獅子，以使使豺狼驚駭。」在殘酷和仁慈方面，主張君主對於殘酷這個惡名不必介意，所應重視的倒是不要濫用仁慈，因爲仁慈會帶來滅頂之災，「被人畏懼比受人愛戴是安全得多的」。

[98] 參閱《戰國策縱橫家書》〈蘇秦謂燕王章〉王曰：『然則仁義不可爲與？」對曰：『胡爲不可。人無信則不徹，國無義則不王。仁義所以自爲也，非所以爲人也。自複之術，非進取之道也。三王代立，五相蛇政，皆以不復其掌。若以複其掌爲可王，治官之主，自複之術也，非進取之路也。臣進取之臣也，不事無爲之主。臣願辭而之周負籠操舌，毋辱大王之廷。」王曰：『自複不足乎？」對曰：『自複而足，楚將不出雎、章，秦將不出商闒，齊不出呂（隧），燕將不出屋、注，晉將不（逾）泰行，此皆以不復其常爲進者。」所以説，仁義的基本思想沒

（〈謀篇第十〉），過與不及皆不好，正是謂中庸之道也。《鬼谷子》說：「君臣上下之事，有遠而親，近而疏」這是樁事實，而「揆君臣之親疏，孰賢孰不肖？與賓客之智慧，孰少孰多？觀天時之禍福，孰吉孰凶？諸侯之交，孰用孰不用？百姓之心，去就變化，孰安孰危？孰好孰憎？」如此多之問題，不管是聖人、君主或現代企業的領導人、或實際營運之總負責人、操盤手，無不都需要費盡心機，嘔心瀝血去經營「人與事」最頭大的兩項問題呀！

「符言九術」之第一守則：「主位」，是鬼谷子教育他的門生，下山取得執政機會時，找時間要教導君主或公侯，如何懂得做老大。第一步驟：「安徐正靜，柔節先定。」[99]外表看起來就是有個領導者的模樣，言行有節不慌不忙。故《易經》〈繫辭上〉也言「言行，君子之所以動天地也，可不慎乎。」[100]陶宏景註曰：「仁君居位能安徐正靜，則所及之節度無不饒裕也」。緊接著是「善與而不靜，虛心平意，以待傾損。」陶宏景註曰：「言君善與事接而不安靜者，但虛心平意以待之，傾損之期必至矣。」指對桀驁不馴、意見特多的下屬虛心聆聽平靜對待，給他出錯之機會，再做處理。當然與《易經》之「亢龍有悔」，子曰：「貴而無位，高而無民，賢人在下位而無輔，是以動而有悔也。」此處「符言九術」之「主位」是指君王之領導統御術，故與〈乾卦〉上六「亢龍有悔」之「保位、保官」，持盈保泰之主張明顯不同調。

「符言九術」之第二守則〈主明〉：「目貴明，耳貴聰，心貴智。」同《鄧析子》〈轉辭〉：「目貴明，耳貴聰，心貴公。」[101]因為領導者眼睛所看皆能清楚，耳朵也不會隨便聽信謠言或不正確的話，心智也夠好不會誤判，鬼谷子擔心弟子不懂，故自己接著又說：「以天下之目視者，則無不見；以天下之耳聽者，則無不聞；以天下之心思慮者，則無不知；輻輳並進，則明不可塞。」

有錯，只是在使用上，因人事地物的不同，時空變異下需要變通。鬻子也曾經有這樣的話：「發政施令爲天下福，謂之道，謂之仁。信而能和者，帝王之器。」

99 《六韜、文韜》〈大禮〉文王曰：「主位如何？」太公曰：「安徐而靜，柔節先定，善與而不爭。虛心平志，待物以正。」《管子》〈九守〉：「安徐正靜，柔節先定。虛心平意以待須。右主位」〈勢篇〉：「其所處者柔。安靜樂行，德而不爭。以待天下之滇作也。故賢者安徐正靜，柔節先定。行於不敢，而立於不能，守弱節而堅處之。」

100 語見《易經》〈繫辭上〉：「子曰：「君子居其室，出其言，善則千里之外應之，況其邇者乎，居其室，出其言不善，則千里之外違之，況其邇者乎，言出乎身，加乎民，行發乎邇，見乎遠。言行君子之樞機，樞機之發，榮辱之主也。言行，君子之所以動天地也，可不慎乎。」

101 《鄧析子》〈轉辭〉：「目貴明，耳貴聰，心貴公。以天下之目視，則無不見；以天下之耳聽，則無不聞；以天下之智慮，則無不知。得此三術，則存於不爲也。」多句相同，見前之粗黑體字。

102，領導者知道了此三者，如鄧析子言：「得此三術，則存於不為也。」具備這三樣絕技，便心照不宣心，看看周遭仔細觀察以靜觀其變。又〈權篇〉言：「故智貴不妄、聽貴聰、智貴明、辭貴奇。」太公《六韜、文韜》〈大禮〉也有此完整相同之句：「文王曰：「主明如何？」太公曰：「目貴明，耳貴聰，心貴智。以天下之目視，則無不見也。以天下之耳聽，則無不聞也。以天下之心慮，則無不知也。輻湊並進，則明不蔽矣。」可見是鬼谷子在教學上引用太公之言，門生遂抄錄筆記起來。依時間先後遠近，可說不管是管子或鄧析子，或是鬼谷子，此句話都算是引用自太公回答周文王之問話，此類引用前人之思想語錄，在先秦典籍上也算是常見。

　　「符言九術」之第三守則，〈主德〉：「德之術曰：勿堅而拒之，許之則防守，拒之則閉塞。」與《管子》之〈主聽〉：「聽之術曰：勿望而距，勿望而許，許之則失守，距之則閉塞」103與《六韜》〈主聽〉：「文王曰：『主聽如何？』太公曰：『勿妄而許，勿逆而拒；許之則失守，拒之則閉塞。高山仰之，不可極也；深淵度之，不可測也。神明之德，正靜其極。』」〈主德〉出處應是《六韜》，內容略有不同，但有更改之痕跡。鬼谷子於第二守則上〈主明〉段落之中已有「貴聽」之意，即「目貴明，耳貴聰，心貴智。」

　　故認為在第二守則之〈主明〉字句裡都明白告知：「身為領導者的人，必須使自己的眼睛、耳朵、心靈要夠清楚明白」了，何必再說一次如何去聽屬下說話，認為有重複之疑與不必要，因此修改原句名，稱之〈主德〉。領導者、決策者所看的、聽的、感受分辨的器官，都行了。具備如此能力後，接著是要有整體更精細之行為準則，於是標準德操的建立更加重要了，所以將太公回答周文王的話稍做變更。

　　領導者不可以在自認「進言」不妥之時，卻又無更好的意見，就隨便強烈拒決；如果允諾了，還不放心就得派人瞭解以加防守；因為輕而易舉的拒絕屬下進言，以後則進言管道可能會完全關閉或有所阻塞。《管子》匆忙抄錄《六韜》，不思上下之文有誤謬之處；又因為「德」字與「聽」字右邊很像，

---

102 與《管子》〈九守〉：「目貴明，耳貴聰，心貴智，以天下之目視，則無不見也。以天下之耳聽，則無不聞也。以天下之心慮，則無不知也。輻湊並進，則明不塞矣。右主明」字句完全相同。

103 語見《管子》之〈主聽〉：「聽之術曰：勿望而距，勿望而許，許之則失守，距之則閉塞。高山仰之，不可極也，深淵度之，不可測也。神明之德，正靜其極也。右主聽」《管子》此句與《六韜》基本一致，反而與《鬼谷子》不同，應有加以刪改，不僅「主聽」改為「主德」，內文稍有更改。

又〈主聽〉整句之後言：「神明之德，正靜其極。」非「神明之聽」；又《鬼谷子》：「高山仰之可極，深淵度之可測，神明之德術正靜，其莫之極歟。右主德。」鬼谷子明顯的將太公之字句「不可極，不可測」，改為「可極、可測」；「神明之德，正靜其極。」也改成為：「神明之德術正靜，其莫之極歟」；鬼谷子認為只要努力之下，高山之極可以攀登，深淵也可以量測。（喜瑪拉雅山[104]都登上了、馬里雅納海溝[105]都進去了；月球[106]廣寒宮[107]也探勘了、火星[108]也

---

[104] 喜馬拉雅山脈（梵文 हिमालय，「雪域」之意；藏文：ཧི་མ་ལ་ཡ，威利：hi ma la ya；英語：Himalayas）是世界海拔最高的山脈，位於亞洲的中國西藏自治區與巴基斯坦、印度、尼泊爾、不丹等國邊境上。東西長 2400 多公里，南北寬 200～300 公里。分佈於青藏高原南緣，西起克什米爾的南迦－帕爾巴特峰（北緯 35°14'21"，東經 74°35'24"，海拔 8125 公尺），東至雅魯藏布江大拐彎處的南迦巴瓦峰（北緯 29°37'51"，東經 95°03'31"，海拔 7756 公尺），總面積約 594，400 平方公里。我國與尼泊爾邊界上的主峰珠穆朗瑪峰海拔高度 8844.43 公尺，為世界第一高峰。

[105] 馬里亞納海溝 位於北太平洋西部馬利安納群島以東，為一條洋底弧形窪地，延伸 2550 公里，平均寬 69 公里。主海溝底部有較小陡壁谷地。1957 年蘇聯調查船測到 10990 公尺深度，後又有 11034 公尺的新記錄。一般認為海洋板塊與大陸板板塊相互碰撞，因海洋板塊岩石密度大、位置低，便俯衝插入大陸板塊之下，進入地幔後逐漸溶化而消亡。在發生碰撞的地方會形成海溝，在靠近大陸一側常形成島弧和海岸山脈。這些地方都是地質活動強烈的區域，表現為火山和地震。2012 年美國著名導演卡梅隆使用的「深海挑戰者」號深潛器，下潛深度 10898 公尺。屬探險型載人潛水器下潛能力強，可深入 11 千米的海底，但活動範圍有限不能靈活運行，如同「深水電梯」，觀察人員潛到指定地點後就得返回。下潛時間較短，只能持續大約 4～5 個小時。而作業型載人潛水器，則是具有水下觀察和作業能力的活動深潛水裝置。此自航式潛水器，因設計具備有幾千次的下潛保固之壽命，故可帶來較大經濟效益。例如 2012 年 6 月 27 日，下潛能力已達目前世界最深 7062 公尺之中國「蛟龍號」潛水器，如此七千公尺深度的範圍，約是占地球海洋面積 99.8%海域的自由行動能力，就是屬於這類型。

[106] 月球 近心點 363,104 公里、遠心點 405,696 公里、半長 384,399 公里。唯一一個人類曾經登陸過的地外星球。前蘇聯的月球計畫在 1959 年發射了第一艘登月的無人太空船，而美國 NASA 的阿波羅計畫是到目前為止，唯一實現的載人登月任務。阿波羅 8 號在 1968 年曾載人環繞月球，1969 年阿波羅 11 號首次載人登陸月球，至 1972 年人類共六次載人登月成功。這些任務總共帶回了超過 380 公斤的月球岩石，其中有些被用於研究月球的地質，以瞭解月球的起源（通過相關的研究提出月球形成於 45 億年前的巨大撞擊假說），月球內部結構形成以及月球形成後的歷史。在 1972 年阿波羅 17 號之後，只有無人太空船繼續拜訪月球，其中最值得一提的是蘇聯的月球步行者漫遊車。自從 2004 年，美國之 NASA 及歐洲太空總署和日本、中國、印度等國家都曾發射繞月衛星。一些太空探測器，確認了月球極區上永久陰暗的坑穴的土壤中有水冰的存在。現在人類有載人重新登陸探測月球的計畫，但尚未成行；現在在外太空條約下，月球依然是所有國家以和平的用途可以自由前往探測的場所。

[107] 我神話傳說中，月球的居民有太陰星君（月神、月光娘娘）、吳剛、嫦娥、玉兔。月宮也稱蟾宮，因嫦娥再嫁寒浞，後人將嫦娥奔月後所居住的屋捨命名為廣寒宮。《明皇雜記》記載，唐明皇與申天師中秋夜遊月宮，見榜曰廣寒清虛之府。東方朔《十洲記》有：「冬至後，月養魄於廣寒宮。」之說。

[108] 火星與太陽平均距離為 1.52AU（天文單位）約 2.4923 ×10 的八次方公里，公轉週期為 687 地球日，1.88 地球年（以下稱年），或 668.6 火星日。平均火星日為 24 小時 39 分 35.244 秒，

飛抵達了）這便是當今企業領導者的一種普世之德操，要發揮「人定勝天、積極勇爲」意志力，變不可能爲可能，才能創造奇蹟、打垮同業、增加利潤之超人的人格特質，也才能於競爭激烈的國際貿易之場域中，給活著生存下來。所謂：「寧爲雞口，無爲牛後」（《史記》〈蘇秦列傳〉）。

「符言九術」之第四守則，〈主賞〉：「用賞貴信，用刑貴正。賞賜貴信，必驗耳目之所聞見，其所不聞見者，莫不闇化矣。誠暢於天地，通於神明，見姦僞也。右主賞。」企業間唯才必用賢，然而人必竟是血軀之肉總會有怠忽職守與情緒低落之可能，故「賞、罰、刑」對於領導者而言是人事管理上該具備的規章辦法並嚴格執行，不僅是公平性原則，也有利人才素質提升與選拔和培訓之用，身爲卓越之領導者所不可須臾忘記。也易於發現奸詐善僞之員工，將之除去以防窩裡反，對公司形成或大或小之傷害損失。這裡與太公曰：「凡用賞者貴信，用罰者貴必。賞信罰必於耳目之所聞見，則所不聞見者莫不陰化矣。夫誠暢於天地，通於神明，而況於人乎。」（《文韜》〈賞罰第十一〉）近似。與《管子》〈九守〉：「用賞者貴誠，用刑者貴必，刑賞信必於耳目之所見，則其所不見莫不闇化矣。誠暢乎天地，通於神明，見姦僞也。右主賞」基本也雷同。這三本書係我國經典之書，一致認爲此簡精的格言非常之重要，一點也不輸給，當今歐美學者所著作的企業管理的大部份書籍，其繁複的理論；囚爲老板、領導者，沒足夠的時間過於深入浩翰的文字堆裡頭。二千年後的今日，古今中外之營利事業或非營利之社團法人，也都皆能加以應用，不可不說是一項奇蹟。

「符言九術」之第五守則，〈主問〉：「一曰天之，二曰地之，三曰人之。四方上下，左右前後，熒惑之處安在。右主問。」與《管子》〈九守〉除幾字之差外皆同「一曰天之，二曰地之，三曰人之，四曰上下，左右前後。熒惑其處安在。右主問」意思完全相同。領導者有碰上任何疑問，不管上自天文、下至地理或是人文問題，都得去探究清楚，才不會有不懂的事以遭屬下蒙蔽，何況今天是知識爆炸的時代，如何才能全方位的認知消費型態。可難爲了鬼

或 1.027491251 地球日。在 1965 年水手 4 號首次飛掠火星。2008 年 7 月 31 日，鳳凰號直接於表土之下證實水冰的存在。火星目前有三艘運作中的探測船，分別是「奧德賽號、快車號和偵察軌道器」，數量是太陽系內除了地球以外最多的。地表還有很多火星車和著陸器，包括兩台火星探測漫遊者：精神號和機會號，和最近結束任務的鳳凰號。根據觀測的證據，火星以前可能覆蓋大面積的水。亦觀察到最近十年內類似地下水湧出的現象。火星全球勘測者則觀察到南極冠有部份退縮。

谷子，不愧人稱之爲智聖，眞是位喜歡追求知識、解決問題，積極教人如何好好的把事做好的千古老師。如果他活在廿一世紀，也該是位出色的商場顧問，甚至是位很受歡迎的公關公司的大老闆。所謂「知識即力量」[109]。

「符言九術」之第六守則，〈主因〉：「心爲九竅之治，君爲五官之長。爲善者，君與之賞；爲非者，君與之罰。君因其政之所以求，因與之，則不勞。聖人用之，故能賞之。因之循理，故能久長。右主因。」此一守則強調要建立永久合適其企業的賞罰「因其政之所以求」之辦法。與《管子》〈九守〉：「心不爲九竅，九竅治，君不爲五官，五官治。爲善者，君予之賞，爲非者，君予之罰。君因其所以來，因而予之，則不勞矣。聖人因之，故能掌之，因之修理，故能長久。右主因。」沒什麼不同。

「符言九術」之第七守則，〈主周〉：「人主不可不周。人主不周，則群臣生亂，寂乎其無常也，內外不通，安知所開，開閉不善，不見原也。右主周。」與《管子》書〈九守〉：「人主不可不周，人主不周，則群臣下亂。寂乎其無端也。外內不通，安知所怨，關閉不開，善否無原。右主周」一些用字少有不同。文意是要君主、領導者，要懂得對事情有一周全之瞭解，才不會讓部下作亂，將公司給坑了賣了，甚至於把所有權取而代之。

「符言九術」之第八守則，〈主參〉：「一曰長目，二曰飛耳，三曰樹明。明知千里之外，隱微之中，是謂洞天下姦，莫不闇變。右主恭。」與《管子》書〈九守〉：「一曰長目，二曰飛耳，三曰樹明；明知千里之外，隱微之中，曰動姦，姦動則變更矣。右主參」兩篇都是要君主、領導者，懂得在分公司或國外機構（千里之外），設立安插自己的人（長目），利用保密的通訊方式（飛耳），傳遞內幕消息以迅速察覺洞悉（樹明）、主動掘發彈劾檢舉（主參），可能之隱微、暗地（隱微之中）奸邪之騷動、燥亂、破害（姦）不利公司的人事物，以遏阻部下爲非作歹。

「符言九術」之第九守則，〈主名〉：「修名而督實，按實而定名。名實相生，反相爲情，故曰：『名當則生於實，實生於理，理生於名實之德，德生於和，和生於當。』右主名。」此處談到如何任用臣子與屬下，由外在的「名」，進一步考核其內在之「實」質表現；於此內外名實正確且切實了，交代下來

---

[109] 知識即力量（Knowledge is power），這是英國哲人培根名言：「讀史使人明智，讀詩使人靈秀，數學使人周密，科學使人深刻，倫理學使人莊重，邏輯修辭使人善辯，凡有所學，皆成性格。」

或由其主導方案如此做起事情來，表現得便能自然正常，成效才夠穩固可靠，也就會有相乘相輔的奇效出現。所以有名言說：「名正言順」（名），是起源於他的實際能力（實），有了被世人一致肯定過的實務運作，表示他做事與思維是有條理秩序與方法（理）；所以說其調理與理型，是因爲此人平日爲人處事之德行操守（德），有美好表現足以堪爲他人學習之標準典範，而獲致實實在在的名聲與榮譽，良好的形象（形）所致呀！也獲得了可信賴的、良好和協的人際關係（和），才眞正是位萬分妥當的、足堪承擔得了一方重責大任，才能委以使命有十足擔當（當）的賢才大將。

　　《鄧析子》〈轉辭〉言：「夫任臣之法……**循名責實，實之極也。按實定名，名之極也。參以相平，轉而相成。故得之形名。**」，「**明君之督大臣，緣身而責名，緣名而責形，緣形而責實。**」《六韜》〈舉賢〉言：「**按名督實，選才考能，令實當其名，名當其實，則得舉賢之道也。**」不就是《鬼谷子》〈主名〉最好的註解。在亂世需才孔急之時，世間常充促著有虛名非眞才實學者，如何從中舉賢、選將與納才，名實得當重要。正如名家《公孫龍子》〈跡府〉言：「**疾名實之散亂，……欲推是辯，以正名實而化天下焉**」，所謂的孔急與迫切。

　　《六韜》〈龍韜、選將〉言：「**武王問太公曰：『王者舉兵，欲簡練英雄，知士之高下，爲之奈何？』太公曰：『夫士外貌，不與中情相應者十五：有嚴而不肖者；有溫良而爲盜者；有貌恭敬而心慢者；有外廉謹而內無至誠者；有精精而無情者；有湛湛而無誠者；有好謀而不決者；有如果敢而不能者；有悾悾而不信者；有怳怳惚惚而反忠實者；有詭激而有功效者；有外勇而內怯者；有肅肅而反易人者；有嗃嗃而反靜慤者；有勢虛形劣而外出無所不至、無所不遂者。天下所賤，聖人所貴；凡人莫知，非有大明不見其際，此士之外貌不與中情相應者也。』**」

　　以上〈選將〉所言，「外貌」猶指「名」，「中情」直指「實」；「相應」才是「實」，不相應爲「反相」則是「虛」，是「情」感中的「矯情」；故「情」是虛「名」，非「眞」、非「實」也！正是《鬼谷子》〈符言〉：「名實相生，反相爲情」完全之寫照。古之，難當「簡練英雄」，何以爲將以擔待勝戰之有？今之，更當非企業所要「接班幹部」之人才！不幸舉之、用之，當壞國家社稷、企業集團之大本，不可不愼也！正如〈文韜、舉賢〉言：「若是，則群邪比周而蔽賢，忠臣死於無罪，姦臣以虛譽取爵位。是以世亂愈甚，則國不免

於危亡。」此人，名當而生實，且從具有理性之思維與有德性之涵養中，也才可能和衷共濟、和諧共榮、和氣生財，得到相互之實質利益。符言結語，正是鬼谷子苦口婆心之所在！

　　班固在《漢書》〈藝文志〉上言：「從橫家者流，蓋出於行人之官。孔子曰：『誦詩三百，使於四方，不能專對，雖多亦奚以爲？』又曰：『使乎，使乎！』言其當權事制宜，受命而不受辭，此其所長也。及邪人爲之，則上詐諼而棄其信。」會講話，是具備有良好的知識與智慧和言行與意志，加上有主上所託，不是學而無術之邪惡者與小人所能爲，兩者截然不同，赫然在目可見！容不得硬拗，與文過飾非。孔老夫子說「予欲無言」（《論語》〈貨陽第七〉），但「知之爲知之，不知爲不知，是爲知也」（《論語》〈爲政第二〉）；「此中有眞意，欲辯已忘言」呢！（晉、陶淵明〈飲酒詩〉借句）。

四、本節結語

　　以上班固、孔子、陶淵明精簡之言論，我們拿來說明世間主客觀之知識與經驗，實在是相當的廣泛與淵博，更難以盡知與掌握。反映出鬼谷子縱橫人生之積極作爲的哲思，於現實社會與惡劣環境之中實行起來，成功不僅不是想的那麼容易，相反的可說是萬分的艱難。之所以能夠成功，正是鬼谷子於天與人於難事中，結合出「情與欲、思與語、知與智、志與行」之善巧與其變通，才有偉大成就之可言。此之，用以作爲本章之三大節，有關：「鬼谷子的情感思想對個人發展之重大啓示」、「鬼谷子的遊說理論對現代人際關係之貢獻」、「鬼谷子的謀略藝術對當今企業管理之貢獻」等三個面向，敘述《鬼谷子》思想對當代社會貢獻之整體內涵的結語。

結　論

　　鬼谷子後半生隱居於鬼谷[1]，收徒教學授課，由其傑出之弟子，做出風起
雲湧之政治形勢的大改變，雖往後因專制制度興起，爲鞏固國家政權需要，
而嚴禁策士之發展，使縱橫家爲之消聲匿跡，但眞實的歷史並未曾加以磨滅。
我們何其有幸，目睹到其理論著作《鬼谷子》，雖文字古奧艱澀、立論奇詭幽
深。但其前衛的縱橫哲思與方法，於二千多年前就曾帶領世民走出困頓之時
局，今日我們讀將起來，不管國家、社會、企業或個人之發展，亦倍覺受用
無窮。絲毫未因時代久遠，而讓其理論不合時宜。

　　所謂立國不可無外交，以春秋、戰國爲例「折衝樽俎之間，決勝千里之外」
[2]者，可以說是以縱橫家之政治實證作爲之主張最爲優秀了。爲了家國生存與百

---

[1] 鬼谷地名考，自古至眾說紛紜，主要有六種說法：一、穎川、陽城說（裴駰著《史記集解》：
「徐廣曰：『穎川、陽城有鬼谷，概是其人所居，因爲號』）。二、扶風、雲陽（西晉《太康
地記》：「扶風池陽有鬼谷即鬼谷先生所居」）。三、雒州城縣北五里說（《史記蘇秦列傳》張
守節《正義》：「鬼谷，谷名在雒州城縣北五里。」）。四、清水谷說（「樂史《太平寰宇記》
清水谷在縣西卅五里（唐人）《十道志》云：即鬼谷先生所居也水、自陽界來」）。五、臨沮
縣青溪山說（李善註郭璞《遊仙詩》：「臨沮縣有青溪山，山東有泉，泉側有道士精舍」）。六、
泰山、鬼府說。尚有其它之說，明嘉靖廿四年《淇縣志》：「河南淇縣雲夢山水簾洞，爲世傳
鬼谷子隱居處」。及其它爲據學者考證以穎川、陽城說與淇縣、雲夢山較合乎，因屬鬼谷子
至書用韻方言之地（以上見許宏富《鬼谷子研究》頁 167～180）。鄭傑文論證鬼谷先生隱身
授徒之地在山東、泰安、泰山南腳下之鬼兒峪。《鬼谷子人生智慧》頁 18～23。
[2] 語見《鹽鐵論》卷七〈崇禮〉：「昔周公處謙以卑士，執禮以治天下，辭越裳之贄，見恭讓之
禮也；既，與入文王之廟，是見大孝之禮也。目睹威儀干戚之容，耳聽清歌雅、頌之聲，心
充至德，欣然以歸，此四夷所以慕義內附，非重譯狄鞮來觀猛獸熊羆也。夫犀象兕虎，南夷
之所多也；騾驢駝駝，北狄之常畜也。中國所鮮，外國賤之，南越以孔雀珥門户，崑山之旁，
以玉璞抵烏鵲。今貴人之所賤，珍人之所饒，非所以厚中國，明盛德也。隋、和，世之名寶
也，而不能安危存亡。故喻德示威，惟賢臣良相，不在犬馬珍怪。是以聖王以賢爲寶，不以
珠玉爲寶。昔晏子脩之樽俎之間，而折衝乎千里：不能者，雖隋、和滿篋，無益於存亡。」

姓生計之安危，小國處於大國之夾縫中，一如今日第三世界之弱小國家處於霸權國家爭鬥之下，或聯合區域，或中立而求得一時之偏安；而企業集團，以經貿科技發展既競爭又合作；國際大廠專利權益法律訴訟、巨額權利金之賠款等；明爭暗鬥之折衝抗衡，豈非鬼谷縱橫之局莫屬？何況今日國際道德之墮落，更甚於戰國時代，方今之世，使從事外交、政治、軍事者，苟能精研及此，借古鑑今，不可謂非他山之助。我們欲重振國風，富國強兵之餘，不忘祖先王道政統思想流佈於世。當不忘縱橫家流，皆一時之俊傑，其因事制宜，通權達變，能委折以入情，微婉而善諷，以其智謀辭令，為國家安全、企業集團之利益，而主動積極爭取地位、主權、威望和發展，絕無不同。

　　《鬼谷子》經本書研究，發現其對於人性的真實面多有所啟示，及縱橫家強調實踐、積極有為的處世態度，對國家社會與人類每都有所貢獻。是故，我國之文化、歷史與學術，如果少了縱橫家之環節，委實是不週全的與不真實的。筆者這幾年從各界對《鬼谷子》有所深研的學者、專家與同好前輩們，學習到許多精心探討的寶貴成就，除衷心感謝外，並相信可經由個人或共同努力，當能繼續挖掘《鬼谷子》更深層的道理，與具有學術價值的東西。綜觀《鬼谷子》之「道、兵、說、謀」，此項老祖宗完整的治國平天下的智慧與思想，筆者以為，終將會是當今中國崛起，面臨全球政治勢力多極化及個人權利慾望高漲日趨複雜的世界，一項雄偉的社會科學之貢獻。

　　綜觀《鬼谷子》全書指陳的人性本質，給人完全透明並具科學認知，而且還進一步指明，可以充分掌握與簡易運用的方法，可說已達到了出神入化之境界，除能方便各級領導管理之外；並一點而也不藏私，還加以鼓舞教導有志者，好好加以學習與發揮；從其字數不多的學說思想專輯裏，吸收起「天道中尋求真理、地道中要求創新、人道中追求卓越、不忘修真養性」，將如同當今整套大學聯考之攻略教材加以熟稔之，即可強化起強人意志，與聖人智慧之菁英哲學理論，化不可能為可能。以上說來，像極了，年輕人進入社會職場之前的先修班。鬼谷子思想如果只是如此，那就壓根兒不必後人前仆後繼的研究了。

《戰國策、齊策》〈蘇秦說齊閔王〉：「臣之所聞，攻戰之道非師者，雖有百萬之軍，比之堂上；雖有闔閭、吳起之將，禽之戶內；千丈之城，拔之尊俎之間；百尺之衝，折之衽席之上。……故曰衡藉之始與秦王計也，謀約不下席，言於尊俎之間，謀成於堂上，而魏將以禽於齊矣；衡檐未施，而西河之外入於秦矣。此臣之所謂比之堂上，禽將戶內，拔城於尊俎之間，折衝席上者也」

　　我們熟讀《鬼谷子》，會發現它具有導引中國人溫厚堅忍的精神，朝向積極進取的化時代意義。而此文化學術精華意涵，實是鬼谷思想蘊含《易經》追求與講究「天地人和諧」與「與時俱進」和「變通」之明訓。又鬼谷思想鼓吹「互蒙其利」、「積極有為」、「進取人生」、「追求富貴」、「為才是用」、「意志修練」、「智慧謀略」、「鼓勵競爭」、「自由和平」……等風潮，也可以使得「資方與勞方、員工與雇主、百姓與官員、生產者與消費者」在過去利益與私心，無法有效公開與迴避之下，已然煥然一新。連「天道與環境」也都能經由陰陽對立態勢，以其「變動陰陽」堅強無比之意志與應用智慧，改變艱困環境之決心，努力從事與創新，使「天與人」、「地與人」、「人與人」都能創造出雙贏來，甚至是多贏時代的來臨，也非夢想。

　　以上，鬼谷思想的「有為與人為」之強力卓越的主張，會以他為始而追求良好的「天地人際關係」與「健康人性與社會自由氛圍」之東方養生哲學下，與無內無外的東方天人思維的講究下，會繼後現代哲思成為全民運動之焦點，再次引領時代風騷。其實，我們早已就走在鬼谷子的道路上，透過他過人的智慧而照亮著，只是我們這個民族故意將其遺忘而已。以上，絕非言過其實，而是精研鬼谷洞悉世事現實與微察人性思想後之認知，該是目前處於混濁惡世，人民之希冀與人類之出路。

　　國家強盛、人民富足，實舉世之為政者與百姓所追求。唯其領導者常過於強調軍事與經濟之力量，人民只是會活在壓力之中，國家僅能只是強大，久而久之，便成了真正的內霸、外也霸之如假包換之霸道國家了。此事在當今，可以從南韓之國家發展上看出端倪，一堆富可敵國之大集團產生，人民之自殺率與酗酒特高，居然排名世界第一。大陸近卅年來，一如台灣大力接受西化，其間還經過文化大革命，已使我傳統菁英思想的發展，蒼白不堪。又例如美國人民擁有槍彈的自由，屢次創下槍殺無辜之命案，兩黨政治制度之下的國會議員們，卻都屢因不敢得罪擁有數百萬名會員之「全美步槍協會」[3]這個政治獻金大戶，使得 2004 年以來，美國政府所提出的「禁槍法案」一直遭到擱置。

---

[3]　美國全國步槍協會（National Rifle Association、簡稱 NRA），原是退役老兵為推廣強化射擊能力之民間組織，之後發展成為美國的一個非營利性民權組織，也被認為是典型的利益團體。擁有 400 多萬會員的 NRA 有 100 多年的歷史，它是美國限槍修法上的主要障礙。支持美國人權法案的第二修正案，並且認為持有槍枝是每個公民應該享受的權利。根據 1999 年美國財星（Fortune）雜誌的一個調查，大多數國會議員和工作人員，認為 NRA 是華盛頓最有影響力的院外遊說集團。

　　無不顯示出，西方因「自由、人權、民主、法治」無限上綱，而形成高度之迷失，實刻正侵蝕著人類文明道德的良善發展。事實上國家、社會、家庭與個人，從來都是需要發展與進步。然而我們的文明卻因政治制度的設計偏差，發生起不公不義，違反善良風俗與人性的大問題來。《鬼谷子》所告訴我們的人性真面目與管理的方法，正是我們必須正面面對，西方文明之資本主義不好的一面，審慎反省與辨別中西差異的時候。對於人性諸多缺失，以開放與追求和同理心，別再不務實際的深陷於泛道德的迷霧之中，而令民族也同樣墮入集體自我催眠裡面。如何取得「人與事與功、道與理與欲」之平衡，向來都是《鬼谷子》縱橫人生、縱橫人事、縱橫政事、縱橫國是等積極思想，精微之處。藉由個人與團體和國家，不去執著、不去預設立場，認真的去追求、瞻望、執行、才能超越現在與過去的成就。健康的看待民族之瑰寶《鬼谷子》思想，所謂「經濟能夠使國家壯大，文化才能使國家偉大。」[4]逢此世局變化之契機，展望於未來，我們的國家才有足夠的動能，真正可能的用老祖宗的王道思想，去實現世界大同。

　　處於多變的廿一世紀，各國均深陷於財經、外交、失業……等困窘之中，遭逢時代的劇變，無一例外。環顧過去，我們所苦苦依靠與追隨，那統領世界幾百年來的西方思維與經驗，卻已漸漸失去處理世局危機與開創未來的能力。我們豈能束手就擒，忍受慘痛與深陷困阨之中！當須於摸索前進之餘，同時得隨時向老祖宗學習，他們所遺留下來的寶貴智慧，才能夠發揮「變動陰陽」之能耐，成就一番新局面，讓舉世人民共用「中國夢」，這就是《鬼谷子》的精神。用頂尖的技巧謀略，加以設計出盡善、盡美、求真、求實的偉大戰略，以面對人類從未有過的可能險難，別的國家民族才有可能真正的對你拍手叫好。除此之外，「信心」也會讓我們看到璀璨的未來，它離我們不遠。

　　如是，也唯有真實面對著我們民族自己的本來面目，以及肯定生活了五千多年來的特有個性，將固有的文化與學術思想－追求「國富民強」觀念與力量予以強化，國家有原則、社會有方法、民族有了信心，百姓能夠勤奮，除以上全體的共同努力付出之外，還能向鬼谷子等諸子百家的經驗與智慧多吸收學習（多讀古書），能夠學習古聖先賢面對問題與解決問題的良好經驗，

---

[4]　中國國民黨副主席蔣孝嚴，於 2012 年 10 月 12 日祝賀莫言獲得諾貝爾文學獎，在山東「海峽兩岸書畫交流基地」掛牌儀式說：「經濟能使一個國家壯大，軍事能使一個國家強大，但只有文化才能使一個國家偉大。」並希望莫言有時間到臺灣進行文化交流。此句話現在廣為兩岸文化界人士所使用。

如是社會繁榮活絡無礙、精神文化昂揚向前，才能使百姓富足又好禮。因爲
我們的民族一向是「求同存異」、一向是「學習聖人」的德操；絕不是西方人
「求異存同」、過於「凸顯個人」喜好與創新，流於世俗，競逐物慾享樂失盡
靈性昇華，向爲中西古今哲人所擔心與非議。誠然各有優缺點，所以在我國
已經學會現代化進程之所有課程後，除擔負國際義務外，更需爲人類未來出
路，盡起開路先鋒之責任，一來解決自己的問題、二來排除外來的障礙。在
我國雄厚的文化思想底蘊下，讓所謂的硬實力（經濟、科技、軍事）與軟實
力（思想、學術、文化、管理）齊頭並進，對內推行「王道」、對外實行尊貴
之「非非王道非霸道」；仁義與實力貴爲兩尊之下，才會是一個偉大的國家，
百姓信心十足創意無窮，使中華民族昂首闊步於國際舞臺！我們乃是眞正能
夠處理問題、解決問題，受盡歡迎的強國；而非創造問題、干預別國內政，
被永遠討厭的國家與民族。最終，才能受到世人眞正尊敬，有實力與世界各
民族，永久保持和平相處[5]！

　　《鬼谷子》於現代之所以能夠取得康有爲、孫中山之重視，不僅是看重
鬼谷子總結前人的理論基礎與縱橫家的實踐經驗，如是其所構成的學術基
礎，對於時代與環境和觀念之變革，大爲可觀，足堪借鏡。只是後人多數看
不懂《鬼谷子》原典，誤解《鬼谷子》只有術、沒有學。況且古往今來，學
與術是一體兩面，一方理論、一方運用，以相輔相成造就民族之大業。非礙
於道德，而嚴厲譴責與踐踏《鬼谷子》優質的做人做事，全面化智慧思維的
學說之發展，枉費民族創見與歷史經驗。近年來兩岸三地風行讀古書，如中
共領導人習近平指出：「中國優秀傳統文化中，蘊藏著解決當代人類面臨的難
題的重要啓示。」[6]《鬼谷子》此部古書，蘊含更多政治、軍事、外交、人事……

---

[5]　習近平的「文化觀」強調維護多樣性、尊重不同文明、正確學習借鑒，及發展與傳承的相互
　　結合。他提出，「不要看到別人的文明與自己的文明有不同，就感到不順眼，就要千方百計
　　去改造、去同化，甚至企圖以自己的文明取而代之」，強制地解決文明差異，反而會製造災
　　難。（以上轉載自人民網－中國共產黨新聞網〈國家最高領導人一年內三次親近儒家文化：
　　習近平爲何如此強調重拾傳統文化？〉2014 年 09 月 25 日　作者崔小粟）。

[6]　「儒學等傳統文化如何『古爲今用』？習近平指出，中國優秀傳統文化中蘊藏著解決當代人
　　類面臨的難題的重要啓示。隨後，他一口氣舉例列出了 15 種優秀古代思想：『道法自然、天
　　人合一』，『天下爲公、大同世界』，『自強不息、厚德載物，以民爲本、安民富民樂民』，『爲
　　政以德、政者正也』，『苟日新日日新又日新、革故鼎新、與時俱進』，『腳踏實地、實事求是』，
　　『經世致用、知行合一、躬行實踐』，『集思廣益、博施眾利、群策群力』，『仁者愛人、以德
　　立人』，『以誠待人、講信修睦』，『清廉從政、勤勉奉公』，『儉約自守、力戒奢華』，『中和、
　　泰和、求同存異、和而不同、和諧相處』，『安不忘危、存不忘亡、治不忘亂、居安思危』，
　　等等。」（以上同 827 註〈國家最高領導人一年內三次親近儒家文化：習近平爲何如此強調

等道理，均屬國家高度專業的政治管理與權謀策略之思維[7]，要清楚瞭解當然是非容易的事？但是假如能夠透過一部分的人先懂得了，以後再加以推廣，也就不再是困難無解了。

　　恩格斯說過：「一個民族想要站在科學的最高峰，就一刻也不能沒有理論思維」，「同樣，一個國家想要站在世界的最前列，當然也一刻不能沒有理論思維」[8]。面對時局的詭譎多變[9]，便不能少掉主張「天道聖人」之鬼谷子其聰

重拾傳統文化？〉）。

[7] 以上探究完畢，部分鬼谷子的思想，特別的感觸到國家民族之生存，必須借助鬼谷子的「遊說計謀」之智慧。沒有他的思想學說，只有儒家的仁義道德，或是道家的天道無爲，或者是兼愛非攻的墨家，或是極權法治的法家，都是不通的，如此國家之統治只是漂浮在宮中閣樓虛幻不眞，是不可靠不踏實與危險，統治者不可以行片面之言，欺騙百姓與不負責任。《鬼谷子》所謂眞正的領導者（聖人），是要把問題，講清楚說明白，才算數。「就像中華民族的未來，不能像民進黨含混的只說台獨，只爲選票贏得執政，欺騙百姓以爲台獨之後就能夠將所有問題解決，那是睜開眼睛實質說瞎話；也不可以像國民黨爲安撫百姓，只講不統不獨不武，致百姓於水深火熱之中煎熬；而共產黨也必須將統一之後全本的光景好壞，告知國人」（以上是代表《中國時報》最近 2014 年下半年開始的社論及輿論主張，筆者相當認同）。筆者更認爲，當今兩岸中國的條件已於昔日不同，國家與民間都有智慧、能力與財富，甚至於籌組成一龐大組織或基金會，專門整理、研究、分析、訪問、調查、寫作，整套之統一後之國家政府、社會各階層之任何各種可能之現象與問題與衝突。鉅細靡餘都得寫出來與方便兩岸百姓公開知曉，此之下都須完全開城佈公，以眞正厲害與文明，不存芥蒂，而後才不會造成如當初台灣光復進程之後混亂誤會與不幸，以及史整個統一大業無任何有機可乘的機會，才是民族之復興大國的崛起。民智已開的社會和任何政黨與政客爲求百姓福祉，絕對不可以無權造成亂象與不負責，這是所有百姓所不允許的。也才是眞正的一位守護門戶（天道與眞理、國家與民族百姓的生死存亡之大門）大時代國家的聖人。如鬼谷先師所言：「粵若稽古聖人之在天地間也，爲眾生之先。觀陰陽之開闔，以名命物；知存亡之門戶，籌策萬類之終始；達人心之理，見變化之朕焉；而守司其門戶。故聖人之在天下也，自古至今，其道一也。」（〈捭闔第一〉）

[8] 葉小文：「恩格斯說過，一個民族想要站在科學的最高峰，就一刻也不能沒有理論思維。同樣，一個政黨想要站在時代的最前列，當然也一刻不能沒有理論思維。但科學的、準確的、有效的理論思維，殊爲不易。能否牢牢把握前所未有的機遇、沉著應對前所未有的挑戰，做到不爲任何風險所懼、不爲任何干擾所惑，團結一切可以團結的力量，調動一切可以調動的積極因素，戰勝前進道路上的一切困難和風險……毛澤東說過，……不是空洞地學會了馬克思列寧主義的同志，就會大大提高我們黨的戰鬥力。新一屆領導人的連珠妙語，體現的正是這種戰鬥力」。第十六、十七屆中共中央候補委員，全國政協常委。主要著作有《多視角看社會問題》、《宗教問題怎麼看怎麼辦》、《化對抗爲對話》、《把中國宗教的眞實情況告訴美國人民》、《從心開始的腳步》、《宗教七日談》等。曾作爲國務院特派專員之一，赴藏主持第十一世班禪－金瓶掣簽和坐床大典。

[9] 二次大戰後雖經過美、蘇的冷戰時局之困頓，但國際秩序基本還算安靜，但近年來中東問題層出不窮，又日本利用釣魚台挾美國欲阻止中國崛起，而介入東海與南海鄰國糾紛，美國欲形塑中國霸權欺侮鄰國意味甚濃。而日本不思侵略中國所造成我國千萬百姓之塗炭，其政府與部分政客人民還自認爲是敗在美國手裡，自今始終不承認侵略東北亞、東南亞國家所造成傷害，如慰安婦即是一例。美國已腐敗了，世界正義公理廣遭踐踏。日本政府將就其自衛隊目前沿用的原日軍「旭日旗」問題發表政府見解，認定「旭日旗」與「太陽旗」一樣都是日本的象徵與國旗。然而，「旭日旗」是原日軍發動侵華戰爭和佔領朝鮮半島實行殖民統治時

慧識人、踏實做事，既精明又能幹與堅定擺平混亂世局，與消弭艱難的實質鬥爭經驗與理論。面對《鬼谷子》精細的智慧與思維，我們更應該懷抱謙虛，秉持「不懂的就要抓緊學習、研究弄懂，來不得半點含糊。」[10]豈可善加汙衊，竟以鴕鳥之態度，輕易放棄原本屬於人類天生之人性，不去探討且禁止碰觸那種頻繁又深奧的心智活動之理？古人有言：「不知兵，而好言兵事；不知國，而好言國事。」歷史上諸多好議論者（士大夫空言誤國），常致使國家與民族處於被動與落後之險境！吾輩宜當致力發展屬於自我之學術，國家與民族才能有發展與生存之餘地。

　　我們假設「諸子百家優良的傳統思想」，是我古聖先賢所共同創作，所要呈獻給人類一幅既美麗、又沒有時效性，完整的伊甸園真實覽圖。只是長久以來，有一處出現空白，就是說缺上了一角。如今這一塊最後的拼圖－《鬼谷子》，終於給找著了，就將它補上，原先的不完美，便已不在了！而鬼谷子千古的弦外之音，也能夠加以放大，方便大家自在的取得與聆聽，相互之間一起行自信的勉勵。如是象徵世界和平與尊重各民族的「世界大同」概念，亦即傳統中國偉大的「王道」、「聖人」與「民本」政治思想主張之模式，就可以結合－當今面臨人類社會巨大系統、龐大信息、複雜問題之下，由各路具備有高科技、高管理、高經濟、高創意的菁英，將此先人的夢想依圖給建造出來。終將一掃資本主義之英、美「央格魯薩克遜模式」，或者是德國「萊茵模式」，與共產主義之「蘇聯模式」的沈疴無解的弊病與糟粕，當然還得吸

使用的旗幟，一直被中、韓等國視為「日本軍國主義的象徵」。人們還記得，安倍晉三首相2013 年 5 月乘坐編號為「731」的自衛隊飛機並拍照，引發軒然大波，原因是二戰期間，日本的「731」細菌戰部隊曾進行過滅絕人性的人體試驗。兩個月後，便發動全面侵華戰爭的「七七事變」紀念日當天，安倍就日本對外侵略歷史和同鄰國的領土爭議問題進行狡辯並攻擊中國。凡此種種，用「巧合」、「偶然」、「無心」等根本無法解釋。這些現象只能說明，在日本，軍國主義的幽靈正在四處徘徊並且已經深入一些日本政治勢力的靈魂，日本右翼勢力的主張在其國內政治生態中逐漸成了氣候，並且像主流思想一樣被日本輿論容忍，他們的政客和輿論對於曾給鄰國人民帶來慘痛記憶的軍國主義象徵，往往麻木不仁甚至刻意利用。更令人擔憂的是，日本應用「明修棧道，暗渡陳倉；掩耳盜鈴，瞞天過海；溫水煮青蛙」（我國鬼谷子民間版的《卅六計》）等手法，尋求在內外輿論、法律制度、決策機制、軍力提升、軍事部署等方面實現「軟突破」。日本近來在政治、軍事、外交等領域的種種動向，已經使人對於日本的未來走向不得不保持高度警惕。如果我們再回顧一下過去 10 年日本的種種「軟突破」，就更不難發現這種種「軟突破」背後的「硬目的」。（資料來源：《人民日報、海外版2013 年》編輯姜華）。

[10] 語出中共中央總書記、中共中央軍委主席習近平：「我們必須增強憂患意識，做到居安思危，懂就是懂，不懂就是不懂；懂了的就努力創造條件去做，**不懂的就要抓緊學習研究弄懂，來不得半點含糊。**」2013 年 1 月 5 日，在中共中央黨校，對新進中央委員會的委員、候補委員之「學習貫徹黨的十八大精神研討班」開班式上講話。（新華社）

收其精華；終將於廿一世紀發出閃亮的璀璨光輝，以利耀於中華民族與全世界，帶給全人類各民族真正福祉。

最後，於本書之結尾，以《文子》〈微明〉篇所引老子的話，作為筆者對於鬼谷子關懷世人之苦心的註解：

「老子曰：人皆知治亂之機，而莫知全生之具，故聖人論世而為之事，權事而為之謀。聖人能陰能陽，能柔能剛，能弱能強，隨時動靜，因資而立功；睹物往而知其反，事一而察其變，化則為之象，運則為之應，是以終身行之無所困。故事或可言而不可行者，或可行而不可言者，或易為而難成者，或難成而易敗者。所謂可行而不可言者，取捨也；可言而不可行者，詐偽也；易為而難成者，事也；難成而易敗者，名也。此四者，聖人之所留心也，明者之所獨見也。」

附錄　歷年有關鬼谷子著作等收錄

1. 尹桐陽註　1931《鬼谷子新釋》三卷，清末民初，上海：文明印刷所。
2. 陳英略著　1971《鬼谷子鬥智特技》臺北：大學文選社。
3. 蕭登福著　1984《鬼谷子研究》臺北：文津出版社。
4. 陳英略著　1990《鬼谷子鬥法七十二變》臺北：鬼谷先師紀念堂。
5. 房立中、徐建軍編著 1991《鬼谷子兵法》北京：廣播學院出版社。
6. 林耕東著　1993《鬼谷子兵法》臺南：西北出版社。
7. 房立中著　1994《鬼谷子與雲夢山》中國人事出版社。
8. 黃文發編　1996《新編鬼谷子兵法》臺南：西北出版社。
9. 房立中編　1995《新編鬼谷子全書》中國學苑出版社。
10. 鄭傑文著　1997《鬼谷子大智慧》臺北：新潮社。
11. 閻崇東編　1998《鬼谷子辭典》湖北：人民出版社。
12. 白　奚著　1999《稷下學研究—中國古代思想自由與百家爭鳴》北京：三聯書店。
13. 沈衛國導 2002《縱橫天下鬼谷子 16 集》孫芳友、李清泉編劇，河南：影視製作中心。
14. 李天道編　2004《鬼谷子兵法》臺北：典藏閣華文網版。
15. 孫瑞編著　2005《鬼谷子商學院》臺北：我識出版－易富文化。
16. 廖壽川著　2005《必勝的政治藝術－鬼谷子》臺中：命耕彌出版。
17. 張建國著　2005《智慧禁果鬼谷子》臺北：海鴿文化。
18. 陳蒲清著　2006《鬼谷子詳解》湖南：長沙嶽麓書社。
19. 方鵬程著　2006《鬼谷子成功發展的藝術》台灣：商務印書館。

20. 劉楚仁編 2006《活解活用鬼谷子謀道》北京：中國致公出版社。

21. 彭友元著 2006《千古一算鬼谷子》臺北：漢欣文化。

22. 張義明著 2007《鬼谷子中國第一謀士的生存哲學》臺北：百善書房。

23. 曹勝高著 2007《六韜、鬼谷子》北京：中華書局。

24. 司馬哲著 2007《鬼谷子全書》中國：長安出版社。

25. 侯　湧著 2008《曠世奇書鬼谷子》臺北：新潮社文化公司。

26. 許宏富著 2008《鬼谷子研究》上海：古籍出版社。

27. 玄磯子著 2008《運籌帷幄兵法鼻祖鬼谷子》臺北：黃金屋文化出版。

28. 徐　磊著 2008《學校沒教過的中國智聖－鬼谷子》臺北：好優旺文社。

29. 鄭傑文著 2008《鬼谷子人生智慧》北京：清華大學出版社。

30. 常萬裡編 2008《鬼谷子智慧》北京：中國華僑出版社。

31. 陳　義編 2009《鬼谷子給現代人的啟示》臺北：大展出版社。

32. 東方羽著 2009《鬼谷子中國第一詐書》臺北：海鴿出版公司。

33. 張建國著 2010《鬼谷子之精隨》臺北：海鴿出版公司。

34. 拓跋一世 2010《鬼谷子心理說服術》北京：中國華僑出版社。

35. 蘭彥嶺著 2010《鬼谷子絕學》廈門：鷺江出版社。

36. 蘭彥嶺著 2010《鬼谷子絕學光碟十二集》北京：中國科學文化音像出版社。

37. 蘭彥嶺著 2011《鬼谷子縱橫智慧光碟十四講》北京：中國科學文化音像出版社。

38. 海　華編 2011《六韜鬼谷子謀略全本》長沙：湖南文藝出版社。

39. 張淩翔編 2011《鬼谷子現代管理釋用》北京：中國紡織出版社。

40. 李向峰解 2011《每天讀點鬼谷子》北京：中央編譯出版社。

41. 展嘯風編 2011《鬼谷子智謀筆記》北京：中國華僑出版社。

42. 張衛國註 2011《鬼谷子》武漢：崇文書局。

43. 李　軍譯 2011《天下第一鬼谷子兵書》臺南：黃金屋文化。

44. 許富宏著 2012《鬼谷子》北京：中華書局。

45. 歐陽居士 2012《鬼谷子》北京：中國畫報出版社。

46. 蘇華仁編 2012《鬼谷子與茅山道派丹道修眞學》太原：山西科學技術出版社。

47. 傅　山著 2012《讀鬼谷子與公孫龍等雜記》太原：山西出版社。

48. 宋長河編　2012《鬼谷子大全集》北京：外文出版社。

49. 何　龍註　2012《鬼谷子的博弈心理學》北京：北京理工大學出版社。

50. 張平等編　2012《左手道德經、右手鬼谷子》北京：中國華僑出版社。

51. 任思源註　2013《鬼谷子圖解詳析》北京：中國華僑出版社。

52. 郁　可編　2013《鬼谷子中國謀略學第一奇書》北京：中國華僑出版社。

53. 孔維勤著　2013《孔維勤說鬼谷子言謀天下》北京：東方出版社。

54. 夢　華編　2013《鬼谷子全書》北京：中國華僑出版社。

55. 蘭彥嶺著　2013《鬼谷子縱橫智慧》北京：電子工業出版社。

56. 劉涓執導　2013《聖謀鬼谷子 40 集》段奕宏、戚薇主演，北京：縱橫捭闔傳媒公司。

57. 寒川子著　2013《鬼谷子的局－七集》本名王月瑞 2003 年起，江蘇：文藝出版社。

58. 東籬子註　2014《鬼谷子》北京：時代華文書局。

59. 歐陽居士　2014《鬼谷子》海南：南海出版社。

60. 王　琳編　2014《鬼谷子的局、王陽明的道》廣州：廣東旅遊出版社。

61. 孫虹鋼編　2014《鬼谷子成事謀局的曠世奇書》北京：北京理工大學出版社。

62. 司馬志著　2014《鬼谷子全書》2012 年初版，今三刷。台北：華志書局。

63. 王國章著　2015《聖謀鬼谷子》江蘇：人民出版社。

以上收錄不易，若有大著遺漏，敬請見諒

圖十三、北京市 中國華僑出版社 五本標示爲不同作者的《鬼谷子》

圖十四、1984 蕭登福、2005 陳蒲清、2012 年蘇華仁、2013 年孔維勤、歐陽居士、
2014 陳道年，以及北京市中華書局所出版的三本 許宏富的《鬼谷子》著作

圖十五、包括中國大陸與台灣兩岸中國人 所精心著作的《鬼谷子》各類相關書籍

圖十六、最近幾年 中國大陸所出版發行的企業管理、銷售等有關《鬼谷子》的著作

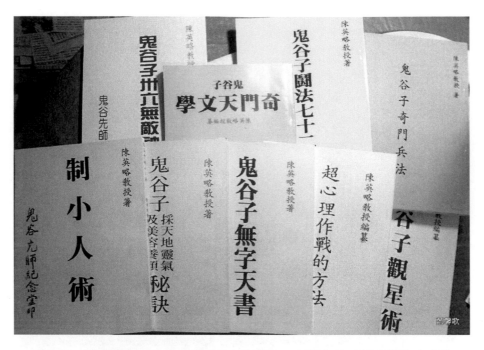

圖十七、號稱鬼谷子八十二代傳人 陳英略－有關鬼谷子部分著作之書籍

參考文獻

（一）古代典籍

1. 《尚書、金古文註疏》孫星衍撰，臺北：中華書局，1968 年。

2. 《詩經、正詁》余培林著，臺北：三民書局，1993 年。

3. 《田間易學》清、錢澄之撰，吳懷祺校點，合肥：黃山書社，1998 年。

4. 《太公六韜、今註今譯》徐培根註譯，臺北：臺灣商務印書館，1984 年。

5. 《老子、註譯與評介》陳鼓應著，北京：中華書局，1984 年。

6. 《論語、讀本》錢遜，北京：中華書局，2007 年。

7. 《孫子、今註今譯》魏汝霖註譯，臺北：臺灣商務印書館，1979 年。

8. 《黃帝內經》唐、王冰次廿四卷本《素問》，南宋、史崧改編廿四卷本《靈樞》。

9. 《鬼谷子》陶宏景註，臺北：臺灣商務印書館發行，1994 年 1 月。

10. 《尉繚子、今註今譯》劉仲平註譯，臺北：臺灣商務印書館，1992 年。

11. 《莊子、南華眞經注疏》晉、郭象注，唐、成玄英疏，北京：中華書局，1998 年。

12. 《孟子》李調元著，嚴一萍選輯，臺北：藝文印書館，1968 年。

13. 《戰國策、新譯》溫洪隆註釋，臺北：三民書局，1996 年 2 月。

14. 《史記》司馬遷撰，大明王氏出版社，1975 年 8 月，全五冊。

15. 《修辭學－論解釋》亞里斯多德著，羅念生譯，香港：三聯書店，1991 年。

（二）現代著作

1. 梁啓超著 1980《先秦政治思想史》臺北：東大圖書公司。

2. 牟宗三著 1980《政道與治道》臺北：臺灣學生書店。

3. 蕭公權著 1982《中國政治思想史》臺北：聯經出版事業圖書公司。

4. 方東美著 1985《原始儒家與道家哲學》臺北：黎明文化事業公司出版。

5. 魏元珪著 1987《孟荀道德哲學》臺北：谷風出版社。

6. 魏元珪著 1987《荀子哲學思想》臺北：谷風出版社。

7. 徐復觀著 1988《孟子政治思想的基本結構及人治與法治問題》臺灣學生書局。

8. 謝仲明著 1991《儒學與現代世界》臺北：臺灣學生書局。

9. 鄺芷人著 1992《陰陽五行及其體系》臺北：文津出版社。

10. 魏元珪著 1997《老子思想體系探索上、下冊》臺北：新文豐出版公司。

11. 孫廣德編 1997《中國政治思想史》臺北：國立空中大學。

12. 魏元珪著 2006《生命默想錄》臺中：浸宣出版社。

13. 魏承思著 2014《管子解讀》上海：上海人民出版社，世紀出版集團。

（三）縱橫家資料

1. 顧念先 1969《縱橫家研究》臺北：中國學術著作獎助委員會。

2. 彭永捷 1996《中國縱橫家》宗教文化出版社。

3. 張彥修 1998《縱橫家書「戰國策」與中國文化》河南：大學出版社。

4. 熊憲光著 1998《縱橫家研究》重慶出版社。

5. 龍建華譯注 2008《縱橫家語錄》重慶出版社。

6. 李曉箏著 2008《縱橫辨術》臺北：中央編譯出版社。

7. 楊世文、鄭曄著 2008《縱橫家的智慧》臺北：中央編譯出版社。

（四）政略戰略書籍

1. 汪祖華著 1982《政治作戰的戰略戰術》臺北：大眾時代出版社。

2. 紐先鐘著 1985《現代戰略縱橫》臺北：黎明文化事業公司。

3. 洪秀菊等譯 1988《爭辯中的國際關係理論》臺北：黎明文化事業公司。

4. 紐先鐘著 1992《中國戰略思想史》臺北：黎明文化事業公司。

5. 陳式平著 1997《戰略藝術》臺北：國防部史改編譯室。

6. 紐先鐘著 2000《戰略家思想與著作》臺北：麥田出版社。

7. 紐先鐘著 2001《歷史與戰略中西軍事史新論》臺北：麥田出版社。

8. Robert M. Cassidy 著 2004《戰略文化與不對稱衝突》臺北：國防部編譯室。

9. 王央城主編 2006《戰略與區域安全》臺北：國防大學戰略研究所出版。

10. 曹雄源主編 2008《全球戰略觀察》臺北：國防大學戰略研究所出版。

11. 俞誠之著 2009《中國政略學史、外一章鬼谷子新註》上海：社會科學院。

12. 何世同著 2009《中國戰略史》臺北：黎明文化事業公司。

13. 肖月、朱立群主編 2010《簡明國際關係史 1945～2002》世界知識出版社。

14. 洪陸訓等編 2011《廿一世紀西方政治作戰思維應用－第四代戰爭與戰略溝通》臺北：國防大學政治作戰學院。

（五）現代企管書籍

1. 劉必榮著 1996《談判聖經》臺北：商業週刊出版股份有限公司。

2. 劉必榮著 2000《談判藝術》*The Arts of Negotiation* 臺北：希代書版公司。

3. 羅伯米勒、蓋瑞威廉斯著（Robert Miller / Gary Williams）2004《贏在說服力》，莊安祺譯，時報文化出版社。

4. 劉必榮著 2004《談判兵法：孫子兵學的謀略智慧》臺北：先覺出版公司。

5. 于富榮著 2006《談判的藝術》臺北：易富文化有限公司。

（六）西方著作

1. 瑞士 勝雅律 Harro von Senger 著 1994，Sategame《智謀新典－西方人眼中的卅六計》，劉小東、朱聖好譯，臺北：遠流出版公司。

2. 美國 Zbigniew Brzezinski 著 1998，*The Grand Chessboard*《大棋盤》林添貴譯，臺北：立緒文化出版。

3. 法國 德里達 Jacques Derrida 著，1999《論文字學》汪堂家譯，上海：譯文出版社。

4. Andre Beaufre 著 2000，*An Introduction To Strategy*《戰略緒論》紐先鐘譯，臺北：麥田出版社。

5. B. H. Liddell Hart 著 2001，*Strategy：The Approach*《戰略論：間接路線》，紐先鐘譯，臺北：麥田出版。

6. 英國 麥金 Maro McGinn 著，2007《維特根斯坦與哲學研究》李國山譯，廣西：師範大學出版社。

7. 美國 喬治羅斯 George Ross 著，2007《川普談判學－達成每一筆交易的完美談判法》*Trump Style Negotiation*，卞娜娜譯，臺北：高寶出版社。

（七）學位論文類

1. 黃煌雄 1975〈論戰國時代的合縱與連橫〉臺灣大學歷史研究所。

2. 蕭登福 1994〈《鬼谷子本經陰符》與道教之《黃帝陰符經》〉河南淇縣，中國第一屆鬼谷子學術思想研討會。

3. 傅劍平 1998《縱橫家與中國文化》博士論文，重慶出版社。

4. 阮怡玲 1998〈從區域上看戰國縱橫家活動發展〉臺灣師範大學歷史研究所。

5. 黃瓊儀 2006〈策略談判人員職能模型之研究：看奧會模式談判歷程〉臺灣師範大學科技學院國際人力教育與發展研究所。

6. 鄭維德 2010〈蒯因與公孫龍實有論之比較研究〉中興大學中國文學研究所。

7. 紀清賜 2010〈葛洪《抱朴子、內篇》的生命哲學研究〉東海大學哲學研究所。

8. 劉德慧 2010〈老子《道德經》中的兵略思想〉東海大學哲學研究所。

9. 葉向剛 2010〈從內聖外王曠觀儒家親民政治哲學〉東海大學哲學研究所。

（八）網路類

1. 維基百科，http：//zh.wikipedia.org/。

2. 百度百科，http：//baike.baidu.com/。

3. 360 導航，http：//hao.360.cn/。

4. 中國哲學書電子化計劃，http：//ctext.org/zh。

后　語
鬼谷子與我和現代社會的省思

　　在還沒有人問我之前，我會自問爲什麼要寫出《鬼谷子思想新解》這本書？以及怎麼會對《鬼谷子》產生濃厚的興趣？一切說來話長，得先從頭細說起。

　　時間，是在我年幼的時候，而環境是在鄉下。那時候的中華民國，完全是一派欣欣向榮，經濟就處在剛要起飛的階段。全國老百姓在「反攻大陸、增產報國」的口號下，非常勤奮的過著「犧牲享受、享受犧牲」，十分有意義的日子。當然，彼時沒有當今所謂的「週休二日」，上班者都樂於加班再加班，以便賺取更多的生活費；而學生們除了用功讀書外，還是加倍的再用功讀書。不想或不喜歡讀書，就當學徒，認眞學習，以便學得一技之長。或務農或務商，少有人閑著。

　　當時的台灣，因爲被日本佔據（甲午戰爭清朝打敗戰，中日議和，訂立馬關條約[1]，割讓了台灣，以至於遭受其統治長達五十年（1895～1945 AD）。由於身受歧視，大部分的台灣人，都沒受過什麼良好的教育[2]；爲人父母，都

---

[1] 查光緒廿年，滿清政府一年全國歲收，總收入 8103 萬兩白銀。（陳楠著《大清帝國》，2014年 4 月，台北海鴿文化出版，頁 250。）馬關條約，所賠償給日本軍費二億三千萬兩白銀，就等同於清朝三年的國家總預算，一個國家整整三年，軍人、公務員缺餉，國家沒錢如何談建設？往後更多的賠款，來自於日本與歐洲等海盜國家，英、法（1860 年「北京條約」賠法國 800 萬兩）等國侵略中國，還要我國賠款。又八國聯軍，1901 年定下辛丑條約，滿清政府須向 11 個國家賠款四億五千萬兩，幾乎當時的每一位國民，都要負擔一兩白銀。假如滿清末年有鬼谷子的弟子，蘇秦、張儀在，是否不至於如此？只是臣下雖有謀，若君王無能以識人、用賢，而適時用權決策，也將無濟於事！

[2] 我的雙親畢業於日據時代的「公學校」。父親林國樹就讀大碑公學校（民國二年四月設立他里霧公學校大坪頭分校。民國九年三月獨立爲大坪頭公學校。民國十年四月校名改稱大坪公學校。祖父林驒駒平日教他漢文。存有民國六年春月，上海鴻文書局石印出版的朱熹淳熙四年

盡可能希望孩子多讀書，以便長大成人後有個好工作。如是一切，都爲了明天會更好而奮鬥。所以在此單純的希望下，再苦也會忍耐，物質雖欠缺但容易滿足，多數過著簡樸平安的生活！

那是個幸福快樂、充滿著希望的年代

　　小時候住在大林鎮的鄉下，很羨慕三姊美玉與三哥德政，每日可以坐上火車到嘉女和嘉中學校當起通學生[3]，晚上總是好奇的期待兄姊倆回家之後，一起聆聽與相互分享白天他們在城市裡，挺新鮮又有趣的事兒。彼時，不管是多麼壞的天氣，我的母親胡彩雲總比家人都早起床，天未亮以前就把全家

作序《監本詩經》八卷乙冊。我也於 1965 年 9 月入學大碑鄉國民學校一年級，第一任校長爲柯明信）之後再就讀嘉義東門公學校，高等科二年制。母親則就讀嘉義女子公學校（1917 年設立，今市立大同國小）。公學校的由來是：日據時期台灣總督府於 1896 年全臺建立 14 個國語傳習所，其中包含嘉義公學校（今市立崇文國小）。之後於 1898 年（明治 31 年）頒布「台灣公學校規則」，改制爲公學校。規定公學校是對台灣子弟「施以德政，授以實學，養成國民性格，以及精通國語（日語）」爲宗旨。六個學年爲依據，但也有五年就畢業了。課程有「修身、國語作文、讀書、習字、算術、唱歌、體操」，每周 28 小時（一至三年級）、30 小時以上（四至六年級）。以上資料改寫自林德政著《開拓仰與抗日：在歷史巨變中見證台灣歷史》台北：海峽學術出版社，2012 年 6 月出版，頁 110～111。

[3] 由於父親是公務人員，過去政府常會將公務人員調來調去，所以也常跟著搬家。孩子們也就最辛苦了，雖然當時不以爲意。可是就像我三姊，短短的小學六年級，就上過四所小學（土庫、斗六、大碑等），雖然成績總是全校前一、二名，可是對於小孩需要適應就學環境，尤其對於學習成長上，尤其是缺乏同伴的感情，很具影響。之後上初中，早上常會睡眠不足，就要起床然後摸黑，帶著平常幾乎只有菜脯蛋（或煎蔥，蛋都是買孵不出來較便宜的）加上鹹蘿蔔，及蔬菜偶有魯肉及豆輪，）騎上半小時路程的腳踏車，才有客運車坐，等到站下車後，再走路去學校上課。早晚就得花上兩個多小時在外面，體力消耗常感飢餓，這樣的通學生，就上學來說是很疲累的。還能夠有精神好好讀書實在困難，且影響體力與發育。我大姊美壽，十四歲小小年紀，就從鄉下到大都市去學做頭髮，當了三年半的徒弟才出師，往後十年間也常因搬家，所以陸續開了小姑娘、大上海、芳蘭、美麗王等四家女子理容燙髮院，直到廿七歲才嫁人（那個年代算很晚婚）。我岳父國小畢業後，每天一早就要出去賣豆腐，雖然日本校長跑來跟他父親說這小孩很會讀書，請讓他繼續上學，學費由他來付，但他老爸堅持這孩子要養家，不行讀書。過去的人真的很辛苦，命運由不得自己。現代經濟好多了，個人也自由多了，年輕人雖領月薪 22K，（我當初在台北月領一萬一多點，要寄給父母八千元，又要租房六千元，老婆薪水剩不到一萬，就是兩人的生活費與繳互助費）其實已不算少了！只是年輕人喜歡吃好用好，又是飲料，又是上館子，又愛玩電腦、手機，花費多。不懂得節省，對於一生來說不是最好的態度！記載以上事件，是爲了給現代的年輕人，知道過去的人，求學上課與生活的無奈和艱辛與寶貴，當得更加珍惜與重視，認真追求知識與學習學問的重要。人生不僅只是顧慮自己的前途，還要有淑世的精神，不要過於埋怨社會國家，現代台灣社會的家庭環境，已經夠好了。宜多加培養自我節制，吃苦耐勞的氣魄，我爲人人的淑世古訓。讀讀《鬼谷子》等古聖先賢的經典之書，把中文程度提高，好好充實知識學問，向聖人學習做人處事。把心性修養好好鍛練，不要成爲一位擅以計較、心胸偏狹，只想吃喝玩樂，天天只思享樂庸俗的人。對比於二千多年前的鬼谷子那時的原始時代，物質相當的匱乏，房子、飲食、交通、衛生……等生活而言，完全都不可同日而語無法加以比較了，真不知要好上幾千倍，當感恩啊！

的早餐，及好幾個孩子們的便當都準備好了。母親有七個小孩，辛苦拉拔兒女長大，關愛兒女無比的愛心，未稍加減色。

　　沒幾年之後，換我上高中。六點左右就騎腳踏車趕上班車通學，到了站，再由教官們浩浩蕩蕩的帶隊進入校門。下課回到家裡，也已是天黑的時候；日子總是在十分辛勤，及很有規律之下前進。每逢週六上半天課，我會在回家的路上之青年書店，看上老半天免費的課外書，雖然書店陳列的書並不多，大半是文具用品。書架上以前通常只在最底層，才擺著有神秘的五術書籍，就在此時，看到了「鬼谷子算命神術」[4]（正確書名給忘了），當然那個年紀，那會看得懂的。所以，對於鬼谷子，只存有模糊的印象，卻從此與之結上半輩子的不解之緣！還有，也和家裡珍藏有祖先[5]留下有民國以前、及初年的書有關，如：上海、漢口廣義書局出版的《繪圖校正、相理衡眞》[6]命相書籍，《銀

---

[4] 從春秋戰國時代，相信命運的人就很多，就連東漢唯物主義思想家王充也相信算命，而眞正的八字算命術卻是在占卜、看相等五大方術之後，才流行開的。鬼谷子算命術－古之眞本，據稱爲鬼谷子－王充所著。所有的命運推測是依據「生辰八字」來推演的。生辰八字是指出生時間（生辰），因爲共計八個字，故稱之。鬼谷子算命術源于中國傳統的《易經》占卜理論，算命術的重大突破就是以人出生的年月日時爲「四柱」，配合干支，合爲八字，也就是現在我們常說的生辰八字用來推算人的命運的，所以被稱爲鬼谷子算命術。其術是從古代的八字占吉凶，定休咎……等占卜方法發展至現今：有線上排盤、八字算命、六爻算卦等等，以及民間流傳的摸骨算命、抽籤占卜、八字姓名測試、周公解夢等，再加上從西方傳入的星座運程、塔羅牌等占卦方法……可以說種類繁多。鬼谷子算命則專指包括八字測算、批八字、生辰八字配對、四柱八字排盤、抽籤占卜、婚姻算命等等類別！鬼谷子算命術：重要之處是結合人的生辰八字之五行相生相剋，以分析人的命運。而後來的紫微斗數則由明朝陳摶傳承下來，我學過，感到驚人的精確度。學生時代就曾對同寢室室友排過命盤，發現其父母宮很不好，經一追問，他才說七歲已是孤兒，由兄長帶大。

[5] 據我的叔叔林國棟說，家中原有許多藏書，部分被他父親燒了。事情是這樣的，叔叔年輕的時候，不知爲什麼或許也喜歡看吧！就是一些符咒類的書，被他的父親就是我爺爺林驪駒，要他幫忙把整個大瓦缸的書，一起抬出去屋外放一把火全給燒了，叔叔不捨的問爲何要這樣？他老人家說不可以留給後代，怕你們做壞事！另外傳下來的醫書上蓋有林旭卿的印章，他是我曾祖父的兄弟。我父親是公務員因常要輪調搬家，所以祖先的藏書，向來就暫放在斗六他的岳父處上。記得我還是小學生時候，有一天父母帶我去取回，當時打開木櫥衣櫃底層的兩大抽屜，竟全都是滿滿的千萬條白白胖胖猶在蠕動的活蛆蛆，大人們將之抬到馬路上倒出來，父親取出被蟲兒啃光所剩下來的十本左右較完整的書，對著母親說話，還告訴我說原先是滿滿的書，年幼的我於當下全給愣住了！（事後，還不只一次，跟我說有一本治療神經病的古書送人了。）呆望著那一幕，漆黑的夜裡團團熊熊的火光，至今還顯明清楚的、沒半點走樣，就永遠如電腦程式之圖檔燒錄儲存於我右腦海中，就像是現在下筆的我，還可隨時調閱出來回憶一番。面對祖先珍藏不易的寶貴書籍，竟遭遇到子孫們無能爲力愛護與無心的踐踏和有意的廢棄（世上這故事，多有所聞）；以及那二千多年以來，偉大的鬼谷子學說思想與智慧，遭受百般誤解與冷落的命運相比，已微不足道。但無盡的無奈，雖事隔多年，還是會有種錐心的傷感！

[6] 《相理衡眞》清、陳釗撰，上海錦文堂石印本，十卷二冊全，民國四年出版。中國相術的起源應追溯到三皇五帝時期，據《大戴禮記》記載：「昔堯取人以狀，舜取人以色，禹取人以言。」

海精微》[7]唐、孫眞人（孫思邈）眼科、太醫院龔雲林先生編定；上海、簡青齋書局（成立于清代晚期，成立初期以木版印刷與石板印刷爲主；後期以銅版印刷爲主）校印的數部《御纂醫宗金鑑》[8]線裝書。這些書，算得上如同天一樣高之永難征服，卻對於年幼無知的我（國小三、四年級），產生一股謎樣般，無窮的致命吸引力，濛濛之中被牽引與維繫著。你以前一點也不相信的事，都會那麼的、一件件的靠攏起來！

瘋狂喜愛布袋戲的童年歲月

鄉下最迷人的娛樂，對當年年幼的我來說，就是看掌中戲了（幾次看到夜間散場，跑回家時家人全都上床睡著了，但隔天居然沒被責罵），而地方上

與此同時，「聖人異相」的意識也已出現，據史載，伏羲人首蛇身，神農人首牛身等。說明三皇五帝時期，相術已不知不覺萌芽起來。相法是以人的面貌、五官、骨骼、氣色、體態、手紋等推測吉凶禍福、貴賤夭壽的相面之術。《麻衣相法》全稱《麻衣相法全編》，傳說是宋初大相術家陳摶的師傅麻衣道者所作。宋以後的相書很多，如《柳莊相法》、《相法全編》、《水鏡集》、《相理衡眞》等等，不計其數，但影響最大的還是《麻衣相法》。

[7] 《銀海精微》中醫眼科著名醫作。總共有二卷。本書出現於明代，馳名中外的眼科著作。本書被西方學者譯成英文，廣泛在世界流通。世托稱唐、孫思邈（公元 682 年）撰。道家以「目」爲「銀海」，遂稱名之。《銀海精微》寓本書乃富含眼科理法方藥微妙精華之意。本書既汲取明代及其以前的眼科成就，又增加許多眼病診治內容，將眼科理論和藥物、手術治療緊密結合起來。書中論五輪八廓及各種眼病的證治，並附多種眼病圖。書中詳論眼科疾病的治療方法，除內服方藥外，尚有洗、點、針刺等外治法。並附眼科諸病治療方劑、金針撥翳障法、藥方歌訣以及眼科常用藥的藥性論等。內容比較實用，但也摻雜一些祝由的內容。現存三種明刻本、二十種清刻本及多種石印本。1949 年以後才有排印本。全書 2 卷，列有 82 種病症。包括肉輪胞瞼病 12 種，血輪大小眥病 2 種，氣輪白睛病 13 種，風輪黑睛病 20 種，水輪瞳仁病 13 種，目痛 7 種，目癢 2 種，目外傷 3 種，目珠脹突 4 種，全身病所致目疾 6 種。其中82 症之下，有 80 症分別配有一圖，標示病變部位或病態。本書辨證細緻入微，文圖並茂，立法平正不偏，選方實用有效，成爲指導中醫眼科臨床和研究古代中醫眼科成就的重要參考書。

[8] 《御纂醫宗金鑑》共計九十卷，清、吳謙等編纂，清乾隆七年（1742 年）武英殿刻本。乾隆四年（1739 年）鄂爾泰、吳謙等奏請發內務府醫書，包括地方官或購或抄的各地和私家秘藏與世傳經驗良方及私人獻者，採其精粹，分門別類，匯爲一編。乾隆帝允奏，敕令吳謙、劉裕鐸等爲總修官編纂醫書，於乾隆七年完成，凡 70 冊，首卷有乾隆四年、五年鄂爾泰等奏疏，次爲乾隆七年弘晝等進書表文、凡例、纂修諸臣職名表等。此書共收醫書 15 種，內容依次爲《訂正傷寒論注》、《訂正金匱要略注》、《刪補名醫方論》、《四診要訣》、《運氣要訣》、《傷寒心法要訣》、《雜病心法要訣》、《婦科心法要訣》、《幼科心法要訣》、《痘疹心法要訣》、《種痘心法要旨》、《外科心法要訣》、《眼科心法要訣》、《刺灸心法要訣》、《正骨心法要旨》，欽定嘉名《醫宗金鑒》。本書對醫學經典著作《傷寒論》、《金匱要略》二書進行了考訂、修正、糾訛、補漏、注釋詮解，對中醫的辨證、診斷、經絡、脈象、針灸、運氣、方劑、藥物等學說均分門聚類，加以系統的論述。對內、外、兒、婦、正骨等病症及治療方法均予詳盡解說。方論大多歸納成訣並加以注釋，便於記憶誦讀。書中附有大量插圖，以便於讀者領會。該書內容豐富實用，取材全面，論證周詳，將中國傳統醫學的基本理論、臨床經驗加以整理和總結。清代太醫院將此巨著定爲教科書，至今仍爲中醫學習的必讀典籍。

都俗稱爲布袋戲。記得，那時是以「新興閣」、「五洲園」較爲有名。劇本是以主角，外號叫五爪金鷹（亦俠亦儒），以及大俠不草翁（道）、老和尚（釋）、劉伯溫（雜家）等，一唱一和喜樂的主要三位配角，文戲、武戲相互搭配一起演出。

　　尤其是在農業時代，農村鄉民們依慣例謝神、祈禱保祐與感謝神明幫助農民耕作、全年風調雨順、農作穀物大豐收，特別於民俗節慶上舉辦的賽神會。每次都會有近十團的各種戲班子一起拚場，有武術表演、玉樂戲、馬戲雜耍、歌仔戲、歌舞康樂隊（綜藝團）……，就屬充滿著聲光化電的布袋戲班，最讓我吸睛，尤其是有小煙火上場的金光戲了。那種使用兩根金屬棒，將它通上電，彼此交叉接觸後，所迸出的火花，煞是好看；還有是戲台上，把燈光全部熄滅或使用黑人燈，照射起以螢光色了，所漆成的看板與變化多端的電光布景，霎時間讓漆黑的夜晚天幕配合之下，顯現出無比耀眼炫麗的迷離幻境，足以醉上好一陣子的七彩景緻。以上效果的幻化搭配，加上奮力舞動的打殺氛圍，在那整片漆黑的空間裏，只見點點星光與火焰光芒閃爍著，瞬間且幻且滅、交相互換之中。千變萬化的形、影、聲、光、色，全都交織起而劇烈晃動追逐，一時心意狂野、心馳蕩漾而不止。加上 Disco（迪斯可）和各式進行曲與台語歌謠，電視布袋戲興起之後，是以西卿爲主唱，震撼的樂音與歌聲，時而雄莊威武、氣壯山河，時而哀怨、進而柔腸寸斷。如此視覺與聽覺的雙重震撼之下，那種令人血脈噴張的氛圍與力道，使我那小小身心之裡外，被感染與被徹底洗滌得乾乾淨淨，不！該說，是被布偶他們給完全打敗了。相當的吸睛與好看，台下觀眾的魂魄，應該早已是被收攝與震攝住了，好得沒話說。不用拍手鼓掌、也不用叫安扣！沒有半個人發出半點聲音來，因爲全都被撫慰得服服貼貼了。

　　如今，雖已事隔將近數十年的光陰，但筆者我的當下，竟依稀彷彿目睹到一小小娃兒，孤伶伶的一個人，站立於人山人海，擁擠的戲台棚前。那目瞪口呆的傻樣兒，呆傻的眼睛，正隨著那刀光劍影而挪移；木訥的臉面，不時泛起驚奇與滿足，那歡樂的眼神，還保存在臉龐上，尚未抹去。我看我呀，當眞還駐足在那場一「停格的一幕」，凍結在幸福裡頭，無法自拔！就像自從我與《鬼谷子》相碰面之後，好像也有了難分難解的情感，從此無法分離之一般。

左圖：番邦妖道。中圖：神秘郎君盲眼生（眼睛藏有發光的紅色小燈泡）。右圖：主角五爪金鷹。

圖十八　掌中戲－戲偶之一（苑裡濱海藝文中心　駐館藝術家　康乙任　繪）

　　話再說從頭，那小小舞台上的耍戲窗口，怎能上演出那原屬於「劍俠戲」，卻既稀奇古怪的角色、又超出常態的離奇劇情？中原群俠和番邦妖道大作戰，殺得昏天暗地，真是百般不可思議。難分難解，不分勝負之時，劇中的雙方人馬，就會各自速速上山，邀請一些不食人間煙火，造型奇特怪異，木偶頭部（都是木頭雕刻，後來才出現有塑膠材質）生毛帶角（頭上長著骷髏頭，不只一個，有的還有好幾個，看起來令人發毛不已。而頭髮顏色，有著各種顏色），各類仙覺和修道者和練氣士等玄奇角色，都會有超越想像的神奇氣功與威力強大的內力，一連串神秘名稱的秘傳功夫，例如，純陽掌……可將戲偶化成血水；無限上綱到一群的正邪雙方的師公、師祖級狠角色的出現，協助弟子們廝殺。打得難分難解，昏天暗地，煙霧迷漫，砲聲濃濃。直教人熱血沸騰，有如一股腦衝動也似的，直想要衝上戲台，跟那些既可愛又可恨的布偶英雄們，也來拚個你死我活，一決雌雄與高下。說來，簡直是太瘋狂、太好看，迷死人了，不醉死人才怪！那快感，已非筆墨所足以形容，反正就是太精彩，現代人的說法，叫做爽死了！（是，但有些粗俗）。

　　如是，在此一陣精彩的電光道具熱場之後，戲棚上的燈光恢復正常（我想是戲老闆擔心，台下的觀眾緊張過度，會使心臟負荷不了吧！），馬上出現幽默、抬槓、鬥嘴、玩笑之文戲場面，以因應雙方結束交戰，偃兵息鼓。接

著一場，表演純戲偶對打：以各類高超武技，戲偶間十分不凡的傳統刀槍劍棍對打。此時台後，也會跟著傳來陣陣鑼鼓喧天，以之助陣。小孩也都知道：那全都是人之手指頭，和手掌所舞動出來，習以爲常事小；可那使弄快速轉換變化背景，和揮動的閃亮布幕道具，一回兒從屋內打到城外，一回兒從原野，打到高山；一下子上天，一下子入地；打得昏天暗地、日月無光，更引起台下所有人的傻眼驚訝，一飽眼福。台上的劇情與你內心的戲碼感知解讀，再度給無縫對接起來。

布袋戲的精彩，在於舉凡各式多采多姿、光芒四射、火藥砲聲、及聲調台詞，一人能發好幾音，營造出：各式生、旦、淨、末、丑等，聲腔口白之轉化、立體現況放送……等等一人雙手掌的完全掌控的表演，就像是新聞主播，一個人的播報之一般，才足以稱作是，構成一場金光戲，受盡歡迎與成功的必要元素。除了，以上戲班子的新穎的硬體設備外，給觀眾的視覺享受，當然演技高超都不在話下。反之，最重要的是，劇中多種角色的木偶，豐富的情感與顯明的個性，與極具深度的劇本故事的營造，才是優秀掌中戲，不失引人入勝的首要條件。否則只是打打殺殺，看久了，會索然無味，使人生膩。

後來，大約是我上國中二年級的時候，才開始有了瘋迷全台：黃俊雄的史艷文布袋戲電視節目。此一時，家裡也有了彩色電視機（記得是大同國貨，叫蝴蝶龍）。於我來說，總是難以媲美我記憶中的野臺戲，因為缺乏臨場感，以及那種永遠無法取代的、紮實的實質參與互動的情感。當然後來黃海岱所創立的五洲園，首先將在金光戲帶入戲院演出，則更是風潮迭起。布袋戲偶越做越精緻，服裝越是華麗出色，戲偶高度更是大尺寸，上百公分；還會流眼淚，口吐火焰、手掌打出氣功，各式超難的仿真動作，與真人相比毫不失色；逼真的布景與燈光，講究得更是千變萬化，營造出給觀眾彷彿置身於劇中情境之感。取而代之的是在戶外，所難營造的更高級的聲光享受，上演著吐劍光、走雲頂……等等匪夷所思、眩人耳目、光怪陸離、俠骨豪情的戲碼。

以上，年少所熱中的布袋戲（自己還是漫畫書迷），可說是影響我後來，對姜太公的計謀策略與武功等密技，所傳承至鬼谷子：那種撒豆成兵、剪草爲馬、呼風喚雨、移星換斗、騰雲架霧……等，更豐富、玄奇的武俠世界的投入。年少的我，面對當時文學作品與地方戲曲藝術，那充滿著飛天鑽地，

無所不能的神奇法術等劇情發展，總有著無比的好奇、好感、興奮與崇拜的
心情，至今依然持續不減。

左圖：萬佛王。　　中圖：無所不知。　　右圖：聖俠小顏回。

圖十九　掌中戲－戲偶之二（苑裡濱海藝文中心 駐館藝術家 康乙任 繪）

　　我從年幼開始，到青少年的階段，因長期著迷於布袋戲、漫畫書……，
心裏有著它們的陪伴，所以從來就不寂寞。打從民國以來，就已擁有千千萬
萬武俠小說，與奇幻戲曲故事的讀者迷，不是嗎！早期唐山過台灣，屬於泉
州、漳州兩地為主的傳統掌中戲，戲碼盡多是七俠五義、蜀山英雄傳……膾
炙人口的武俠作品。這檔事也可說中外古今皆然，不能說是中國人特有的迷
信與癖好，西方也同樣有過被家長批評：孩子不讀書是愚蠢，荒唐不事正業。
若說起英國的《哈利波特》[9]文學著作與電影之風行，還大為造就成功的主體

9　《哈利·波特》Harry Potter，英國作家 J·K·羅琳的奇幻文學系列小說，共七集，描寫主角
　　哈利·波特在霍格華茲七年學習生活中的冒險故事。第一集小說《哈利·波特與魔法石》的
　　英國原版在 1997 年 6 月出版。幾個月後，這本書大受好評。2001 年正式推出第一集小說改
　　編的電影，不久也發行同主題的電子遊戲。該系列被翻譯達 67 種語言，所有版本的總銷售
　　量竟逾四億本（2008 年統計），名列世界上最暢銷小說之列。台灣由皇冠文化出版，大陸版
　　由中國人民文學出版社發行。華納兄弟電影公司把這七集小說改拍成八部電影，前六集各一

遊樂園「哈利・波特的魔法世界」，堪比迪斯尼樂園之受歡迎；個中場景之「魔幻學堂」更充滿匪夷所思，不就是最好的明證與解釋。今天台灣霹靂布袋戲等電影相關產業之吸金，不也是其來有自嗎？

　　總之，布袋戲長久以來，民間就以野臺戲的形式出現，給早期台灣眾多的青壯老少（很少有女生）帶來許多的歡樂記憶（觀眾可以一站，就是四個多鐘頭，很辛苦的）。使得我年幼小小的心靈，便萬分佩服不已、如癡如醉，如狂如癲！尤其是各種形形色色華麗的戲偶，與絕妙聲音的美好音響，和各色燈光的無窮變化和玄奇的劇本、口白。對於當時，大多數鄉下百姓的屋子裡，通常只有一盞昏暗的小小電燈泡（甚至於沒有，遑論日光燈），收入不豐的家庭成員來說，還真是無比的享受了，說得上是美感與藝術等無上的滿足（雖然當時不懂什麼叫藝術美學，當讀過康德哲學之後，才知道「美」是一種無害的快感。）可想而知，布袋戲對於台灣早期的百姓之影響，不下於歌仔戲之風迷。在教忠、教孝方面，委實是功不可滅。跟現在的孩童、青少年，日常所接觸的日本卡通與動漫，那誇張與煽情、暴力與色情及灰暗無光的劇情，徹底的將他們天真純潔又良善的心靈給完全汙染了，真是不可同日而語！

成長中的另一奇遇

　　還有一次，在我大哥昭政（讀台北工專化工科）的書堆裡，發現有一本《少林寺魔術密笈》記載著可以在黑布蓋住的沙土堆箱中，澆水讓絲瓜籽，長出絲瓜來的魔法。很幸運的這檔事，就在筆者還是高中生之時，某年的農曆新年初一的早上，居然就在南台灣的高雄都會區，聞名的大新百貨公司前的勞工公園馬路旁，眾人圍觀賣膏藥的（王樂）場子上，光天化日之下，就親自目睹上這絕活！同書上寫的一般，見那中年男子準備有一箱子與黑色沙子堆，將其種子放進去前，還先讓觀眾看過真是粒種子，並任人伸手檢查有無置放東西於肥皂箱中。等候結果的同時，是表演其他節目，記得是將一塊石磨，放在直立的紙片人上。過程是：點香、燒金紙、貼上符咒，念念有詞拜上幾拜，將之非平平的而是斜角，放置於一張小紙人上（在現場用剪刀剪出來）而能直立起來（紙人就立於普通的水泥地面上）。

　　探究其重量與面積絕不成比例，絕對不合物理學原理，俗語說：「用膝蓋

部，而第七集分成兩部。哈利波特電影系列是全球史上最賣座的電影系列，總票房收入達76億美元之多，在世界多國上映。

骨想也知道」）。回到主題，隔一陣子便會掀開箱子的布幕進行澆水動作，也會伸手進入木箱一探有否長出絲瓜（約有二、三次），記憶中應該是半小時不足、一小時有餘的時光之後，便長出了如同菜市場上販賣的一條條漂亮絲瓜，被表演者摘下取出來，那嫩藤上還帶有可見的青青葉子，親自分發送給現場觀眾。整個過程於眾目睽睽之下完成，絕非幻術，也不可能造假，因為沒有一般魔術表演在搭建的舞台上，可以在舞台底下藏東西，而是完全的光禿禿、硬梆梆的水泥地面，無法與手下配合作弊。書本上說，此種籽是浸泡在一種藥水裡幾天才行，到底是幾天？何種藥水成分？可惜該書並未記載說明。後來我一有機會遇上有關學科的人必問之（最近一次 2014 年 11 月 16 日，是在郭文夫老師「鐵砧山墨跡」發表會上，請教一位觀禮的台大教授），但卻從無答案[10]。也從未再有機會看過類似此種表演了。這神奇的機遇，可說也如同後期鬼谷子之《本經陰符七術》的心性修練的傳說，如同《莊子》書上記載，用腳底呼吸[11]之故事一般。然而，卻讓教我此課程的年輕教授，大為批評的說

---

[10] 這些神秘現象幾近無解、難解的情事，都會使人一輩子疑惑，可能是假的、抑或是真的？筆者一輩子思索此事，認為應該是屬於生化與基因科技的領域。絲瓜籽只要透過澆水，還要在毫無陽光下的兩個必要條件下，才可能瞬間發芽且結果，是否跨過開花這階段不得而知？但憑那號稱魔術現場表揚的過程中，與我所看過的魔術密笈之書本兩相對照與勾稽，便可合理加以推理，我要說出尊敬的中華民族的祖宗先民們，早就發現植物可以快速成長的現象，還找出了生長激素的方法，最終還將試驗所配出製成的藥水，寫下藥方標準傳承下來，但遺憾的，此偉大的發明，卻無情的演變成為走向只能當成表演謀生的助興工具之道。筆者再以中國人最愛吃、最愛當畫畫元素、最愛當詩文學主題所謂歲寒三友、與王陽明心學大師當成格物致知和中國花鳥畫裏，號稱四君子「梅、蘭、菊、竹」的竹子，其生長速度來證明，當真可以一天之間就長出 30～40 公分，我們愛吃的竹筍不就這樣冒出來的嗎？以此事實可以用來解釋植物，如瓜果為蔓藤類，應該可能瞬間長大成熟的現象。還有，可以在有經驗的瓜農們的興致，在高額獎金的獎勵下，種出重量達幾百公斤大的南瓜來，並且有同好與廠商贊助舉辦活動，加以競賽表揚與頒獎。都已是夠重夠大的南瓜，但竟然年年還是會有人，種出破世界紀錄的南瓜，展現出更亮麗的成績。以上，一天內就能超快速成長數尺的竹子，與一天就能增重 14 公斤，可以超重的南瓜（英國人要種出 660 公斤重，但後來又被瑞士農品展覽會出現的 953.5 公斤超級大南瓜，給追趕上。）應該存在有特異的生長基因（筆者過去曾在岡山高中的校刊，發表一篇短篇小說，及聯合報舉辦的文學營，創作入選的「小朱與稻米」一文上，談到稻米饅頭大，與禾科植物，轉基因為灌木。乃自於佛教經典《大炭起樓經》，所描述遠古時代的稻米，可以一日數摘的記載。）這裡面是否有筆者我年輕的時候，所見到的絲瓜瞬間長成的答案在裡面？就留給世人解答了！只是這道艱難的自然科學題目，與鬼谷神秘的學問同樣都是世間實貝，假如能研究出來，在無毒無害之下，理當將造福更多的世人！

[11] 《莊子‧大宗師》：「古之真人，其寢不夢，其覺無憂，其食不甘，其息深深。真人之息以踵，眾人之息以喉。」莊子說真人以腳底呼息，我在此講個我遇見類似的事。台灣有一修練團體，教千年不傳之祕法，他們來到我的家鄉，位於道教三清總廟禮堂舉辦招生活動，其中一位徒弟便表演不用鼻子呼吸。表演者被人將鼻子與嘴巴貼上幾層的膠帶，還有外人想到點燃香菸故意薰他，看是否會被嗆到，以證實不能呼與吸，真正隔絕外界空氣，才被允許開始計時。竟能超過一個半小時以上的功夫，筆者我當時就在場。該團體是中華馨禪慈善功德會，所傳

是天馬行空、文學小說之幻想，絕無可能。

　　彼時，在我這一世代，還不知道有大陸流行的所謂「憤青」之名詞，但每一位學生多少都會自稱，自己是「知識分子」，雖然現在回想起來，有點羞愧。但是記得這種年紀，不少同學都會有一二本，志文出版社的新潮文庫，尼采的《上帝之死》、叔本華的《意志與觀念世界》、笛卡兒的《我思故我在》、沙特……，曾幾何時是台灣許多的學生，除了是大學聯考必讀之書以外的最愛了。而我也對《論語》、《孟子》、《國學教材》非常非常的有興趣；尤其是「歷史」課程，我根本不必花多大的心血去背誦，分數都會是八、九十分以上。還有感興趣的是，可以在《三民主義》的課程上，吸收到一些屬於哲學思想與建國大綱、建國方略的小小養分。我們都相當的愛國家、愛民族，喜歡在國家慶典節日的當天，隨著隊伍拿著小國旗參與遊行，始終感到非常的榮耀。並深信有朝一日國家會強盛起來，身為中華民族的一份子，每每相信不久的將來，可以抬頭挺胸、昂首闊步的走在西方世界，洋人的面前。那時年少的我，可說全身洋溢著一股奮發精進、向上的青春氣息，還真是個無憂無慮的歲月！

　　猶記得在青年反共救國團的暑訓「左營海軍戰鬥訓練營」活動上，我們這群學員們無不充滿著歡笑，一起高聲的唱起：「時代在考驗著我們、我們在創造時代……。」而後在台中成功嶺上，接受大專暑訓，更是一番體驗，高唱著「鐵的紀律，使我們鍛鍊成鋼；愛的教育，使我們心靈滋養。驚奇、震撼、緊張，替生命開創；團結、合作、創造，讓智慧發光。風雲變色，世界動盪；我們在成功嶺上，擔當國家興亡；衝破驚濤駭浪……。」無比的熱情在彭湃！大學畢業後，我服預備軍官兵役，除二度上成功嶺之外，還必須先在軍團接受無比嚴格的幹訓班磨練，每日全副武裝晨跑五千公尺，晚飯後馬上到連集合場，操練三百下的刺槍術，手指甲都流出血來，也從未聽說有役男，因而犯了胃潰瘍的病。可見凡人之耐力，不可等閒視之。

　　所以，千古以前，像鬼谷子、孔子等先聖先賢之偉大的教育家，只要一經開班授課，必有來自各國偏遠地方，所蜂擁而至的年輕學子，願意接受絕學的訓練，以成就非凡，大有人在。誠然，古有明訓，所謂：「名師出高徒」。

授的太玄無極真宗之龜息大法，主持人是第十八代宗師－張九驊禪師。桃園天道院，地址：桃園市鹽務路 72 號。

我那一年十個月的軍旅生涯，早就一晃而過，永遠成爲人生的追憶了。那時代的青年人，無一不處在充滿著志氣高昂的歲月裡頭，接受著國家有計畫與有意義的教育訓練，大家爲著明日會更好而百般努力。還記得，彼時有位與蔣經國齊名，勤政愛民的孫運璿行政院長。

我們的社會、我們的國家怎麼了

如今，事隔卅多年前，我已成家立業了。當時，終日在職場辛勤忙碌，規律的上下班與生活著，幾乎全然遺忘了，年輕時所熱愛的人文藝術與哲學的心靈。長久以來，也沒有什麼娛樂，就台視、中視、華視三台電視，晚間新聞是每日必看的節目。那時的社會真正的知識分子、總是有人會呼喊著，如何解救台灣，這個被受盡嘲諷爲「文化沙漠」的國度！就是在舉國上下於現代化的路程上，不管是工業科學、商業貿易、學術文化，乃至於政治外交，由於西風東進，一批批各界的菁英份子，視野逐漸的擴大，開始感覺到國家的落後與落伍。無法真正與國際接軌起來，是多麼奇恥大辱與難過與困惑的事。

因此，民國七十年代起，社會開始焦躁不安，蔣經國先生適時宣布解嚴並開放早年跟國民政府從大陸來台的退除役官兵們，得以返鄉省親。一些更多兩岸關係敏感的改革方案，卻也隨著他糖尿病日愈嚴重的病情，逝世而未及推動；兩蔣威權於是消失，國家正式進入西方式的民主政治制度。雖然原本已有了地方自治與國會議員選舉，但此時總統選舉，也正式加入全民普選的領域。從此「選舉」，完全成了參與政治權力，與顛覆前一執政黨的唯一手段，以及成爲台灣社會動盪、人民不安的根源。

環顧今日，台灣的國家領導人，全都由人民做主，所選舉出來！如是一路走來，已有過三位民選總統，雖都能取得連任，但第二任起，就遭遇上同樣的命運，全部都遭受百姓極度的不滿與極度的反感，直至任期結束始終無法取得所有百姓的全力支持與信賴和滿意，沒有一次例外。這次台灣 2014 九合一地方政府選舉，馬英九總統領導的國民黨，六都僅剩一都，廿二縣市長也只剩六縣市選中，可說是兵敗如山倒，潰不成軍。總計國民黨從 2008 年總統選舉大勝以來，馬英九總統六年執政之間，總共失掉將近 450 萬票（每一年失去 75 萬票），其施政不得民心，到如此喪黨、然至於喪國之地步？一路走來，可見他無法像老子所說：「治國若亨小鮮」之輕鬆。而其黨團將領幹部，

也僵化落後與不接近群眾，忽視到已遠離百姓，既遙遠又嚴重的程度。本書指出民主政治就是一種常年戰爭，一種由憲法所制定與鼓勵的「假選舉，眞內戰」。國民黨在大陸被共產黨打敗了，今日在台灣也徹底的敗給了民進黨！原因在哪兒？

其實分析起來，並非選民喜新厭舊，而是有如前兩位總統失去民心之一般。也並非是民進黨的選舉策略正確而大勝，而是大勢所然，及領導者失智與過於傲慢。如馬英九總統二次執政以來，屢次顯露出政治判斷錯誤，與公共政策之執行力低落（佔多數黨的立法院，居然無執行國民黨之意志），和不能用心去知曉百姓的想法使然，如同帝王般得意之後犯上偏聽，又剛愎自用，這向來是我先聖先賢所最忌諱的。而其黨內輔選團隊，與民調方法與選戰計謀，都出了問題了，無不完全都把自己矇在鼓裡。執政兩年來可見馬英九總統不讀古書（相對於鄰近大陸領導人習近平，屢屢使用古人之智慧語錄，借力使力的能耐，已差之千里了。）連帶的其幕僚及智囊團菁英，好像都未曾讀過《鬼谷子》，什麼是「遊說」與「計謀」的現代版，一點都無概念，（各縣市，民進黨推出「投給 XXX，就是投給馬英九」選戰策略，完全奏效）。不懂得此事，當然就無法在網路戰場上馳騁，以至於宣傳部隊徒勞而無功，再多次的精密估票也無一準確，選後證實完全失效。所以此次是新世代，選民網路義勇軍完全掌握話語權，就台北市長選戰，一句「不要讓連勝文不開心」KUSO 的成功，和「野生柯 P 官網」，這已是一場素人弱勢與宮廷權貴，螞蟻與雄兵的不對等之戰了（此亦即鬼谷子思想，所強調的國與國之間的政治作戰，衹是如今卻成爲國家內部競選黨派，所慣以利用的階級意識鬥爭）。顛覆傳統嚴肅的政治意識，如從來都沒從政經驗的非典型之素人，也都可以獲勝爲人民之父母官。選民們都絲毫不用考慮，及擔心其施政能力，極其專門的政治專業問題，都可以是電子遊戲之一般，任何人都可以玩上一玩了嗎？傳統的經濟牌、安定牌，再也不能打動與影響年輕選民的選票。如是，人類歷經千萬年的演化，我們對於政治權力的流血爭奪與政績的管理和創造，居然已經進化到、進步到與可以方便到，如電腦專家智慧之 APP 運用軟體，如好萊塢電影「駭客任務」之劇中情節一經手機下載成功，就可輕易與完美的執行！？亦如「世紀帝國」電腦遊戲般之精彩與刺激，任何人都行，只要你願意玩上一程！

　　以上，我們不得不開始要針對電腦族，與後經濟世代的民主制度作一嚴肅的檢討，眞正什麼才是最好的政治體制？這源頭，是影響我們最大的美式民主，它是萬能仙丹嗎？我看只是迷魂陣、麻醉藥而已，止痛藥效很快就褪去，迷上了、服上癮了，倒像似日日夜夜吃鴉片，久之身體衰弱、傾家蕩產、家破人亡，也會像是沉苛病症如腫瘤般，可會越來越嚴重。因爲此劣質的民主政治，它還夾帶著資本主義，以金錢萬歲爲緊箍咒。不管選舉時期兩黨有如內戰之打殺，或是選完後進入議場，都是永無寧日的進行惡鬥式的死耗。從此之後，人民百姓在台灣特殊的民主政治上，便從沒有好日子可過，反而更顯現出無止盡的紛擾不堪和層層疊疊的隱憂。以上，之政治制度，我們的革命前輩們，堂堂皇皇將之制定於國家最高憲法上面。僵化的條文，使得我們不得翻身！期間經過好幾次的憲法修改，都無濟於事。即時，令再能幹，再聰明，反應再好，擁有七十二變的孫悟空來執政，也可能都會頭疼不已，因爲有眾多名爲唐三藏的政客、名嘴與百姓，不時會唸著緊箍咒！

　　台灣在這幾十年之間，島內的各式選舉活動，使得百姓相互之間，所產生的仇恨與間隙卻更加深化。日日月月、藍藍綠綠爲爭取執政權，而搞出隱隱晦晦的大對立與大拼鬥。年輕人怨恨政府，房價物價過高、薪資過低、食品油品不安全；人民普遍對社會不滿的情緒，越加嚴重與不可收拾，不管是國會殿堂或是報章雜誌、廣播電視名人政論節目、電腦新聞媒體、網路交談等之傳播，或是街坊鄰閭的閒話家談，都快逼瘋了所有的國人。（對比於簽賭大家樂彩券的瘋狂年代，那開獎之前，對於神明偶像的崇拜供奉，與明牌無效後，痛恨得將之刀劈火燒棄毀丟入河裡，一樂一恨的對照，還眞是令人搖頭與嘆息！）甚至於連夫妻或父子檔，都會爲了統獨之政治相關的問題，而反目成仇，乃至於大打出手。我們至今，尤死抱著美國先天就已是劣質，後天也已失調，且漸趨腐爛褪流行的政治骨董。其實，整個來說只是假借科技發達、物質充沛、生活富裕、經濟發達之下，加上所掩飾著擴充國家勢力，行貿易歛財與世界警察監督之事實，還到處興風作浪；白道、黑道之官商利害關係相勾結與共生，極其骯髒的，腐化的，黑暗的，民主政治制度。

　　這卅多年來，台灣的政治選舉活動的持續進行，使社會充滿著各式的是非矛盾與不安，因而埋下了國家與社會大動亂的沉藏因素。更由於長期的國家認同問題，造成人民與社會的撕裂，使得價值觀受到嚴重扭曲；犯罪頻繁，

司法屢爲罪犯人權掩護，卻形同受害者家屬再次受到百般的凌遲，社會正義爲之蕩然無存！這一切都起因於被西方的所謂民主政治所挾持，祇是將傳統式的流血之「肢體暴力」，改爲號稱自由、平等的「語言暴力」。然而那種爲爭奪權力，原始的噬血與邪惡人性卻毫無改變之跡象。偏狹與敵我不共存，非我族類，得殺之的道德雙重標準，其殘忍有過之而無不及。多年來的實施與驗證，讓我們深切體會，政治權力與自由絕對是難以被約束與控制的，這項命題至古自今實質上從未曾改變過。人類爲此困惑數千年，原以爲民主競選制度，與議會政治體制，可以大加改善政治上各種可能的弊端，但卻在參政與自由權利的大肆鼓動與無限縱容之下，反而成了無法控制的眾多可怕野獸，到處破壞與阻礙國家正當與專業的施政，善良的百姓生活與正常的社會秩序，卻隨之而受到無比的挑戰與欺凌。極其勝者，還有藍、綠政黨之立法委員，在原來的政治獻金上，共同設計出來的「競選補助款」，更爆露出台式「惡質民主」貪婪的凶惡嘴臉。

　　以上，如此之嚴重問題，但我們這一代，居然沒有勇氣、沒有智慧跟它說「不」。以便進行好好地的檢討，並且提出更好的政治制度，只得讓百姓，繼續任由此劣質的政治制度加以宰割？過去不懂歐美的政治運作也就算了，如今中華民國在台灣，都已實施這種制度數十年了，應該相當的明瞭其優缺所在，該是好好進行思考，以想盡各種辦法說服百姓加以認清事實真相，以便進行改善的時候了！爲何一個好好的國家，一定要學習西方的劣質民主，將國家內部的菁英百姓與資源，區分爲對立的黨派？美其名爲競爭，但其實完全不離相互鬥爭、相互惡鬥、相互毀滅，始終無法和平共存，爲國家發展而同心協力？我們這一代，應該清楚目前所面臨的是，需要徹底檢討、思索，及勇敢的去超越它，並明白當前所謂劣質與惡質的民主，祇是一種進入未來，真正的「優質民主」政治制度之前的踏腳石而已。

　　雖然久處於政治混亂，心寧倍覺不安，但曾幾何時沉醉於公司內部，所創辦的觀音佛學社、慈幼社，在那幾年之間過得滿充實又法喜充滿。因爲從小，就遵從雙親的庭訓（他們告誡孩子們說：在日據時代，連上市場私賣自己種吃不完的玉米，也會被日本警察抓去毒打一頓，並關上一整天隔夜才會通知家人，去把他扛回家療傷，這位就是我的奶媽。因爲母親四十歲才生下我，那時沒有什麼奶粉），不可參加政治活動；沒錯，古人有言「天高皇帝遠」，

所以沒有為不同黨派的政治爭鬥而與人結怨。記得那些年來，社會隨著國家十大建設，經濟繁榮十分出色，經濟與國力，還曾蔚為亞洲四條龍之首，如今卻遭受韓國的恥笑說，早就沒有什麼四條龍了！那時，人人都有安定的職業與美滿的家庭生活，我自覺幸福快樂，感覺良好。

我們的教育，也出了大大問題了

反之面對孩子的教育，卻只苦於幾項問題，首先我的兒子們的教育與升學問題，叫我苦惱。不是擔心他倆不讀書，而是因同學的氣質變得奇差無比且兇惡不堪。例如，有一天我的大兒子被追打，原因是放學回家騎腳踏車路過一間小土地公廟，遇上三、四位國中生，無原無故就起來追打他；兒子告訴我他完全沒對他們怎麼樣！怪哉，好，這項霸凌事件算自古有之，雖然層出不窮的時有所聞，就屬稀鬆平常吧，算了不多談（只得帶他到醫院驗傷取報告）。這類事，當然不可能就此罷了！又一天，小兒子下課回家，見上我就哭喪著臉訴說：「爸爸，你平常都叫我不可講髒話，可是同學們都用罵髒話罵人（他被罵髒話受盡了委曲）」，我只能抱住他，拍拍他的背膀，安慰說：「你好有禮貌，又有教養！乖，爸爸知道你委屈了。」還有一次，我去載孩子補習回家，竟看到一位小女學生有如潑婦罵街般，當著馬路上之來往行人，指著一位小男生用三字經大聲開罵；我全給愣住了，還真弄不清楚，到底發生什麼大事。現代的小孩子，到底是怎麼了？

記得我年輕的時候，總有周遭的長輩們會關照告知要尊敬師長，對別人友善，甚至於母親常說「不要跟人計較，即時遭人吐口水，唾了左臉，那就連右臉也擺過去給他。」如此之大的羞辱，都要忍耐！連講計謀的《鬼谷子》書本裡，也都要子弟們多讀《詩》《書》，學習聖人偉大的言行情操：如同儒家修身養性之教養，都教人要善良有禮貌當好人，哪裡像今天社會之父母，兒女稍受老師調教就受媒體鼓勵對老師羞辱指責學校教育，這到底為什麼？不就受西方人權影響，誤解學生全都不能打、不能罵！（老師處罰學生只要正當，並有報告出來，其實不犯法。）記得我老闆說過，他完全贊成學校要有體罰。因為他小時候非常調皮搗蛋，假如沒有老師修理他，他今天將不會是，一家上市公司企業的大老闆。這不就是表示，正常性的管教「打罵」沒什麼大不了的事，只要不造成筋骨永久性傷害，光是皮肉小傷，那種輕微的教訓，實質有助於矯正性格及提升。

　　古人常強調：「打罵出孝子，棍棒出人才」；但是現代的小孩，都完全不能打、不能罵。有次唸小二的兒子不乖，遭我處罰，他竟冷靜告訴我，要打家暴兒保電話專線（老師說）。如今，才不出幾年，祖先的訓勉與智慧經驗，全遭受到年輕人大量的質疑與拒絕，那不對、這不行，要科學、要證據，我們這群屬二次大戰之後出生的嬰兒潮們，是最後會孝順父母與孝順孩子的末代子民。唉！這是一個傳統中國與現代西洋文明相衝突，及無比困惑的年代！這一切都出於國家經濟落伍與政治不安定的原因，眞乃是驗證了「覆巢之下無完卵」之名言。

　　並非是筆者我少見多怪！眞的，對照起我的學生時代，那時候講究溫良恭儉讓，人人講究要敦厚、忠厚老實、彬彬有禮的風氣，如今卻幾乎消失得完全殆盡了，門風、家風、校風、國風焉然不存。社會與我們學校的學生，那些國家未來希望的主人翁們，竟都學會起我們莊嚴的國會殿堂上的立法諸公，自認我才是主人；你們這些全是吃我們的公共僕人（公僕），全得要聽我使喚、兇巴巴、氣勢凌人的人格與霸道的問政風格，認爲只要裝裝壞蛋就有大大好處，或自認不兇一點鐵定會吃虧，誰都會來欺負你！於焉，社會的成員成了不講理的大多數，更有一群人撐起及頂著的黑壓壓顏色的超級民主大傘，行謊言、霸術、權謀，遊走於江湖上。但事實上那絕不是鬼谷子的作爲，《鬼谷子》的思想與學說，乃是行聖人之王道，爲天下太平而謀劃，而犧牲奮鬥，爲普世公理正義與國富民安而努力。我國古人推行，講究天人合一的境界；我的母親說：「舉頭三尺有神明」[12]。這句話的背後，乃是存在著敬天地鬼神的意義，是對宇宙中高於人類能力，與異於我們生命體結構生靈的一種敬畏與崇敬的態度。而此觀念與習俗，打從黃帝立國，歷經夏、商、周，

12　**舉頭三尺有神明**　古代人因爲信仰神靈，如果遇到某方面不如意，就會到相應的祭廟中神桌案上叩拜。這裡「舉」是指向上的意思，「案」是指擺放香火的供桌。原意是指神明在供桌上面三尺的地方看著你，如果你虔誠祈禱供奉的話，神明會顯靈幫助你。後來出現了引申義，所以後來又有了「抬頭三尺有神靈」等等類同的說法。又有另一種說法：「舉頭三尺有青天。人可欺，天不可欺」。這句話是叫我們時時刻刻檢討自己的起心動念、所作所爲，要止惡行善。《無量壽經》說：「神明記識，犯者不赦」。《華嚴經》說：每個人出生之後，就有兩位天人跟隨著，一位叫同生，一位叫同名。這兩位天人時時見到被跟隨的人，而被跟隨人卻見不到天人。兩位天人也就是人們常說的善惡二部童子，他們每時每刻都記錄著人的行動、言語、思想。如果起心動念、言談舉止常常想到這兩位天人隨時隨地都在監察記錄，誰還敢做虧心事呢？（宋、王日休《龍舒淨土文》）。每個人頭上距頭頂三寸的地方都有光。若是爲善的人，頭頂的光是明亮的；若是做惡的人，頭頂的光是暗淡的。這種光一般人是看不到的，但鬼神則能看得一清二楚。（《集福消災之道》）

傳承數千年以來朝廷與民間的，上自天子、士大夫……等王公貴族，下至販夫走卒，不管富人、貧人，好人、壞人，共同一致的信仰。袖們就是「天道」的稽查與「良心」的化身，祇要依天道、人德的規舉系統而行，就會保障大家，使人人過著快樂安全的家居生活，享受天倫之樂以及幸福的歲月！一味的崇尚西方理性主義，卻放棄吾國傳統感性與悟性兼具的生命經驗，以及情、理、法靈活運作的生活價值觀。刻意學習強調法律約束，知識與利益無限大的外緣追求。如是所得到祇是一副冰冷的軀殼，欠缺「倫理道德」的教育內涵，將只會是沒有靈魂的生命個體，國家社稷又如何能夠長治久安？

以上，使得長久以來一直窩身在公司行號，認真上班、奉公守法的我，驚覺到台灣的社會已委實變化得太多了，並非是過去能夠讓人安心與放心的安全家園。而是感到相當陌生、非常不一樣，令人無比的訝異與不可思議。原因固然很多，但最重要的是我們的社會、及身為孩子們的父母，做出許多不好的榜樣，改變了學生原本善良的天性與向聖賢學習美好的人格氣質，如今反而是要強力與刻意的，要教給他們有如身處叢林的蠻荒山林的獸性。我們的國民義務教育，沒有能夠把國民教好，更不必提說教導與訓練給學生謀生的技能。

這段過程也算是清楚的，因為我就是台灣的眾多的學生家長之一。許多父母捨不得他們的寶貝孩子，天天背負重重的大書包，擔心幼小的身軀被壓垮，大大的希望孩子能輕鬆學習，享受快快樂樂上學的好童年。相互對比之下，記得從前，我等完全是在天天考試的環境之下長大的，那時月有月考、週有週考、日有日考、課堂上會有隨堂考，應有的壓力，使人茁壯，向上提升。回首瞻望，今昔之大不相同！於此種氛圍之下，幾乎是全民的共識，上下相互輿論推波助瀾的結果。「教改」[13]於是在此千呼萬喚之下，百般期待之

---

[13] **教改** 於 1994 年 9 月李遠哲奉全民之期望，為當時的李登輝總統延攬歸國賦予重責大任，行政院院長力邀之下，擔任起行政「教育改革審議委員會」召集人起，花費了 20 年度光陰，秉持著減輕升學壓力，卻忽略了人才培育和國家競爭力的提升。之後 2002 年廢除聯招，改採多元入學方案，設計出「甄選入學」、「考試分發入學」兩大主要管道之外，以及「繁星計畫」、軍警大學等招生管道。國中入學高中則有「基本學力測驗」，北高兩市還擬「免試升高中自願就學」方案。只是繁瑣的升學方案，使「多元入學」成了「多錢入學」的大災難，因為多元入學設計出需要更多的評比項目的成績，於是引起城鄉貧富的學生，更多的差異與造假和花錢。學生、家長、老師、學校與政府、社會、媒體，全都忙成一團，更加苦不堪言。還有為使人人都有大學念，即使升學減壓和快樂學習兩大目標之下，在教育部的鼓勵下，讓全國原本 23 所大學，一下子暴增到 160 所之多（就有 2026 年預估會有四成大學會關門之

中，終於開始推廣了。

可是，蜜月期也沒好過多久，反而就因為解構數學、母語教學、鄉土教學、多元課綱、技藝補習、偽造比賽獎狀、與透過各種人際關係去爭奪社會服務機會之資源……等等。於此之下，出現比以前更多要學習的科目，因此書包不輕反而更加重，弱勢貧困家庭的學生，也反而失去更多機會等不公現象。如是，許多前所未見，越加複雜的問題陸陸續續浮上檯面，父母們開始感受到不輕鬆，與更多的壓力迎面衝擊而來了，比以前聯考時代更不公平與更不義！還有十二年國教，原本可以使用雙手學習的未來好國民，硬是要強迫枯坐在教室裡，逼迫他們學什麼一輩子都用不上的什麼英文、數學……，浪費他們的大好前程與寶貴的生命。其實可以早點工作結婚生小孩，享受快樂人生，不也同樣浪費國家社會資源。

工藝、文藝、武藝的分野，是教育窘境的指引

目前大家都單純的認定，國民義務教育就祇是腦部學習，竟不知用雙手也可以具體的學習。如果在課堂上，能夠教授學生工藝等職業課程，畢業後就馬上能夠工作賺錢養活自己，便能夠成就幸福快樂的豐富人生。卻只一昧地認為講究書本知識，讀書再讀書，抽象學習才是公平、才是好事。其實，這是大大的錯誤。例如有位孩子有天生強項與資質，本是位工藝高手，這些自以為是的專家，卻要強迫他去讀算術，不讓他往其天賦能力發展，不僅短期之間害慘了這孩子，還可能嚴重挫傷他將來的幸福，甚至於否定了自己，自認絕路，開始使壞，因為他的專長與人格被誤解與扭曲了。又有一孩子，或有表演天份，或有成為未來優秀的田徑運動健將的可能，但十分討厭也欠缺背歷史地理的能力；教育人員卻無法為這種天賦異稟的孩子設想，結果也是遭逢到以上同樣的下場，國家與社會拋棄了他們、霸凌了他們，無法走進正常與光明的燦爛人生。如是發生太多的問題，教育部門諸公，還是堅持要

說）。於是乎只顧學生孩子輕鬆快樂地學習，結果台灣就如此斷送掉全民的未來，因為年輕人不再努力競爭，菁英分子的數量與質量也逐漸的消失與低落，國家競爭力也消彌之中！如此廿年虛度過去了，實乃是全民的噩夢一場，但卻還是未能完全清醒過來，可悲呀！教育是百年樹人，豈可以是小老百姓，你一嘴、我一口，所能定奪的？這便是民主轉化為民粹，可怕之處！人民的目光多數是短淺及私心近利的，此教改成如台大黃光國（臺灣大學心理學系教授、國科會卓越計畫主持人，及教育部國家講座教授。）等百位教授所言政府「不負責、老師不支持、家長不安心、學生不快樂、畢業沒頭路，根本是一場社會國家的大災難！」沒有主見，就要趕快回頭呀，向老祖宗學習，俗語說「回頭是岸」，並不可恥。

實施十二年國教，那種因設計不良又不周全以及欠缺整體的配套，且一開始就被民粹介入，那原先是培育國家與社會的精英的名校，竟也因所謂一切都要公平之假命題，所圍剿而淪陷。

　　台灣其實對於百年教育，原本早就有一整套有系統的設計與規劃的覽圖，從來這就是種國家與民族大戰略的一環。我們政府規劃高中與高職的學生比為七比三，後來改變為六比四。之後卻成了五比五，但逢教改之後，大學大量之設立下，職業教育幾乎完全瀕臨瓦解。國家教育完全沒有章法，在研讀《鬼谷子》的遊說計謀之後，於此面對當今教育問題的束手無策，還真感到汗顏！到底真正是為了什麼？很難講個清楚明白吧！我只感覺僅是領導者，為了超越世界前幾名國家的排行榜，讓施政成績更亮眼的衝動而已，尤其過多的民意根本不是意見，反而卻是背道而馳，適得其反。十二年國教根本從未準備好，配套措施零零落落，教育的品質與內容，完全的混亂不堪，只求學生受教學年「量」的增加，不求學生「質」的增進，還不只是那充滿著教改的夢魘在作祟。

　　自古有言「百年樹人」！教育的目的，不僅要重視社會國家整體團隊的人才需求，更應該重視庶民個人的技藝與人格的養成與重視充實生活為重點。筆者一向認為教育最好能夠「量身訂做」，經過性向與能力之量測，以便了解掌握與參考，孩子真正學習興趣與能力。雖然條件與成效在一時之間，不可能完全的實現之下，最起碼的生命意義與人格教育，卻是首先要去加以提升與講究，那才是當務之急，因為關係到人民倫理道德的養成，那才是公民最基本的素養，也才是實施民主法治必備的基石；其次之順位才是生活技能的培育。國家在經濟與時機無法配合以前，千萬不要打腫臉充胖子，兩面不是人呀！觀《鬼谷子》思想，所主張的聖人之菁英教育，及庶民百姓的牧民養民主張，不就是很好的榜樣，大可加以模仿與學習或依循之處。才不會置國家社會與人民於混亂之中。

　　數十年來，台灣百年教育的敗壞與沉淪，除了以上之外，還有一樁大事，也就是以前高中同學所要學習的《三民主義》課程，竟以黨國教育毒素為由，有礙民主政黨政治公平之發展，而被取消掉，但相關思想的學科竟徹底不見了，僅以原本就存在的「公民」一科，充當之。這原屬於哲學思想與國家策略，也是我國早期菁英教育，以及當今的公民義務教育，非常重要與必要的

一環（法國的高中畢業會考，就規定必須通過哲學測驗課程），取消之後也不見彌補。還嚴重的欠缺民族文化的教學課程，《論語》、《孟子》已好幾屆都不教了，連高中文科的《文化基本教材》或必選修的《國學教材》，古聖先賢淑世的愛國精神與立國根本和基礎國策的課程，（現在 12 年國教的高中課綱出來了，國文授課時數又準備減少四小時了）都加以取消了。更嚴重的是，原本爲中華民族引以爲傲的倫理道德文化教育，卻因當時阿扁政府說我們台灣要獨立一句話，杜正勝這位教育部長，便遵奉起戮力去中國化的使命，遂極力發揮其中國歷史學者的無比專長，奮力研究改教亞洲歷史及增加台灣歷史；以及強化公民課程，人權法治、民主教育……。但整體的國民素質卻不增反減，可見其改革是無助於效率的提升與徹底失敗。

以上短期間，似乎看不出國民教育的嚴重性，也好像與常會輪流執政的執政黨不關打緊。但最具災難的是，爲了各縣市之民意爭取設立大學，於是廣開設立大學的門檻，讓原本科學、技藝體系的三專、五專科技學院等，全部都准升級爲綜合大學。讀高職、高農、高工學生，隨著也大量嚴重流失了，因爲大家都跑去念大學了。從此，我國難得向德國學習的職業教育所建立的全盤制度，因世俗常民之見，竟能夠在一夕之間而輕而易舉的全都被瓦解廢除掉，將前人的用心與努力，嗤之以鼻，不懈一顧，自以爲是。當政的士大夫們有如秀才遇上兵（立委各個都是代表地方民意（民間利益）與勢力，大有來頭得罪不起（可怕的「惡質民主」[14]）；所謂想藉由大學設立，美其名繁榮地方經濟、造就地區學術文化風氣，其實骨子裡是以地皮炒作的土地買賣與營建工程之圍標，分一杯羹），有理說不清。

以上，將百年教育視之如同遊戲一般，或演戲一樣的激情，可以台上台

---

[14] 民主最早在希臘城邦雅典城市被實施，其實只是公民才能參加議會，而只有男人才算公民，其他婦女、老二及奴隸和外國人都不算，也就是沒資格當公民，沒有參加議會之權利，他實施的就是有限制度的民主。當時希臘人口約 32 萬人，如是只有一萬七千多人左右才有選舉權，大約每 18 個人，才有選舉權（並非當今台灣的全民普選式的民主，也非美國式的方式，但其本質都是有問題的）不僅根本無法實行全民民主，還是品質非常不好的政治方式。例如希臘當時的錯誤的決議非常之多，而其最有名，意即讓後代世人所歌頌的惡質決議，就是將希臘哲人蘇格拉底判決爲死刑，由此看來簡直是胡來。沒錯！民主議會與選舉制度本來就是胡來，正義公平，都是假的，是一種政治妥協與權力的交換，老百姓完全被愚弄，根本上非真正民主，假的民主。只是被美國政府刻意的宣傳美化，當作政治武器。李敖就於 2014 年 10 月 15 日晚間，接受壹電視節目訪問時，就公開指出，說民主根本是一種騙人的政治制度。還有徐宗懋也於報紙上公開文章，指出「美式民主幼稚病」（中國時報 2014 年 10 月 13 日 A19 版）。

下打成一片，顛覆起珍貴的劇本角色，甚至於撕毀之，而毫無半點羞愧之臉色，這一切都因爲無知。從此，我們社會基層工藝人才，斷層了廿多年。父母恥於心愛的寶貝子女，長大後去從事辛苦的勞動工作，算是情有可原，但政府竟不思整體問題，而完全依賴未能有深遠籌畫能力的某些短視近利的地方民意代表，進而就廣開大學之門。結果更苦了許多年輕人，害慘了他們一事無成、無一技之長，還可能眼高手低，以低薪爲恥，不思反省努力工作，反而嚴厲的怪罪政府、社會、企業、富人；還再由在野黨以此爲政見主軸，媒體更屢屢取之爲新聞熱點，爲節目收視率、爲廣告收入，大家一起炒作，唯恐天下不亂，形成仇富、排富、排外、鎖國等國家與社會危機，自認爲公理正義的化身。就像人人都可以消費的政治商品一般，連比政治更專業百倍的百年教育，也不放下。例如：祇頂著化學諾貝爾獎光環，喝過幾年洋墨水，自認無所不能，但對問題並未全面深入的瞭解，便貿然依其威勢倡議改革的專家學者，幾乎害慘了好幾世的台灣人。廿多年來，就這樣在混亂與虛耗中過去了。如今，發生了這麼多問題，他們竟然完全沒有半點責任！所以說，這還眞是一個相當失序，莫名又盲目且荒唐的年代！

其實，鬼谷子的時代，也並非都全然是讀書的士人，才能有出人頭地的份兒。講究工藝的墨家，如魯國公輸般與墨子的巧匠神工，都能留名青史，不就是非常的受到尊崇與歡迎嗎？德國的優良傳統的學徒制，擔當起傳承與延續工藝與機器和城市維生系統之管理維護的重責大任，人人都有工作做、有飯吃，也都能成家立業，結婚生子；社會因而安定、經濟也很繁榮，國家也大受他國人民的尊崇。同樣千年以來我們的祖先，民間的工藝科技的傳承，不也是採用學徒制，當然若能搭配課堂學習並重，如是交叉上課學習總也比單純的光唸書，更能夠把科技水平傳承延續開來，又能搞好理論，不就是也能將國家競爭力務實的一起帶動上來。要讀職業學校或要讀普通高中，不都一樣，都能成功；如《鬼谷子》言：「變化無窮、各有所歸」二擇其一。士、農、工、商、漁、海、牧，哪都可以讀。鬼谷子又說：「度權量能、校其技巧短長」，只要隨自己的意願與所能，都能隨著國家所提供的各種的學科，那既自由又多元的選擇，當然只要通過必要的檢定與考核，不必讓父母自作主張，過於強制的決定你未來的人生，一切就 OK 了！

記得，以前國民黨政府的教育規劃，高職與高中人數之比率是四比六，

能夠讓年輕人真正學習到一技之長，隨著畢業之後，馬上就能有工作；如是讓藍領與白領階級維持一定比率，其實工程技術、營業行銷等從業人員不比行政或管理人員待遇少，不是挺好的嗎？我國古人選拔人才是以文藝、武藝、工藝為條件，這項歷史機制延續了千年以上！但在民國成立以來，我們一直認為外國的月亮比較圓，遂逐漸由西式教育取而代之，我們瞧不起學徒制，也徹底推翻了菁英的傳統教育方式，就是背誦四書五經與八股考試。如今，彷彿我們又遇上了此同樣地問題，我們搞不清楚國民義務教育，庶民教育與菁英教育的原則與做法的分野。如果能趁著教改盲目與失敗的節骨眼上，正好是到了應該好好討論與思考如何合乎國家與時代需要，將行之有年屬於歐西的國民義務教育科目，徹徹底底加以檢討與改變。將會是個可以使我們民族有機會站立起來，且建立超越當代文明的一次超好的時機，也將會使所有世人，以身為中華民族為榮耀。

以孔夫子和鬼谷子的學說，共構未來教育新希望

於此面臨百年教育的無比困難的節骨眼上，千萬不要忘記，我們除了一位偉大的「至聖先師」－孔子六藝教材與君子式的貴族教育主張之外，還有一位老師，人稱「智聖先師」之大教育家兼大思想家－鬼谷子。我們要有信心的向他們兩位聖人學習。必須努力的融合出，能夠同時面對時代問題，與解決因西方資本主義，因自由主義過於極端、浮濫不實，與僵化偏執的意識形態之作祟與操弄下，使得人人只顧及自己本身的利益，不理會他人的安危，以至於人性價值失序進而造成社會混亂的各種現象；從而，將屬於中國「天人合一、求同存異」優良精神，與現代化特色「哲學邏輯、創造發明、精研學科」等之完美的國民義務教育加以實現出來。還有將鬼谷子所精通真實的人心、人性，及講究確實的人際關係、正確的為人處事、無限溝通與尊敬、貼切的心靈感受……等等現實，根本的應用在學校的教育上；例如屬於人之「欲」望的培育，以及「意志」的磨練，和「智慧」開啟，另外就是「心靈」及「知識」的滋養與修持，和「身體健康」（運動與養生）等五大項目的基礎課程，加以相互結合與配套出一種全人格，全生活的教育學習方式，以嶄新的教育方式，迎接具有任何可能變數的未來之新新人類。

我們可以區分國小的前三年與後三年之學程。前三年就讓孩子們專心的

學習，有關國文基礎語言、手腳、心身、行爲等之表達課程[15]。制定相關的課程是活潑的，並非死板板的一本國文課本，一讀再讀，以至於枯燥得，令孩子們對之毫無興致學習。最好設計有：音樂、詩歌、吟誦、教唱，有美術、勞作、畫圖、寫生、創作、參展；有話劇、戲曲、跳舞、表演與欣賞；有國術功夫、體育健康、運動比賽、體能演練、禪坐靜心；有說歷史故事、課外閱讀、作文、朗讀、寫作；有地方歷史特色、山川田園、地理景點、郊遊遠足；工藝講習、看投影片、看電影、用電腦，用手、用腳、用眼、用心⋯⋯等等各種各類的參與和學習。雖然已有作業，但大都是在學校班上做的課業，也根本不必考試了，因爲非常的有趣，學童樂於學習與參予。⋯⋯全天候、全學年就是國文國語的相關教學。以上使得學童們在小一、小二、小三等短短的三年之間，就夠把國語文好好的、專心無旁鶩的、夠紮實的打下良好堅固的基礎。

回家就過家庭生活，這段日子就是人格、生命與興趣、性向的養成教育，透過父母等家人，使用屬於自己熟悉的語言，以便清楚學習認識自己與環境和同學間的互動，在應用自己國家的文字認識歷史文化和我們的國家社會而已。因爲基礎上孩子的學習能力有別，透過雙手雙腳觸覺，與眼耳、鼻、舌、身等五官的連結，那腦子的反應就出來了，不要一味的強調智力的記憶（根據專家資料分析，小孩子的心智成長速度是有早晚快慢之差別）。符號與文字等抽象式的學習不急著來，等上國中後，因國小時的語言與文字訓練等，都相當成熟與穩定後，才正式進行的知識性與理論性的授課與學習，當然腦子學習與雙手學習也是要並重，絕對不可偏廢。

以上，那才會是真正給予人民的一種合乎人性與個別生命自我演化之真正需要的教育，士民與庶民皆同時照顧到的平等基礎教育。而後之「知識與技能」才是身體與心智健全之後，另一階段的教育時期。我們現在所推行的正是西方列強，爲應運工業革命之後的工商業發展，與各自國家經濟建設所急於需求之人才，所建立的國民養成基本學科之形式的知識與技能教育學程樣板，雖是能立竿見影，但卻是當今世界各國，其各自大同小異的社會所面臨的重重問題之所在。現在正是屆臨大力改革的時候了，不僅不能遺棄生命之人格教育，還要提升起正式之國民義務技藝教育，因爲生活能力的訓練與

---

[15] 淨空法師亦於華嚴藏電視弘法節目上，表示過這種私塾式國語啓蒙教育的好處。

培養是最重要的。技能教育三年就能出師，之後就能工作養家活口；而知識的教育，亦即知識傳承推廣與創作生產的從業人員，則是另一種教育。《尚書‧五子之歌》：「民惟邦本，本固邦寧。」如是，盡可能量身訂做，讓每一位國民都真正能享受到，國家所免費提供的「人格與生命教育」兼具的學習人生與安頓生命的歲月！以便於長大成人之後，在工作或生活遭遇挫折或失敗的自我調適的力量與憑藉，此私自領域，也可以是國家與社會安定的基石。

　　還有高等教育問題，原本大學只是學術思想自由，這塊淨土竟乃被嫌不夠，有一群人急迫的強力主張，應該也要將校內民主化才行；結果教授幾乎無法專心上課，因為老師成績是學生打分數，學生他們是老闆千萬得罪不起呀！否則教師將無法被續聘，生計也將會成為嚴重的問題，試問誰有勇氣敢與之對抗？還有大學聯考成績不到十分的人，或連自己的名字也寫不來的學生，也都可以上大學；其他，更不用提高中未畢業的學生，也多能上大學之荒謬現象。還有教改會，更搞出學校教學評鑑；更有荒唐之事，教評會規定外國課程一律要用原文授課，結過問題出來了。

　　中部有一知名大學，某歷久的學系的一位教師開法國哲學課程，理當用法語教學，但教評報告表示，竟指責沒用英文上課，得知此消息很多人包括我這小民在內，都快要暈倒了！這居然會是堂堂五千年文化的中華民國教育部之太上皇「教改會」，所產生製造出來超經典的糗事，簡直不可思議到極點！一股腦子全然都是英文英語，須知鬼谷子的戰國時代，最少有七個大強國，無不是必須相互尊重彼此之語言，然而一位優秀的縱橫家執行外交之重責大任，重要的不是講他國語言，而是取得主動話語權的掌控，這種微妙的作用，於《鬼谷子》書中多有提示。唉！令人痛心，這真是一個外行領導、指揮內行，專家遭污辱、唾棄與踐踏，滿口正義、公平、人權、自由，而使人人甘願受盡西方，自以為先進與文明的價值觀，所凌遲與荼毒，還真是一個自我栽贓與麻醉的年代！

　　這些年來面對到國家這些天大的事情，許多身為像我這樣的升斗小民只能夠看著國家社會日漸衰落與沉淪，或是終日於背後碎碎念，毫無半點能力有效的去影響與改變，所以除了寫寫文章、跟友人打打屁、逢人罵罵，就僅能在選舉的時候，亂投票以之報復之外，其他真的是毫無辦法了；好像只有大家一起死，只有死路一條，能夠有什麼可管，與比得上此一更好擔心的什

麼事來了？

個別的民意常是種私利，錯誤的短暫滿足

那就說說自個旁邊生活上的小事，也就是家家必備的電視娛樂好了。以前我最喜歡的電視新聞，最近些年來也難以觀看了，因為都盡播報一些雞皮蒜皮小事：誰家的小狗走失了；不嘛就是小學生被老師體罰了，學生家長要告老師，老師跟學生道歉了；還有網友說……他要殺人，網友說他不高興要準備做出驚天動地的事……，我都快昏倒了。話說為何電視會淪落到此地步？因為台灣有全世界最多數量的電視台，其實從沒有國土面積這麼小，而可以開放如此之多的電視台。回想當初是因為，只要你有錢想成立電台或電視台，我老兄今天全都給開放（因為以前政府管制媒體，不准設立）。結果打開電視，當然會看到了許多粗製濫造，難以入目的許多小成本節目啊！因為佔最大營業收入的廣告，被同性質的眾多電視台給大大瓜分掉，經費太欠缺了，難以製作出大成本的好節目，以故。

總之，國家領導者，因為針對各地民意代表，吵著要增設電視台，商人也想設，以便大有賺頭，便大修廣電法，以之開放電視媒體准予設立。大學，如此大量出現設立，也是此一情況下的產物，准於修法給予地方廣設大學；又飛機場之設立，也如是之荒謬。這有如從前軍閥時代，外行觀看打籃球比賽，質疑「為何所有球員只爭奪一個球，何不發給每人一個球」的笑話產生。以上種種，看似比喻得有點離譜，但卻是實情。比擬得恰當與否，由現在的各項災難，不就一一顯露出來了嗎？教育部指出：160 家的大學，將因為少子化的關係，不久會一家一家準備關門；還有不願聽從遵守交通專家的評估報告，一些新蓋的飛機場，經常是門可羅雀？因為地方機場乘客過少，國內幾家航空公司在沒足夠的利潤之下，所以都不願飛了之故！

如今在民主選舉政治制度盛行以來，不管是中央或是地方政府，都如出一轍，有治國理念但無實際施政經驗的想從政的政治人物，大量湧進各級政府，甚至於成為平民總統，因此其治理國政，也就以庶民的層次，並非以國家的大視野，無法能夠以整體的大戰略來建設與統領國政，前朝之施政計畫，後朝將之遺忘或重來，一切都是百姓的最大損失，只能在選舉前後過過癮，之後一切恢復常態。一個政府，如何能夠為了一個階級，而犧牲另外一個階級，所以薪資少的人不滿富有的人，政府就能夠把富商打壓嗎？若是將稅負

大幅提高，那國內外的商人，便不願增資或前來投資設立工廠或開立公司、分店、門市，那損失的會是誰？

　　我們高興的是，期待的是百姓的進步，已超越藍綠，既理性又有合情合法，有高超智慧與目標的公民團體之出現。如是良性演化，才能夠輔助「優質民主」的出現，與監督大有爲的政府，不是處處件件反對到底的敵對政黨。話說：法國歐蘭德總統大受歡迎，因選舉前主張向富人抽很高的所得稅，當選後富人一個一個跑掉，影響就業，失業率直線升高，如此一來民調卻直直落成 13%不到，甚至於更低。政治，人人都可以很容易的批評與指責，但是做起來，並不如想像中的容易呀！這是一個專家都會跌掉眼鏡，與跳進河裡躲起來，以及號稱草莓族、啃老族，年輕人不太想結婚生子，即將是高齡化社會到來的年代！

如何才是眞正優質的民主

　　民主議會的設計，使國會的立法委員掌握有國家預算審核權。由於，有此方便，故動不動就是以刪除預算爲要脅，使國家建設大爲失衡。選舉支票讓國家社會福利的預算大增，看似肥了我們選民百姓，但實質上，卻瘦了國家的整體建設。台灣美其名實施了先進的民主，總統都直選了，早就勝過美國這個所謂的民主大國，老百姓像是眞正做到主人了，有嚐到甜頭嗎？當然有一些些，但是代價卻高得完全看不出來。如果不再不思改變，假以時日，將會顯露國家瓦解、政府崩潰的可能之慘況。一來、各黨派的候選人爲求當選，便痛快毫無任隨便給選民大開牛肉（免費之福利）、大方允諾地方建設經費，如是之下執政黨假國家之慨，社會福利預算無限增加；二來、失去執政的在野黨採不配合、又不准向人民增加稅收。正如法蘭西斯、福山[16]所言：「爲

---

[16] 法蘭西斯・福山（Francis Fukuyama）生於 1952 年 10 月 27 日，日裔美籍學者。哈佛大學政治學博士，現任約翰霍普金斯大學、尼茲高等國際研究院、舒華茲講座、國際政治經濟學教授。曾任美國國務院思想庫「政策企劃局」副局長。著有《歷史之終結與最後一人》、《後人類未來——基因工程的人性浩劫》、《跨越斷層——人性與社會秩序重建》、《信任》。他的第一本著作《歷史之終結與最後一人》讓他一舉成名。省思民主與資本主義關係的『強國論』《大分裂：人類本性與社會秩序的重建》《國家構建：21 世紀的國家治理與世界秩序》《美國處在十字路口：民主權力與新保守主義的遺產》名言：「爲求膚淺的公平，所有的政治制度都會衰敗的」。新著《政治制度的起源》、《政治秩序與政治衰敗》。
　　著名的美國政治學者法蘭西斯、福山，於美國《外交》雙月刊 9/10 月號上撰文〈衰敗的美利堅—政治制度失靈的根源〉，細剖美國政治制度諸多流弊，結尾感歎改革無望，完全是「死路一條」（No Way Out），引發國際學界的關注。文章以回朔美國林業局的開創到無能，作爲

求膚淺的公平，所有的政治制度都會衰敗的。」我們在表面上，強調人民作主的民主競選制度，超炫又誘人的政治體制，裡子裡卻是以利益與權力鬥爭爲謊言之推波助浪下，更看出這項預言的嚴重性。競選活動所耗費的金錢是多麼的龐大，沒有外界與企業家、財團的資助，一般候選人，那花得起！如此民主選舉制度，那裡乾淨得起？中外皆然，這是之所以被稱爲「劣質民主」的宿命，所使然！

　　因爲國家管理是相當的需要專業，人民如何做得了主？但是台灣的百姓，哪懂得，哪會想起需要理會那麼多的事？我們的人民像是全體得了失心瘋一樣，聽到了誰不民主，就會抓狂而完全失去理性，開始就喊打、喊殺了起來，深不知「民主不是裝飾品，不是用來做擺設」的。許多收藏民主裝飾品因而自豪的許多人，完全遺忘了自己是黃種人，生爲中華民族的一分子，可流著是中華民族五千多年來的血液基因，我們有五千年的政治智慧，只是因將鬼谷子的治國理政的道術，以及積極有爲、無所不爲的競爭鬥志給遺忘了。全不知民族智慧哪裡去了？只因滿清政府，長久被自己困住於暗爽的帝制美夢的幻境裡，而致使國家發展沉悶，文明進展嚴重失衡。長期以來國人受盡美式的生活與意識形態蒙蔽，以及民主政治之神話與催眠效應下，殊不知競選就是一種戰爭，只要是戰爭都是一種非我族類得而誅殺之，十分殘酷的你死我活之打殺。實施兩黨政治的新興民主國家，必然內亂不已，雖不說是水土不服，但常會有美國因其國家之利益，而對該國下指導棋之情事所產生。

美國政治與行政機構縮影爲引例；闡述了美國政治能力與現實政治制度問題的起因，過程與現狀，福山感歎美國現實政治僵局無解。福山的好友臺灣大學教授朱雲漢著文感歎：經過多年的沉澱，福山已經不再高捧民主與市場。他最近連續出書宣導新思路，大聲呼籲二十一世紀國家間競賽的主軸是國家能力建設。福山會有這樣的思路轉變是因爲兩個趨勢：第一、很多新興民主國家並沒有步上良好治理的坦途，反而陷入惡質民主的困境進退不得；第二、在過去三十多年，在「自由化」、「市場化」與「私有化」的主導思維鞭策下，國家的職能不斷被消滅，逐漸失去了增進人民經濟福祉與維護社會公平的能力，民主選舉產生的政府根本無力回應民眾的需求。福山提出一個簡潔有力的口號：「沒有優質國家，就沒有優質民主」。（以上《福山：〈衰敗的美利堅──政治制度失靈的根源〉資料，來自於：http://www.guancha.cn/DuZheZhiSheng/2014_10_13_275616_s.shtml）。
朱雲漢教授解釋福山博士的文章說：用民主方式產生出來的政府，就好像讓一輛公共汽車上所有的乘客，透過投票選出一位駕駛員。這位駕駛員要負責將巴士駛向多數人想要去的目的地，也要決定如何讓大家分擔汽油費。國家機構就是這部公共汽車，如果公共汽車的性能好、馬力足、耗油少、配備齊，交給任何一位夠格的司機掌控，都能夠遊刃有餘。一個失敗的國家就像引擎故障的公共汽車，一個孱弱的國家就像馬力不足的公共汽車。國家機構不健全，無論選出誰來當駕駛都無能爲力。

一切祇爲經濟民生，無關於民主之有無

那情境簡直就像當今許多人，常年生活在外面掛滿一假惺惺民主圖騰舊招牌的危樓裡面，陰暗無光不見天日，也沒錢、也沒勇氣去將那隨時會傾倒的屋舍，加以改建或另地重建，只能終日在室內陪伴著那些滿是蟑螂、老鼠、蝨子、跳蚤、毒蜘蛛……一起過著既黯淡又恐怖的日子（就像是資本主義制度，使人存在的價值，完全只跟金錢有關，離開了錢財，一切將都不是之一般。那情境完全和蘇聯解體之前，索忍尼辛所形容的共產主義臭汗衫一模樣）。爲著那昔日死去的外國老主人曾有的光輝與驕傲，卻留下來位於荒郊野外，早已不值錢了、也根本不是你的生活記憶的一間破樓房，竟會捨不得，還經常沒事就被僅存的那兩個即將鏽掉的字所愚弄。

話說香港人民被大英國協統治 155 年（假如鬼谷子的徒弟蘇秦、張儀在世，中國第一個不平等條約－中英南京條約，或許不會存在），期間香港也由英國女皇指派總督（共 28 任），公務員也由總督指定與安排。如是香港長久以來一向相安無事，且人民都乖乖屈服，治安一項良好，一致遵守大英帝國的法律，還以效忠英國女皇，受頒獎與得到表揚，而引以爲榮，從來也就沒什反政府的大事發生，乖乖的效忠於異族的英皇之統治！人民飯照吃、錢照賺、日子照過、生活也算美滿幸福。結果現在中共說要給港人自治，便要搞民主、搞「特首」選舉了，年輕人就彷彿被下起了定身咒、聽命符般，完全跟泰國選舉一樣，被美國人及外國利益團體勢力所驅使與利用，儼然不知，而受起蠱惑而混亂起來，佔中與反佔中對立[17]！（英國若自覺民主是萬能與世

---

[17] **雨傘花學運** 佔中事件，遮打革命或是指從 2014 年 9 月 26 日開始，在香港有大批香港人發起一系列示威集會政治運動，高達 20 多萬市民佔據多個主要商業區靜坐示威，包括金鐘、中環、灣仔、銅鑼灣、旺角和尖沙咀，要求包括撤回中國全國人大常委會所確定之 2017 年特首選舉框架和候選人提名方案，爭取行政長官選舉的公民提名權、取消立法會功能組別等。示威抗議以來，千輛計程車司機每天損失 257.2 萬港幣（1002 萬台幣）。香港的士（計程車）司機從業員的抗議怒潮，昨天在中環碼頭響起「護法紀，保飯碗」、「還我道路，保我生計」；香港總工會表示佔中一周以來，保線業損失 10 億港幣（約 39 億台幣）；零售業一周少了 20 億，如持續一個月損失可能上百億元；香港股市更是下跌連連，地產開發股與零售業股，嚴重拋售保守估計造成 3500 億港幣（1 兆 3700 億台幣）的經濟損失。其實香港第問題不是什麼特首提名人的問題，主要原因是中共開放自由行；與香港政府立法通過內地人，可以來香港生小孩取得居留權，一時造成消費習性與文化衝突和嚴重的經濟問題。其實英國統治香港 150 多年來，根本從未讓香港民主化過，香港人也從未在意過。如今是因爲香港經濟過熱，大量內的人來此消費買房，房價大漲；薪水階級的人，薪水趕不上物價上揚；零售業蓬勃發展，奶粉買光光；傳統店面租金過高，使傳統麵食等飲食老店一家家關門；還有把婦產科待產病床被占光光；地鐵車廂上吃東西、讓小孩尿尿……等等文明衝突等之相關因素

上最好的政治制度，那麼爲何不早日讓香港實施民主？卻反而最終在派駐香港，任期長達五年之久的彭定康（英國保守黨前主席）末代總督，於其離職下台之前，才准他釋放出民主的煙硝雲幕，居心何在？還說出「中國是西方民主的最大威脅」的話！大家曾經想過爲什麼嗎？）新加坡還不是沒什麼選舉，國民所得在亞洲也算前幾名！以上，以及尚未舉例到，因實施的美式「劣質民主」政治，而受盡創傷的國家民族非常之多，這都是政治意識形態的問題在作祟，著實茲事體大。凡具有智慧與悲天憫人的知識份子、專家學者黨派的所有菁英們，所不能不加以深思熟慮，和徹底反省與檢討的時候了。

　　實施了民主，真的就如美國所言：該國從此就政治清明、社會安定，百姓富足、公平正義了？其實反而更蹧，因爲那是外來的「劣質民主」（因篇幅有限，這裡便不深入說明分析了），不合國情、不合傳統文化、不合民族利益的「假民主、真內戰」，看似糖衣的兩黨良性競爭、百姓獲利，其實是慢性的毒藥的權力鬥爭，同胞們千萬不要受騙！（他們全然都只爲了自己的國家與民族，與商人自身的利益與安全而算計）。若真是如此，那不就人人的所有夢想與討厭的事，例如疾病、貧窮、社會地位、都能立即消除解決與改變？絕無此事。所以，有疑問、有意願，想探討究竟的人士，可先了解鬼谷子所說：

所致。如果能夠運用鬼谷子靈活的政治手腕與智慧，那將會是個什麼樣的局面？
據新華網香港 10 月 25 日電：報導表示「佔領中環」非法集會發生前後，香港商界多位知名人士和商會發表言論，斥責「占中」嚴重破壞社會秩序，將對香港的營商環境造成長遠的負面影響。新世界發展主席、全國政協常委鄭家純日前接受傳媒採訪表示：『『占中』主事者以犧牲港人利益去爭取民主，其本身一點也不民主」。他認爲：「部分示威學生的滿腔熱誠被人利用，呼籲學生們看清事實，立即撤離佔領區域。」他強調：「法治是香港的基石，『占中』會動搖香港法治，不明白爲何有些法律學者明知『占中』違法，卻煽動別人參與違法活動。」香港長江實業集團主席李嘉誠日前針對「占中」發表聲明：「懇請大家不要激動，不要讓今天的熱情變成明天的遺憾。」李嘉誠表示：「回歸後，『一國兩制』一直保障香港人的生活方式。而香港政制往前走，是保障『50 年不變』後的未來。」他表示「『追求』要以智慧導航，所有人都應謹守法治。香港警隊一直守護法紀，但如果法治決堤，將會是香港最大的悲哀。」星島新聞集團主席、全國政協常委何柱國表示：「『占中』示威者嚴重破壞香港歷來引以爲傲的法治精神，行爲自私，已使香港出現『內傷』。」他表示：「香港根據基本法落實政改，合情合理。他批評那些打著『和平占中』旗號的示威者，根本不和平。」他希望：「學生不要輕易被人利用，挑戰香港的法治精神，否則『香港將會輸得好慘』。」恒隆地產董事長陳啓宗更直接批評「反對派以違法"占中"達到自己目的，是漠視基本法。」括香港中華總商會、香港中華廠商聯合會、香港總商會、香港工業總會及香港中華出入口商會在內的五大商會日前發表聯合聲明表示：『『占中』非法集會已對香港經濟造成巨大和深遠的傷害，並譴責部分示威者不斷以暴力方式衝擊警方防線，嚴重破壞社會秩序。」五大商會呼籲：「『占中』已到了失控的邊緣，示威人士必須儘快撤離，還市民生路和馬路，支持警方依法維持香港社會秩序，令香港儘快恢復穩定繁榮。」

「見變化之朕焉，而守司其門戶」？諸子百家所極力提倡，聖人政治的意涵？而是「以民爲本」之「天下爲公」的思想，才得以算是眞正和踏實的「優質民主」，鬼谷子的「聖人政治」與「王道民主」，才是眞正的「選賢與能」與百姓福祉的眞正保證。

絕不是只有表面以選舉爲門面，而骨子裏頭卻是政客圖己之私，「以利爲本」相互醜化、誹謗、汙辱、造謠、欺騙，非死即傷、拖累財政、混淆視聽、扭曲是非、阻礙執政黨民生法案……等等，無所不用其極的長期對抗與爭鬥，所造成撕裂社會與人民和諧的，極其劣質的民主。我們觀察分析到此，發現實質上民主是屬於內亂的一種新形式的戰爭。世所皆知，打戰是無所不用其極的，嚴重扭曲是非對錯，祇是存在正義公平的表面標榜，但底子裡頭卻是一種虛假、詐術，與權利爭奪的謀略遊戲。祇能一時，不能成爲常態！就像是《鬼谷子》在亂世所主張的「遊說計謀」學說，以取代眞刀眞槍的政治作戰之一模樣。只會徒增與方便有利於私心之份子或政客，或主張民族分裂之黨派團體所利用。爲何要讓選舉，擾亂破壞國家社會安寧與秩序，只圖個「民主」之好看，問題越來越層出不窮的虛名假象，甚至危機重重以致於引起國安問題，使得人民緊張，國計民生每下愈況。

以前國人不懂，沒經歷與嘗試過，也就算了，算是繳交個昂貴的補習費吧！過去了，也就無所謂了！但是今天民智已開，活罪也都嚐試過了，爲何還會胡里胡塗、跟著起鬨、受盡蒙蔽，還要屢屢遭受此同死罪之百般凌遲，接受這種窮凶惡極、狀況百出只會更糟糕，每下愈況的被號稱世界經濟、軍事，都是最強大的美國，所完全包裝而遭限制與恐嚇的政治體制。還好的是，她們現在也因兩黨惡鬥，早已自顧不暇了！趁此機運，我們絕對要有勇氣，就像面對著毒品一樣，對它堅決的，永遠的拒絕，說「NO」！以上，使我們明白了，一切祇因國家利益與經濟民生至上，跟有無實施優質或劣質民主政治，一點都毫無任何關聯之存在！彭定康所表示的「中國正在傳揚，不用西方式民主，人民也可以致富」的觀念。這不僅是他個人的心聲，也是代表著西方人，所謂「黃禍」的種族意識型態的偏見，近百年來對於中國人，能否強盛起來進而威脅他們的生存的一種深層恐懼。所以，已屆窘境的英美兩國，祇得千方百計的利用此劣質民主的意識形態，來對付世界各國，各大小民族，進行分化與統戰，以便保持他們的國家優勢與經濟利益。

道德與法治的位階，一定要高於民主

分析至此，可以更加明白「法治」必須高於民主，唯有大家都遵守法律，如「遊行示威法」，才不會讓民主變成為民粹的幫兇，成為有心人圖謀私利，以知成為顛覆國家政府、製造政治動亂、危害社會安寧的可怕惡魔。只要一方以高調民主、高唱政治迫害，就可軟土深掘，圖謀大利；則國家的司法就得形同癱瘓、自廢武功，不如此配合就說：司法人員是執政黨的同路人，法官不得不自我軟弱起來，馬上卸兵卸甲、表現得非常無辜，以及無能。其實司法官多的是年輕人，考上特考沒幾年，人生歷練本就差多，腦子也都是書本知識，一牽涉上政治，面對是非黑白實則難以作主！法治若不高於民主，民主這頂高帽、大帽，實則過於沉重，難以負荷。不說判案能達到公平、公正多高的水平，而遑論能夠維護其他百姓的一切公平，如何保證正義、公平不就成了利益團體的民主綁架的籌碼嗎！越來越多的證據，民主欠缺高度法治，絕對是災難一場；由東南亞、拉丁美洲，一些打著民主旗號的新興國家，不是走向動亂，就是貪腐，民不聊生。這就是當今假借民主選舉參政之自由，讓來自於黑幫八大行業，擁有選票的民意代表，乃至於把持議會的地方黑道議長，成為犯罪的最佳工具，以惡勢力行使工程圍標，包娼、包賭，販毒、恐嚇、殺人等台灣政治最真實的現況。

只會成為有心人士或是各方利益團體為私利（其實高唱反對、抗議、遊行、示威，通常都只是少數的人，而多數參加者都是好奇、好玩）；以及反對黨為奪回執政權的操弄藉口、擋箭牌，或則說是政治煙幕的伎倆，例如當地國會議員自動配合就當成競選前，及平時的樁腳或支持選民的操兵演練；還有是外國政府為培植敵對國之第三政治勢力，或間諜測驗或傾向其國的支持者，加以幕後採全部或部分贊助方式，所欲顛覆本國的慣用手段；甚至於是恐怖組織的滲透活動。無形中形成國家安全問題的幫兇，百姓無知的認為我管他，我也有繳稅呀！一廂情願的放心，認為反正政府的公僕會處置，樂於被「民主」兩個字，美其名所謂國家的主人，所迷惑。單純的小老百姓根本毫無警覺，甚至於被收買，為了自家小私小利，不顧社會全民安危；反正整天沒事無聊，賺個一、二餐便當，再拿上個幾百元的車馬費，還得坐上遊覽車一遊外地，更是好處多多，樂得上半天，當然何妨怎個配合，一切也在所不惜，反正有吃、有喝、有拿、有玩，也都無所謂了！成為共犯，漢奸、賣國賊、犯法犯罪或犯上叛國罪，全與我無關。我不知道、不清楚，我路過，

我看熱鬧，被擠進去的，不小心跟上。哈哈！政府也不敢抓我，被抓了也不會被關，也不會被槍斃；我是愛國的，我關心政治，不行喔！這個混亂的年代，只要我高興、我喜歡，不然就不高興給你看，誰去執政完全與我無干，覺得討厭就會幹譙，咒罵去死啦！真是一個沒有禮教的年代！

常言道：「隔行如隔山」。各界士、農、工、商的百姓，平日都想關心國家大事、喜愛談一下政治，捧一捧自己的民意代表，只是生活八卦，聊聊罵罵各得三分，無關痛癢也都行，當然並非全然都不懂政治藝術，只是遭利用而全然不知其內幕。其實對於治國理政，常有為愛裝及愛現點內行，硬是裝懂，還有的是配合民意代表即興演出，想要嚐嚐關心參與政治其中的樂趣。結果就那麼幾輪選舉下來，民意代表運作久便多少食髓知味，在國會殿堂就來個娛興節目，修理修理官員做個秀與表演加質詢，電視鏡前也圖個好款給選民來個交代，自知名利雙收，何樂不為？多次以往，從此之後行政團隊官員，個個大概都要成了軟腳鴨，無法有什麼大擔當了。無獨有偶全世界凡是選舉民主的國家都嘛一樣，換官員像吃宴席一樣，這攤來、那攤去，快閃族之一般，一下子就不見人影了，公僕嘛，再找就有了。

結果任何雞頭蒜皮小事，都可以逼退官員甚至整個內閣總辭。從此一切抗爭，就都是為了自由、人權、民主、公平……等無限上綱之理由，參予的每一位個人都是毫不可侵犯，每一個人的意見，都是無上的重要。整個社會意見，難以求同都是異，都是個案，都要另件處理，無形之中浪費多少社會成本祇為自己之利益的所謂「公平」（虛偽公義），而事實上是徹底扭曲眾人之利益，所謂的「公正」（真正公義）。人人都成了只為自己求最大之福利，可以完全犧牲別人的利益，而在所不惜。這就是西方為私利，而行假民主，其實是真正背離道德，使社會越來越混亂，法治也無能為利之因素。地方政府的執政問題，卻常動不動就演變成為中央政府的事，屢屢怪罪執政黨，成了黑白顛倒是非不分，百姓一方面希望政府什麼事都做得好好的，但反對黨卻不希望這個對手，把國家治理得太好；因為把它搞得越亂，下次選舉才有希望取代執政黨；這是民主政治的吊詭與矛盾，但人民卻樂得認為，這樣才對自己最有好處，可惜這番美意，在台灣實施總統選以來，完全看不到，也享受不到。事實證明，台灣已經實際經過了三位民選總統，20 多年了，政府越來越無能。國會議員也越來越跋扈，關係國家經貿、財政稅法一再阻礙。

而每個競選從政的候選人或黨派，卻可以隨意與隨興，大拍胸脯豪爽的開給選民牛肉支票，反正花的錢都是政府財政的錢，也就是百姓的稅收，又不是我的錢，有何關係？管他去死！結果未來呢？一起去死算了！這不就是庶民、民粹，堆積而成的民主政治的墳場嗎？

及其可能之最後結局，會有可能一如希臘，這個民主國家的發祥地，最大的民主示範錯誤－「財政崩盤」禍害，將可能逐漸的顯示，而後擺置在我們眼前。希臘還沒有國家認同問題，而台灣百姓卻是嚴重的對立成兩方，統一與獨立撕裂了人民感情，拖累國家正常發展。所以目前台灣在兩黨惡鬥之下，無法正常經營國政，還會因無限上綱的社會福利預算，而用光百姓所有繳納的稅費之後，勞保、健保、退休金……等等也將不保，或許國家可能也會跟著倒閉；政府也可能會像希臘處理財政危機一樣，開始賣起國家財產：舉凡發電廠、港口碼頭……，或將古蹟、競技場、神廟……也都可以出租；不然就像美國政府一樣，發不出公務員的薪水，乾脆把公家機關，關門休息幾個禮拜再說吧！以至於全民遭殃受盡一切苦果。老百姓一點都不會害怕，也不知從何害怕，不是嗎？實在是一個不知道危險與災難，完全沒嘗試過或認真深思過戰爭的恐怖，天真的以為是電影情節，且不信邪的年代！

天真無邪——戰後的下一代——新新人類

以上，好像根本與《鬼谷子》看似無關，其實只要攤開歷史，就會發現到：今年是中日甲午戰爭 120 周年，以及第一次世界大戰爆發 100 周年紀念，還有是我國全民族對日抗戰爆發 77 周年[18]。台灣的百姓曾參加過以上戰爭的人，多逐漸先後去世，早已不多了。年輕人不知戰爭的可怕，卻天真的認為戰爭可解決一切問題；因為我認識一些人，竟然會認為目前社會大為不公不義，所以必須經由革命，將富有人的錢給從新分配光！不知為何充滿著對富有的人如此之深仇大恨？有如殺父滅門之仇不可共天之大冤情，這是實施民主政治與公民教育的結果嗎？真希望不是這回事，但是非常不幸的！根據我

---

[18] 七七盧溝橋事變開始後，展開對日作戰，一說八年抗戰從民國廿年（1931）九一八事變後。新華社官方說法是對日抗戰十四年。抗日戰爭是 1937 年 7 月至 1945 年 8 月，中國人民進行的八年反抗日本帝國主義侵略的偉大的民族主義戰爭，也是一百多年來中國人民反對外敵入侵第一次取得完全勝利的民族解放戰爭。這場戰爭是以國共兩黨合作為基礎，有社會各界、各族人民、各民主黨派、抗日團體、社會各階層愛國人士和海外僑胞廣泛參加的全民族抗戰。中國的抗日戰爭是第二次世界大戰的重要組成部分。

長年的觀察與判斷分析，要提醒自己哪一切可都是事實，壓根兒全都是真的，不會是假的，不會是無緣無故，就發生這一切。的確都是勉強實施「惡質民主」的代價，事到如今，人民如何能夠堅強勇敢地對它說「不」。依據我的判斷，實在已經很難以回頭了。

　　例如：一些小孩與年青人玩多了－殺人與格鬥的電玩遊戲，個性變成很容易衝動；一有口號呼喊，馬上變成自認為正義與英雄的化身，大伙有志一同馬上集合，前去打擊他們日常在電玩上所受到制約訓練的遊戲，就是要與大惡魔、大妖怪相搏鬥，要將其全殺光，那在現實世界上，根本從未有過的假想魔怪。多可怕的想法，此股暗流刻正在串流著，是台灣社會另一個暗藏的治安大隱憂，隨時有爆發的可能。這些，被資本主義商人的極簡式包裝的消費商品，把我們全給制約住了！年輕學生如鄭傑，可以因玩電玩而犯下捷運車上連續殺人的滔天大罪，一點也不知悔改，甚至於還高調的倡言說：如果是其父母在場也將照樣的殺無赦。演藝界人士白冰冰可以用六百萬台幣，去購買一個價值等同一棟樓房的手提包包，只為了是名牌，枯槁的心靈已完全被毫無生命的商品所控制了，何其之不值得。尤其號稱民主大國的美國，其極端放縱的自由主張與自由經濟產業，所支撐的好萊塢電影等娛樂文化事業，多年來製造出無數量的暴力、色情等和恐怖黑色電影與電玩，如今卻反而成了美國青少年所樂於參加伊斯蘭恐怖組織，喜愛屠殺參予此類活動的學習對象。這是一個人人，全部都被所有消費商品給設計與制約了，還全然不知而樂在其中，未感到半點不自由的年代！

　　國家與社會眼睜睜的看著，脫序的犯罪行為、以及脫序的罪犯持續發生，徒讓善良的百姓隨時受傷害，活在恐懼之中。我們的司法、內政懼於受到歐美人權集團的政治干涉，而卻不可以由自己國家的行政部門處理殺人罪犯的判案。這一切違反天理良心與常道的現象與問題，我們政府卻完全無心與無力反抗與改善，僅能說這是自由經濟、說這是民主國家，無權干涉個人自由與商品銷售，好像觀察起來，也的確不過是小事嘛！小孩子玩玩電玩，有錢人買買皮包消費一下，刺激經濟、活絡經濟，也是功德一椿？另外，詐騙集團用盡各種騙術以騙人一生積蓄的血汗錢，甚至是別人的養老金，常有被騙了，因而無法生活下去，只得走向自殺的一條路。等到執法單位抓到了也只關關了事，都說是民主法治國家嘛！又不是共產國家，我們是人權國家。樂

得那些壞份子繼續到處犯案，害人不淺。還有屢次蓄意殺人，只要請律師，甚至不用請律師，法官也還會再三請你只要承認改過自新，或你去搞張心理或疾病精神病患的醫師診斷證明書，就可無罪釋放，乃至於不會關太久，當然不可能判你死刑。這種多次殺人的罪犯，毫無人性已經不是人了，還要讓他離開監獄再到社會上來，不把善良百姓放在眼裡，這種傷天害理的事，已到了愈來愈多、屢見不鮮，無以復加的地步，而被加害的人的家庭成員生離死別，分崩離析、以致傷痛終生，無語問蒼天，越來越多！

以上，這些例子看起來，我們這種法治是專門欺負善良百姓用的，可說是真的不要也罷。還有這種民主政治，其實也大可不要！因為選出來的整天吵鬧的立法諸公，竟無視於這種沒天良的詐騙集團，屢屢行騙幾乎等同謀財害命，都可在被關完了之後，或假釋出獄，而逍遙法外，再去行騙害人犯罪再關再放，虛耗警力讓檢調法疲於拼命，何公平正義之有？不能保障百姓身家性命與財產，無視於讓自己的善良百姓屢屢受害、痛苦難堪；無知與無懼於都不怕遭自己同胞的辱罵、吐口水；還笨到隨時逢機會就興高彩烈的，指責別國的政治體制多差多壞，乃無限上崗的讚美西方民主政治體制。唉！可悲可嘆呀！有什麼值得到處炫耀！有什麼好驕傲？真是已到了，丟盡祖先的臉，還不覺有它。還能夠自自在在的嘻皮笑臉的說：反正我們都是自由民主國家，你個人愛怎麼說，愛怎麼作，是你家的事！整個國家的上上下下，都得了失心瘋了。西方都已開始再反省自己，過去所沾沾自喜的民主制度，我們還當真是寶貝，真是好笑又好氣！

就像法官判決丟鞋子砸馬英九總統的人無罪，理由是馬總統彼時沒在執行總統職務，故不算在上班，所以不算！不算什麼？不算污辱總統！我們常說法治、民主、自由、人權，果然，連法官判案也是居於民主，而私自行自由心證，判那位仁兄高興就可以拿鞋子砸人，因為他有憲法保障的個人自由，那不就跟往日我們人民所唾棄的所謂人治相同了嗎？以上看起來，不就跟早已脫離那原初大辣辣的，講得天旋地轉、天花亂墜，搞得社會天翻地覆的法治一樣了！那全然不是法治，也不是真正的自由，更是虛假與虛偽，荒唐的民主。民主早就被壞人給踐踏得無影無蹤、殘破不堪。而人權也像偏鋒，全是為保護與鼓勵犯罪的壞人，而設立的人權機制。如是，會讓人不禁自問起來：很好呀！喂，老兄，你幹嘛這麼計較，這麼緊張！看你是否，真是位沒

事幹的神經病？

　　整個問題是在民主制度的設計上，出了問題。其實我國早就有法律制度，只因以前國家領導權，亦即是王權世襲，久之權力腐敗。如果早就重視鬼谷子的抵巇作法，就沒有滿清政府的腐敗，而讓中華民族低頭受盡汙辱，雖然之後有孫中山的革命，但為時已晚。所以說，我們全都忘了祖先的智慧，本有的「選賢與能」。卻一時無計可施，只得勉強迷上西方有問題與有瑕疵的民主與選舉制度，我們無法讓真正公正的聖人出頭，而使人民受苦受難。再就西方的法律有多先進？但它常是遠離道德！所以必須存在保有倫理道德的勇氣與力量的維繫，絕不能夠單單只依靠，那毫無社會經驗又幼稚的「恐龍法官」！於此問題，智慧的鬼谷子卻能同儒道一樣的安慰我們，真理永遠存在「聖人之在天下也，自古至今，其道一也。」《鬼谷子·捭闔第一》，只有聖人明辨天道存在，才能將人世間的制度加以爐火純青的運用，給百姓帶來真正的幸福。

已屆東方思想，拯救西方劣質民主的時候了

　　我們要的是合乎天道、人倫的有情、有理、有法的政治制度，並非是假惺惺、冷冰冰的純屬法律與有錢有名的人之政治制度。還有因國情文化之不同，大多會水土不合，事實也是如此。所以絕對不可盲目的，伏首稱臣於西方淫威之下，而是要參考我國古人智慧與歷史經驗，以便繼續研究與挖掘，而後才能提出與正確的實行優於西方的真正的「優質民主」制度。例如中共[19]所發展出來的 65 年的「協商民主」，與經過多年嚴格的考核與培育，這種半類似於公天下的禪讓政治，由黨內之領導梯隊的老同志，進行國家領導接班

---

[19] 中共就是當今世界上經濟發展得最快的國家，也是我們台灣的中華民國政府統一公文指示：要全國公務員稱之為「中國大陸」的國家。這個國家的政治體制，以前號稱實施共產主義，但現在卻宣稱為：具有中國特色的社會主義國家。其經濟進步之快速，與政治之發展變化，包括台灣在內的全世界可說是很難完全看清楚，尤其是一些號稱中國通的國際學者，常分析出一些自己都難以相信的論述，或出版長篇大著的書籍，大膽預測及說出；不出幾年後中國經濟就會崩潰，社會也可能大亂、政府也會解體，但從未發現，卻一直越來越好；如是沒一、二年就打起自己的臉光，自覺無采無趣。以下茲轉載，一段大陸網友的文章當參考：「中國各省的治理發展自治權很大且本身有很大區別。如果大家熟悉美國各州的自治權範圍的話，其實我們可以驚奇的發現，我國各省的自治權許可權比美國各州都大，雖然他們叫聯邦制，我們叫全國一盤棋。我們如果跑過很多省份，就會發現，我國各省份的發展方向不全都一樣，有些地方是以國有企業為龍頭帶動地區發展和經濟建設的，有些地方是以私有企業民營經濟自由市場為主要發展方向的，甚至一個省內有些市都不太一樣，別說西方讀不懂中國，普通中國人不出門能看懂中國麼？」

團隊的交棒，雖然是一大黨對多小黨的方式，但已不同凡響了！政治非兒戲，是要向億萬生靈負上無限大的責任，豈可隨意爲之？能夠說要怎樣就怎樣！大陸也講民主，也講法治，只是以西方自以爲是的標準，長久以來是完全的被嗤之以鼻，全然不懈一顧。但如今中國的經濟已經站立起來了，幾十年來雙位數的國民生產毛額指數的經濟成就傲視全球，外貿與經濟整體影響力佔上全球第二位。過去自以爲是的西方列強號稱已開發國家，不敢再指三道四自以爲他的國家的政府最有效率、最會賺錢、人民最富有，最優秀了。過去資本主義與社會主義，孰優孰劣的爭吵，已形成翻轉的局面了，什麼制度對國家百姓最有利？如今西方的政府，礙於經濟成長的低落與失業率的高漲，已經失聲多時了！

但是今天中國大陸的發展與進步，竟能以一日千里來形容，不管是經濟建設、科技水平、文化建設、觀光旅遊、國民所得，一再的突破可說只能用「突飛猛進」來形容，才屬恰當與傳神。在發展的過程之中，多年來所形成的貪官汙吏，也已展開稽查、蒐證、追捕進入司法程序。層級之高有如動搖國本，外國批評說又是中國式政治奪權的殘酷鬥爭；一向以選舉民主爲傲的西方國家，其內部政黨的政治惡鬥態勢，還不是一樣而更加的厲害，絲毫不比台式民主的兩黨惡鬥來得輕鬆。其實，政治本來就是一種權力鬥爭與爭奪，古今中外皆然；少數人的權力鬥爭，並未危害到百姓，便算是非常了得，誠如古諺所言：「天高皇帝遠」。不像西方動不動就拿示威、抗議、罷課，把交通癱瘓、商店關門，打砸搶殺盜，讓國計民生與社會秩序大出問題。而今中國卻能取得實際效果，眞正讓百姓受益與受到肯定，可說是一個實質負責任的國家了。這就鄧小平將共產主義意識形態去除的無上之成果，中華民國在台灣的國民與民進兩黨的國家認同之爭，再無法解除，

哪是以漂亮的花瓶（民主），妝扮盛裝枯萎凋謝的花朵（法治），而生出腐爛的臭水（國不安、社不安、教不安、行不安、食不安）[20]，而沾沾自許。

---

[20] 指國家資料不安全，社會不安定，教改吵吵鬧鬧領人民不安心，乘坐捷運不安全，食品油品不安全五大社會事件。這些問題都是因爲國家長期分裂，台灣因解除戒嚴，卻在法治基礎上很薄弱之下，貿然全面實施台式放縱民主，且又想學習美式過度的自由。而國家管理、政府行政民生法案等施政，每每在議會受在野黨杯葛，無法通過無法有效管理，形成長期以來政府無能，但反被認定是執政黨無能。這種民主政治體制的弊病，馬總統最清楚了，就是去年他與王金平的鬥爭，就是因爲行政院的法案，於立法院擱置過多過久，而埋怨立法院長私通民進黨黨鞭，要開除王之國民黨黨籍但卻爲法院判決無效。身爲國家領袖，總統雖是國家體

連總統本身也糊塗了，竟既同時於國慶日慶祝文告上，批評不喜歡太陽花學運，違法佔領立法院與行政院的行爲，卻又說支持香港雨傘花學運爭取民主。眞是得了大頭症，虧他還是同陳水篇總統一樣，念法律出身，卻都不知道民主與法治絕對不可分割。連貴爲總統之尊，對如此關係到國家最高等級的嚴肅問題，居然都可以隨意的讓自己的觀念，糊塗、固執與情緒化和僵化、生鏽，顚三倒四與自我矛盾。同樣的，怪不得這廿多年來，台灣在這三位未經卓越複製和長期培訓，與仔細觀察和嚴格考核，率然通過黨內選舉，便逕自參與人民選舉，而獲選爲總統。在他們冒然與輕率的領導之下，使得中華民國這艘不大不小的船隻，開離了原本應該是行駛在風平浪靜的航程上，但卻偏離正常航線勇於向驚濤駭浪中前進，以爲掌握到至聖先師鬼谷子的「奇正相生」的謀略，但卻無智到昧於世界局勢，反而帶引百姓與國家，漫無目標的朝反方向危險的茫茫大海，漂流而去。此時還興起一股搶奪船舵風潮，新的船長更加莫名其妙，問起何去何從，只一貫盲目與糊塗且又不眞心的，將百姓身家財產與性命耍弄，卻毫無目標與靠岸的意願與興致，他一樣可以和一群浪人，當起浪漫的海賊王，有何不可？嚐盡苦果的卻是一群不願一起冒險患難的眾多百姓。中華民國過去在戒嚴時代，國家雖也是在狂風暴雨中度過，但是國家目標與施政方向都清清楚楚，所以國家的整體發展都能夠帶引人民以正能量向前邁進，人民的生計也能夠穩定而小康，以至於兩蔣去世，除部分不滿份子討厭之外，大抵值得人民懷念，畢竟他們是有經驗又不糊塗的舵手。

相對的彼岸的共產黨政府，也是經過鎖國與意識形態之鬥爭，由來已久但始終堅持國家政體，從來就是包容著其他小黨，有著政協組織（包括國父遺孀主持的國民黨）經歷此實際實行的「協商式民主」，都已有了 65 年的歷史了。如今以具有中國特色的社會主義之主張爲目的，並再以「依法治國」向前邁進一步，以便將來可能實踐世上所稱最好的民主政治，但卻不能夠短期之間冒進。故在此過程之中，我的觀察就發現他們，已在不知不覺之中，

制產生的職位與職責，但是除了要有眞心愛國之外，還要有顆眞正判斷對錯是非的眞理之正心。民主制度之下，所選出的領導者，看似很公平，經過全民票選，但是於台灣所實施的台式民主，以及許多國家看來，多數的領導者，如日本首相，均無法應付世局乃致於社會動亂瀕繁，在黨派運作下，問題叢生。能力與程度和人格都非我古聖先賢所要求。如馬英九就將國民黨的黨報「中央日報」給廢除，在鬼谷子縱橫家強調遊說宣傳之下，此舉完全是種自廢武功。一個執政黨無專屬媒體向人民解釋政策，落入啞巴政黨之挨打局面。

竟逐漸的向－我古聖先賢的治國平天下之理想，「以民爲本」的「王道思想」及「聖人政治」的方向靠攏。指出一條，離遠大多數國家社會不明究理，百姓無知的被搧動與強制逼迫移植美式「劣質民主」；明智的拋棄那種慘絕人寰，鬥得有如你死我活式，不明是非對錯，「假民主、眞內亂」的原始暴力，只爲爭奪權利之欲望的戰爭翻版，一種彼此霸凌的政治體制的明路。如此，才是鬼谷子所極力防止的「欲令智昏」，千萬不要盲目信奉與沉溺於西方文明霸權之既得利益，百般維護其自身所謂的「核心價值」，與其所精心設計而倡導的「普世價值」的牢籠與教條，而無法自拔與超越。唯有遠離，才能超越，也才能正確的帶給國家與社會之安寧，百姓也才眞正能夠安居樂業，實現「以進大同」的幸福國度。

如是之下，就有可能實現我國從黃帝千古以來，歷經春秋戰國之先聖先賢的華夏民族之夢想，乃至於鬼谷子所謂超前衛的「王道民主」思想，都有實現與達成的可能。因爲，如今的西方文明思想的高度，已屆臨冰冷、生硬、以及許多讓沒心、沒肺、沒感情的資本家，所豢養的政客給控制住，一切以消費活動爲重心的生活物質與服務等商品，幾乎都已算是錢進他們的口袋了。例如，美國議會就是這些權貴，百分之一的錢貴手中所掌控著，您說說看是否跟騙子毫無兩樣！大家難道尚且還不清楚，西方的「劣質民主」病態的政治制度，其倦態以及敗勢，早已顯露無餘。我們是否宜加早日因應改革，以便防範風險的到來。也就是鬼谷子抵巇原理：「事之危也，聖人知之，獨保其身；因化說事，通達計謀，以識細微。經起秋毫之末，揮之於太山之本。其施外兆萌牙蘖之謀，皆由抵巇。抵巇之隙爲道術用。」（《鬼谷子‧抵巇第四》）

尤其是在以金錢爲主的資本主義爲首，相互瓜分與啃食掌握之下，政府不負責任的讓人民過度享有毫無節制的自由，讓金錢、毒品、槍枝，偕同色情、暴力、犯罪氾濫成災，使人民只感受高度自由的幻覺，但卻生活在恐懼與不安之中。實際上美國大多數百姓的生活，多數收入不高，貧窮人多，人民身體外表雖尚屬肥胖高大，眼睛看著如幻似眞的電影，腦袋幻想著總有一天，也能上影光幕當起電影明星。但體質卻外強中乾實質羸弱，因爲口裡吃的大多數是食品王國，大集團大企業所販賣銷售的垃圾食品。住的是連貸好幾次，可能早就跳票，法院準備查封登記有案的房子。多數百姓，也越加變

成了貪婪、狂妄不知節制，成了對真正民主正義全然盲目的僵屍與無心幽靈，而不知。還自以為比起許多國家，更加優秀與富裕。

以上感覺起來，還真是像極了電影《駭客任務》中的劇情之一般，自認自由的人們，其實是打從生出之後，就被困在電腦農場的膠囊裡頭接受餵養一輩子，到死之日前所感知到可能的一切活動，始終都只是電腦虛擬世界中的夢境，該電影指陳出，其實人所經歷過的一切，早就是被設計好的與完全盡在電腦的掌控中。如是對照比較之，他們美國人生活慣了當然無從發現，也就算了！但是身為不同文化與文明的我國子民與菁英，竟乃被繼續迷惑著！真是個是非不明、真理消失、倫理道德沉淪與價值顛倒的年代！

多研讀古書，吸取國家「長治久安」未來希望的養分

為了要力挽以上之狂瀾，得找出時代的病因良藥，所以建議要把擁有優良學術思想，我古聖先賢的經典著作取出重新研讀，就是因為古人天人合一系統性的思想境界與人格風範高於西方。由於，長期以來他們只考慮到「人與人」，頂多是「人與事」，「事與財」（就是「經濟」），其它就是永遠圍繞在「自由、民主、法治、人權」死胡同的圈圈裏頭打轉。而我們東方思想，卻考慮得非常之多，就拿影響鬼谷子深遠的《易經》來說，以每卦之天地人三爻，上下卦加起來就是六爻，配上「陰陽」來觀察處理、因應世事。我們這部既古老又新穎的《易經》，所蘊藏著成千上萬又千變萬化的各式卦爻，不僅專門針對各類可能發生的問題，並且能夠，隨時提供合適的解答與告誡與防範的範例。假如能夠再精研出其奧妙，提出更新穎的管理方法與觀念角度，則哪會是西方的當代管理學說，可加以比擬之處？

簡單的說，例如區區數千字的《鬼谷子》的思想，便有不少觀念是出自於《易經》之中。就以才疏學淺的筆者所著之《鬼谷子思想新解》乙書，都能夠將之提綱契領式的挖掘出，一些從未有人探討過的嶄新訊息。所以說：比《鬼谷子》學說，更深奧到不知幾倍的《易經》這部古老的書籍裡面，究竟還穩藏著與充滿著有多少的智慧與思想？何況我國還有更多的其他經典，故有待有心之人長期的持續研究。絕不可輕忽這些古老的典籍，它們的存在畢竟活過比我們更長的歲月，經得起各種考驗。所以多研讀古書，以便吸收數千年來前人的智慧與經驗，融合當今之新知識，當可以把西方的「惡質民主」才兩百多年（以美國建國兩百年而言）之政治制度，其層出不窮之問題，

加以消解。只要有信心，總是可以打破它是目前最好的政治制度之迷思的神話！至少筆者認爲鬼谷子學說，所涉及管理與政治的哲學思想，足夠我們進一步的挖掘、學習與應用。

雖然西方的科技、武器、經濟、創新、教育、城市建設、環境維護……等諸多先進與高超的軟硬體技術，我們得加以虛心的承認不足之處，還有許多需要認眞學習的地方。但千萬別忘記，我們五千年的文明裡，埋藏著更多前人的智慧與思想，是他們所完全沒有的！否則近些年來，大量外國人學習中文是沒事幹嗎？如今，包括美國臉書的創辦人祖克柏，爲什麼還要在北京清華大學，用上半小時的時間全程秀上他的中文對話能力，身價市值達二千億美金的企業執行長，願花心思學中文？這就是鬼谷子早在二千多年前，就已懂得應用語言的魔力，例如說「口者，心之門戶也。心者，神之主也。志意、喜欲、思慮、智謀，此皆由門戶出入」(《鬼谷子‧捭闔第一》)；經過語言相對話之後就親近不少，應夠「因其言，聽其辭。言有不合者，反而求之，其應必出。」(《鬼谷子‧反應第二》)；有了與中國人的情感之後，則將如虎填翼，做他想做的事「用其意，欲入則入，欲出則出；欲親則親，欲疏則疏；欲就則就，欲去則去；欲求則求，欲思則思。」(《鬼谷子‧內揵第三》)；從此臉書的事業，不就會更容易進入中國，這不就是愛做什麼？就去做什麼，大賺中國人的錢，從此不就更方便多了！

由於我國古人的智慧與書籍，因長久以來改朝換代屢逢戰亂，而將許多寶貴資料與經驗傳承給丟失不見，就像《鬼谷子》迴圈，也未能發揚光大，徒讓歐西管理科學專美於前。所以只要把鬼谷子的思想融入現代語言與現代知識，稍加與現代化相互融合，即有可能作爲解決當代因資本主義，自由主義無限上綱之後，所闖出的大紕漏，普遍人心淪落敗害到無以復加，而產生嚴重的大問題與迷失的方法之引介與藥方。所謂「主事日成而人不知，主兵日勝者人不畏」《鬼谷子‧摩篇第八》，這就是鬼谷子言聖人治國理政之最大功夫，猶如老子所言：「治大國，若烹小鮮」《道德經‧治國章第六十》。國家領導者統治國家，必須懂得人民的口味，人民要的就是趨利避害、身家性命、私人財產、維持秩序、調解糾紛的功能。政府能夠提供和維繫一套基本制度，在這一制度下，任何個人做對自己有利的事情時，就對社會有利；追求自己利益的同時，使社會繁榮起來。把猶如火候的人民生存環境調控得好，再就

得要把小鮮炒得好，由於肉質鮮嫩，所以不能老是翻來、翻去，就會弄碎了不好看，也不好吃了。可見治國對於老子與鬼谷子，這種已經悟道與得道的聖賢來說，實在是輕而易舉之事！可惜他們沒興趣，落入紅塵。於是，少了聖人們的領航，世間的百姓，便容易誤竄霧區，造成無謂的迷航，苦於社會人心動亂而不自知。

　　所以，以上我國古代的兩位大智者的意思，都是告訴我們治理國家絕對不可以胡亂與來回折騰，應該懂得天道，記得教訓。所以，我們有這樣有智慧、又有經驗的祖先們，實在要好好的學習，應用與感恩，才行！如此誘因之下，我們不僅要努力推廣與發揚古代經典，還要大量教導國人研讀古書，並將之現代化（改變西方工業革命後，所實行的國民義務教育方式，因為其問題叢叢且已老舊不堪；我們，不僅要提前實施合乎當代與面對未來世界的國民義務教育，最好還要有從小到大的國民精英養成教育之規劃，不可以把十二年國教搞成全民皆成癡呆與庸才；又有創新，才能不再跟在別人的屁股後面，成大拾人雜碎，而永遠落後。有為的政府，一定要突破西方教育制度之窠臼，才能走出超越與領先的道路來。）不僅要努力超越當代，還要「為往聖繼絕學，為萬世開太平」，我們絕對要有信心，才能有好日子過！千萬不要再害怕。所以說，未來會是影響深遠的《鬼谷子》思想學說，將發揚光大於世；以及講究陰陽吉凶悔吝的《易經》，來臨的時代！（第三屆 2014 年中華易學現代化國際學術研討會，所言：「讀易經的人，會相當被重視，有福了！」。）

　　以上，可知我們完整的國家民族的管理智慧與價值判斷，為何會在西方的意識形態之下，完全被癱瘓得四肢無力了？百年以來，世人所稱羨的美國神話，這個國家其實完全是被少數人所控制，殊不知財富都集中在幾位富有商人的手上；所以，國家的決策權，也都會在他們的掌控之下了。美國前國務卿季辛吉智囊團所設計的「美金、油元、糧食」，就是他們想要永久掌握美國自家的核心利益，以方便美國政府與野心的資本家，可以永久完全的控制世界三大法寶。在此形勢與條件之下，其它的國家與民族，只能習以為常，依尋著美國所設計好的生活物質與條件方式而過活而已，你只要想反抗，就會要你好看加好受。只是，看似能在美國保護傘之下，要做起簡單的天堂夢，卻會要代價的，可說是一種醉生夢死的悲哀。於此形勢之下，人民始終無助

於生命層次的提升，國家民族反而是種沉淪與墮落。誠如歐巴馬於 2013 年，在電影公會演說指出：「娛樂是美國最大的出口商品之一。信不信由你，它是我們美國外交策略的一部份，那使我們優異，讓我們掌握世界，擁有世界的力量……藉由『娛樂』，多少學習到美國的價值觀……我們經由它塑造世界文化。」以上，美國與西方，爲了其國家的最大利益，自私且嚴重的干擾與影響到它國的文化與社會秩序，而引起穆斯林世界的反撲，並非偶然。

有鑑於此，所以只要在我國歷經足夠完整的現代化社會建設歷程中，趕上與超越歐美的物質文明之後，就得必須回過頭來，仔細查看我們的先聖先賢的治國、治世與治人之智慧與經驗，從中學習，以便導引我們走向國強民富與世界和平之正途。只可惜的是，固有的傳統美德都已散失得太快了，不管儒家的天地君親師，和最起碼的尊師重道，孝敬父母觀念都大量流失；還有道家的淡泊名利、天人合一，現在的學子也都跟遺忘孔孟之一般，（因爲學校的老師已經不教這堂課）。甚至於心慌又可憐的政府，一直想盡各種辦法要把中文課程授課時數減少，使年輕人失去對古書的閱讀能力，只一昧以爲學會英文，就是國家與人民未來的希望與幸福；殊不知其文化買辦的代價，將帶進多少不需要的文化垃圾，與難以發覺與解決潛藏的危險。就說無節制的享樂主義，至今已見到了不少年輕人，只爲了輕鬆與快活、感官膚淺與刺激，而產生出祇求當下快活的態度。而政府也迷失於經濟數字，進而鼓勵努力吃喝玩樂，盡量消費、盡量花錢，國家都不知節省開支，而個人也不願意儲蓄節制，全怪罪薪水太少。再加上反對黨大力提升與加碼社會福利與種類支出之外，更動不動就提倡抵制政府施政。還眞是內憂外患，使得當今政府一籌莫展難以招架，更難以立法開拓財經新局面。幾乎是全世界實施政黨民主政治的國家之惡夢使然，可說是一個相同的模子，一切都爲了選民之福利，其實說穿了，還不是祇爲了自己與黨派的可能執政，各謀個人從政的福利著想。

問題看似多得不得了，但其實也清楚不過，都是因爲百年以來民族信心低落，爲何如此，因爲清末打了好幾次的大敗戰，賠光與敗壞了國家財政，使得全國經濟嚴重不振之下，國力發展受到無比的自我設限，等同於自廢武功，一切經濟建設嚴重落後。又國共內戰，以各自奉行的主義治國，意識形態嚴重分歧，相互阻礙正常的國家發展，又因而吾國話語權大爲旁落，如是連帶效應使然。但可知鬼谷子有句名言「神存兵亡」《本經陰符七術‧分威法

伏熊》，所謂意志（精神）是可以勝過優良精美之兵器等之軍事武力，其實大陸也就是這樣熬過來的。鬼谷子的「文兵法」，可以與孫子的「武兵法」並駕齊驅，或許會更甚之！所以之故「歷史，往往需要經過歲月的風雨，才能看得更清楚。」[21]回顧過去，今日的我們當思痛定思痛，在可能富裕之後的階段，如何掌握正確的精神與智慧的方向，以之超越，實為今日兩岸三地的中國人的國家首要要務。所以，這是一個，向歷史上的古聖先賢的智慧經驗，學習參考與活用的時代！

學習鬼谷子的智慧，找回民族自信心

今年，適逢孔子誕辰 2565 周年；也是中國國民黨建黨達兩個甲子，也就是 120 周年了；又是黃埔軍校[22]，成立 90 周年紀念；也是台灣光復 69 周年紀念（2015 年更是與朝鮮半島的南北韓光復，同樣都已屆 70 周年）[23]；日本侵略中國的盧溝橋七七事變算起，也已屆 77 周年了。還有日本自衛隊成立 60 周年，今年日本政府，還自我修改憲法，准以成立國家軍隊！環顧世界另一個亂源，中東諸多國家，依然蜂火連天，人民死亡無數，流離失守。以上的數字與慘酷，雖然對我們來說，由於時間與空間的距離，顯現出是死的、冰冷的，好像與你我無關。但卻也讓我們看到了，中華民族與這個國家，到今天還繼續的存在，是多麼的不容易的事，多少百姓戰士與學子不顧性命的為國捐軀！進而才能復興民族與洗刷國格，以掃除民族的恥辱，並將重新站立

---

[21] 語見，中共國家主席習近平的建國 65 周年國慶日講話：「歷史，往往需要經過歲月的風雨，才能看得更清楚。回顧歷史，就是為了看清走過的道路，堅定前行的方向，獲得發展的智慧，汲取奮進的力量。歷史告訴我們，實現更大輝煌，最根本的是要堅持正確的道路。」

[22] 黃埔軍校 是中華民國陸軍軍官學校，因創校於廣東廣州黃埔長洲島故為別稱，簡稱陸軍官校。成立於 1924 年，是中華民國的一所軍校，是第一次國共合作下的產物。第一任校長為蔣中正，許多中共開國元勳與將領都出自黃埔軍校師生，而它在創辦開學日由孫中山頒布之書面訓詞，也是日後中華民國國歌。隸屬於國防部，其宗旨和創校目的是為了培養中華民國陸軍軍官。陸軍官校當時是中國國民黨的黨校。1927 年，陸軍官校遷往中華民國首都南京市，改為隸屬國民政府，並更名為「中央陸軍軍官學校」。1937 年，中國抗口戰爭爆發，陸軍官校為避過戰爭而西遷成都市。1949 年，中華民國政府遷往台灣，該校無法跟隨中央政府遷臺，校本部於成都遭中國人民解放軍瓦解。1950 年，陸軍官校於高雄鳳山第四軍官訓練班位址復校。陸軍官校黃埔時期的校址和南京時期的校址，均被中共列為文物保護單位。（以上資料引用自維基百科）相對於鬼谷子的兵科教學，已遠遠相隔了二千多年了，我國的兵學思想卻是淵源流長，但是黃埔軍校從不教《鬼谷子》。

[23] 中共國家主席於元旦賀詞表示：「立法確定：8 月 15 日為中國人民抗日戰爭勝利紀念日」，國台辦發言人亦望稱：「2015 年，將隆重紀念，抗日戰爭勝利 70 週年，暨南京大屠殺死者國家公祭日，以及台灣光復 70 週年。」

起來，才有中華民國的誕生。

何以中華民族悠久的學術文化思想，竟然前後兩次（清末八國聯軍、兩岸統一，兩者都也因為西方思想遺毒，所傷害與阻擋）都抵擋不住歐美西洋的旋風？今日台灣畏於美日的淫威，認日賊做父（台灣已普選過三位民選總統，卻礙於美國的保護傘與統獨的迷失，屢屢對日本示好，從不好好慶祝紀念台灣光復節，完全遺忘日本人侵略殘殺中國人，欺壓台灣人的史實。我們全都遺忘了兩岸中國之所以會分裂與內戰，完全是因為日本的侵華事件，而造成的最主要因素。）以為她們是先進國家，樣樣值得我們效法（就像日本人被美國打敗，而害怕依賴她們一樣）。但卻認為大陸是土匪政權（早期國民黨與共產黨內戰，稱大陸政權為共匪，宣傳仇匪、恨匪的政治效應的後遺症；而中共也稱國民黨集團，為蔣匪幫。）恐共、厭共的情緒還存在，甚至於認為大陸目前還很落後，有些國人甚至於認為不文明，而無知的瞧不起（人民停留在在文化大革命只要「核子不要褲子」，一窮二白的年代），不明世界局勢與國際現況，夜郎自大的將同為中華民族，兄弟之邦的中國大陸嗤之以鼻，拒之於千里之外之一般。以致形成許多的後遺症，使得國家發展與產業經濟，國際貿易，人民所得，社會氛圍……充滿著不平衡、不正常與呆滯不前的窘境！

回憶起「五四運動」將孔孟丟入茅坑，而今日大陸領導人才知中華文化的可貴，於世界各國廣設孔子學院。同樣的近幾年，兩岸所興起研究《鬼谷子》的熱潮，是否遭逢鬼谷子戰國時代，同樣的亂世困窘。必須「一手鬼谷子」，再加上「一手孔夫子」，在此現實與理想兼顧的思想學說的加持之下，才足夠應付這個因西方資本主義大怪獸的遺孽，以方便解決世紀大禍亂，免於同胞們與世界各民族，因無知而受盡苦難與責罵，毫不知是何原因？卻還拼命且高興的與之共舞。我想這是筆者，書寫這本《鬼谷子思想新解》，一點小小的主要心聲之一。同時並解答了，多年來我在人生的路途上，許多的疑惑。以及對於生命價值與意義的認知，實質上是遠遠的勝過於宗教的撫慰。

筆者曾將《鬼谷子》一書，整理成簡報式的教材，在我的服務單位向業務代表們陸陸續續的，上起「鬼谷子行銷術」一課常達十年之久，那幾年專注於鬼谷子的說話術，卻已感到受益無窮。後來在紀清賜同事的邀請下，到東海大學上哲學學分班。起初聽陳榮波教授的《易經》課程，陳老師他對於

企業管理哲思有精道的主張，霎時之間對於我們在職場上的工作經驗與人生，產生出無比的最佳碰撞，就此接觸之後也才深深的體會到：我先聖先賢對「人與事」的管理有一高深且成套的見解；彼時，出現一念頭，爲何學校企業管理的課程，沒有中國古人的思想。還有向酈芷人教授學習氣功，不只使我精神飽滿，也將我帶入了人體奧妙的世界裡。考上了哲研所之後，我便決定以《鬼谷子》的管理哲學爲我的論文題目。在第一次口考後，兩位指導老師對我的期許不同，但之後陳老師生病了，體力心力都不繼，幾次要我更換指導老師。於是就在魏老師與謝老師的指導下，完成了《鬼谷子思想探究》，以極高的分數通過碩士論文資格考試，並表示我應該繼續博士學位的研讀。兩位指導老師，與台灣大學的郭文夫教授再度鼓勵之下，遂以近三年的時間之努力，於原論文之基礎上，繼續參考所有可能資料，用心研讀相關子書與經書將之擴大改寫。如今書成，並立書名爲《鬼谷子思想新解》，原書擬帶入副標題曰〈聖人・王道・鬼谷子〉[24]，因魏老師擔心有些學者一時無法接受，故暫棄除之。

　　之所以名爲《鬼谷子思想新解》，並非是表示別人的書都是舊的，只是因爲筆者解鬼谷子較爲異類，所以之故。由於接受喜愛鬼谷子思想的前輩與諸同好的書籍與學問的滋養，及其大力的研究與推廣，才能使今日鬼谷子學說的影響力發揚光大，筆者我等受益無窮、無限感激，我自許亦只是這個團隊的一員而已。就像本書的完成，有我內人羅玉雪女士將家事一手撐起，讓我放心上課與全力精研學問和寫作；甚至於經年累月的熬夜，或持續到天明個把月，也無所怨言。還有要感謝我的好友簡鈴玲，多年來幫我收集鬼谷子有關的資料，因爲有此知音的鼓勵，寫作起來也有人欣賞，所以並不感孤單；以上的過程與所有人的恩情，是筆者一生所難以忘懷，甚是無以回報。只有心靈上的心心相惜與感恩，得以算是精神層次上最高境界的報答。

　　再例如：我的曾祖父林旭初[25]，因中日甲午戰爭海戰的開打，而無法趕上

---

[24] 鬼谷子及古聖先賢先講究的聖人，乃是超凡入聖，但並非是離世，而是如胡瑗（993～1059AD）安定先生，所講的：「聖人之道，有體，有用，有文」（《宋儒學案・安定學案》）積極的入世。所謂：「君臣仁義，仁義禮樂，歷世不可變者，其體也；詩書史傳子書，垂法后世者，其文也；舉而措之天下，能潤澤斯民，歸于皇極者，其用也。」整本《鬼谷子》所述者，亦不離此旨此意。

[25] 林旭初字天樞，嘉義縣新港人（原設籍：嘉義打貓西堡新港東門街第五十三番戶）。清咸豐八年出生（1858 年 7 月 25 日），卒於明治 40 年（1907 年 8 月 11 日），父林錫金、母林邱鳴

官船，以抵達內地福州省城，參加舉人之科考；但這樁遺憾卻也能永留在子孫的記憶裏頭，所幸留下有他珍貴的詩與散文資料（〈節孝婦傳〉文章，被收藏登錄於清光緒廿年的《雲林縣采訪冊》）。諸如此類的人心、人性細微之處與無形之互動與影響，我們偉大的古聖先賢思想家們，都觀察與實踐到了，故吾國自古以來，相當重視倫常。我國獨特的家族結構，能夠照顧老人與小孩，絕不可因西潮的衝擊而忘記，才不會使社會成員疏於照顧，而失落以致於犯罪頻繁。優良的傳統文化思想，使我們認爲人與天地同一位階，當然也包括最懂得人性與心理應用的《鬼谷子》；以及所有在內的諸子百家一致的願望，希望聖人能夠出世與住世，爲百姓的安危與福祉而願意無償的犧牲奉獻，乃至於將生命付出也在所不惜，盡一切可能之付出，完全爲蒼生無私的著想之故。仔細分析思考之後，筆者認爲這是一個，研讀古文與學習鬼谷子著作，最好時機的開始！

鬼谷子務實的聖人之道，是民族與民主的救星

《鬼谷子》言：「粵若稽古聖人之在天地間也，爲眾生之先，觀陰陽之開闔以名命物；知存亡之門戶，籌策萬類之終始，達人心之理，見變化之朕焉，而守司其門戶。」又言：「故聖人之在天下也，自古至今，其道一也。」（〈捭闔第一〉）正如我的恩師魏老師所言，鬼谷子是儒、道兩方學問都兼具的思想家。我們何其有幸，可以研讀春秋戰國的儒、道、墨、兵、法、名、農、醫、雜、陰陽、縱橫家、小說家，乃至於商家等，之所有寶貴的經典。他們的學

琴。妻林陳紫萱，育三子，長子林龍駒，次子林驪駒，三子林驛駒。祖籍福建省漳州府龍溪縣石碼市林家埔（今之龍海縣角美鎮莆山社）（行政院前副院長，台灣省前省主席：林洋港亦同），祖先約於乾隆年間遷台（林姓於明清年間遷台共有 130 人）。曾學於嘉義的「羅山書院」，亦授課於貢生鄭步南（課虛齋）新港同治年間著名秀才楊棟樑，莊學茂（省心齋），熟讀四書五經等中國著名經典。光緒五年至十二年（1886 AD）分別於笨港溪南北兩岸土庫、麥寮街等地開館（逸菊軒）授課。光緒十二年，台南府城學考中秀才第十六名，爲「登雲書院」（道光 15 年 1853 年 8 月，由太子少保王得祿主導於新港創立。距日本佔據台灣時已有 60 年；之後於 1906 年毀於震災，書院石碑於民國 55 年出土）之末代山長。甲午戰爭發生後一年，雲嘉一帶已成烽火，爲避日禍，遂與摯友林維朝，字德卿（雲門舞集林懷民的曾祖父）等先後舉家回大陸，1897 年始回台。兩人有詩聯句吟：「漫說儒爲席上珍，世途今日已更新。」（德）「貂蟬狗尾伏咸起，繡虎龍頭屈莫伸，南海薏珠悲馬援。」（旭）「西川卜筮訪嚴遵，書生事業黃梁夢。」（德）「志士閒存白璧身，笑罵由他宜自檢。」（旭）「炎涼若輩最堪嗔，潛龍未見魚相侮。」（德）「獨鶴閒遊鳥不親，萬古英雄爭片刻。」（旭）「半生懷抱訴誰人，任他世上滄桑變，結伴桃園往問津。」（德）（以上見陳素雲主編《林維朝詩文集》台北新店：國史館發行，2006 年 11 月）。（察今日「登雲書院」，現由旭初與維朝之後代曾孫，林德政與林正中所管理。）

說思想，雖是屬於那個亂世時代所有，但卻無不充滿著具有中國特色的民族智慧與學問，不管是亂世或是太平世，其治人、治國、治世、平天下；法與術雖不同調，但其道與理，根本上是合而爲一，無以分割。所謂「王道」是也！實施王道，不是要回復到封建之帝制時代而生活，而是以「民本思想」爲核心價值，眞正推舉出合乎聖人之資格的人來和平領導，如同希臘三聖人之一的柏拉圖所主張之「哲學家皇帝」之一般，那才是百姓眞正幸福的人生歲月！

　　我春秋戰國諸子的著作，雖不比現代西方哲學界之數十萬言，乃至於百萬言以上。但這些歷經千年尚能遺留下來，還受到各朝代的重視與各家之註解，其原典字數雖不多，但卻是我們的思想家一輩子生命與人生經驗之智慧精華，其學問思想結晶有如太陽的光輝，可以光照人間數千百萬年，只要世人還在。於本書中，我笑著寫道說：「假如要跟外星人作戰，鬼谷子的遊說計謀還是用得上」。因爲只要有人、有高級生命體存在，他們都會有顆略似於人類善感與細微的心靈，多少都是能夠感應與溝通的，只要方法正確，還必須合乎對方的需求，以及可能的弱點，一切都會是無限可能的。

　　鬼谷子「治人兵法」，是以人情之親疏，而論斷掌握。不僅是對外，之於對敵人，之於對戰略關係的夥伴；對內，之對於部屬，之對於長官；乃至於對於自己本人，之要求與激勵；全都非常之好用，請看本書之分解，當可能會更加分明。如有興趣或時間許可之下，最好是親自閱讀《鬼谷子》之原典，必然能立即知曉且無疑，可能算是一種頓悟吧。太公言：「源深而水流，水流而魚生之，情也。根深而木長，木長而實生之，情也。君子情同而親合，親合而事生之，情也。言語應對者，情之飾也；言至情者，事之極也。」（《六韜・文師第一》）；與鬼谷子言：「故同情而相親者，其俱成者也；同欲而相疏者，其偏害者也；同惡而相親者，其俱害者也；同惡而相疏者，其偏害者也。故相益則親，相損則疏，其數行也」（《鬼谷子・謀篇第十》）有異曲同工之妙。只要把人際關係弄好，便能夠擁有一個精彩的人生歲月！

　　鬼谷子的思想是無窮無盡，就譬如另一遊說計謀的思想元素－「角色扮演」[26]。大家可能難以明白爲何二千多年前的時空，鬼谷子就會懂得這一套廿

---

[26] 〈權篇第九〉：「是故，智者不用其所短，而用愚人之所長；不用所拙，而用愚人之所工：故不困也。言其有利者，從其所長也；言其有害者，避其所短也。……故與智者言，依於博；

世紀現代人才發現的這項先進伎倆？答案很簡單，說個俏皮話，不就是鬼谷子是智聖嘛！哪有不知道的道理。說穿了，就不會有疑問了吧！因爲「角色扮演」，它就彷彿當今台灣之競選活動的候選人員，爲求接近各式、各層面、及不同階層之不同愛好與職業的選民，公關公司會爲他特別製作或挑選不同衣服，穿著出來亮相作秀，以來拉攏感情，並由此增進選民的信賴度與好感度與知名度之一般。總而言之，政治是非常專門的學問，選舉更是計謀、包裝，各式有心理之操作使然（標舉閃亮的民主口號浮華不實，不能與我國古來的政治智慧「民本思想」踏實與實際與不躁亂，相比之）。「角色扮演」也是貴爲鬼谷子「遊說計謀」的前衛配套手法之一；本文只一筆帶過，不克予以充分發揮，特於此說明揭露。故，所有想不被欺騙，有智慧的人，一定得要「窮究以博古，治事以通今」客觀面對，彈性處理問題，以該有的原則與作爲來執行。還要學習《易經》天地人相互關係的智慧：「變易、不易、簡易、互異、交易」，處世的道理！當今，實在是一個，人人無知又自覺超爽快、與超瘋狂，容易被欺騙及被煽動，鼓勵計較與算計過度的年代！

本文，以自我個人成長的小故事，加上社會發展及國運演變的現實和現象之縮影，再借助「智聖先師」－鬼谷子他老人家，那有如海量與無上、無邊的尊貴智慧，取其丁點思想相結合，以作爲本書后語的亮點。最後期盼《鬼谷子思想新解》的出版與發行，能將深奧無比又前衛的鬼谷子思想推廣落實於世，也算是略盡到書生綿薄之力了。因他既偉大又充滿智慧的經驗語錄，多少能給我們華夏民族子孫，引領出爲人處事、治國理政之無上的信心與鼓勵；讓我們敢作夢，即時作夢亦能有所成就，所謂心想而事成。進而得以方便又能正式的邁向，追求兩岸中國人的統一與民族的大復興，實現偉大「中國夢」的降臨之日子的早日道來。所以之故，這是個人人都可以造夢、圓夢，一個充滿光明、追求夢想的年代！也可能會是，爲人處事或世事險阻意外連連、國家情報判斷差池、危機處理稍一不慎，就會成爲一個既黑暗又惡夢不斷的年代！

與博者言，依於辯；與辯者言，依於要。與貴者言，依於勢；與富者言，依於高；與貧者言，依於利；與賤者言，依於謙；與勇者言，依於敢；與愚者言，依於銳：此其術也，而人常反之。是故，與智者言，將以此明之；與不智者言，將以此教之；而甚難爲也。故言多類，事多變。故終日言不失其類，故此不亂；終日不變，而不失其主。故智貴不妄、聽貴聰、智貴明、辭貴奇。」以上《鬼谷子》全書出現「者」一字，達 282 共 69 段落；據陳蒲清《鬼谷子詳解》有關「者」，有兩種解釋：一爲、結構助詞，與前面地詞語結合在一起，表示人、事、物、原因等；二爲、語氣助詞，詞字停頓。

結後語

　　總結本后語，一時匆忙之間寫出了數十段、長達四萬六千多的文字，實在是因百感交集於心，而身尚且處於：「年少的我，全身洋溢著一股奮發精進與向上的青春氣息，無憂無慮的歲月！那時代的青年人，無一不處在充滿著志氣高昂的歲月！也是一個傳統與現代相衝突，及無比困惑的年代！更苦了年輕人，害慘了他們一事無成、無一技之長。又是一個相當失序，莫名又盲目且荒唐的年代！數十年來的台灣，在媒體刻意的抄作與政黨、政客惡意的操作之下，可說已完全變質了，成為一個外行領導、指揮內行，專家遭污辱、唾棄與踐踏，滿口正義、公平、人權、自由，人人荼毒、自我栽贓與麻醉的年代！連夫妻或父子都會為統獨的問題，而反目成仇大打出手，這是過度敏感、悲慘失序與撕裂的歲月！也是一個號稱草莓族、啃老族，年輕人高度消費及不太想結婚生子，即將是高齡化社會到來的年代！」

　　環顧當今，還實在是「一個，人人無知又自覺超爽快、與超瘋狂，容易被欺騙及被煽動，鼓勵計較與算計過度的年代！又是一個不知道危險與災難，完全沒嚐過戰爭恐怖，天真的以為是電影情節，且不信邪的年代！思考到此，不能不說，我們的社會是一個過度敏感，難以互信與安心和撕裂情感，全民被劣質民主這個惡魔，百般愚弄非常不幸的年代！以及是一個人人，被所有消費商品給設計與制約了，還全然不知而樂在其中，未感到半點不自由的年代！真乃是個是非不明、真理消失、倫理道德沉淪與價值顛倒，又難以滿足，苦悶的年代！還有，這是個人人都可以造夢、圓夢，一個充滿光明、追求夢想的年代！也可能會是，為人處事或世事險阻意外連連、國家情報判斷差池、危機處理稍一不慎，而成為一個既黑暗又惡夢不斷的時代！」以上，瀕臨世代交替，好壞差半有感而發，不能不一吐為快。

　　其實，只要換個角度思考，也就會發現台灣目前所有的居民，在這個時期，它同時也是處於一個：「人格與生命教育」兼具與分裂的矛盾下，需要共同學習人生與安頓生命的歲月！所謂 |『舉頭三尺有神明』，敬天地鬼神，它會保障大家，使人人過著快樂安全的家居生活，享受天倫之樂，幸福的歲月！也是一個，向歷史上的古聖先賢的智慧經驗，學習參考與活用的年代！只要把人際關係做好，便能有一個精彩的人生！所以未來，將會是影響深遠的《鬼谷子》思想學說，發揚光大於世的時候到了。以及講究

陰陽吉凶悔吝的《易經》，來臨的時代！能以「民本思想」為核心價值，真正推舉出合乎「聖人」之資格的人來和平領導，如同希臘三聖人之一的柏拉圖，所主張之「哲學家皇帝」之一般，那才是百姓真正幸福的人生歲月！可說是一個研讀與學習鬼谷子著作（並非把鬼谷子神格化，而是理性思維的重視），最好時機的開始！」

以上之本文，係筆者深居於台灣，對這幾十年來的社會、教育、政治等問題的簡略分析與探討；由於不忍心見到台灣同胞多年以來，所賴以維繫傳承，中華民族優良的人性與傳統的道德文化，免於向下沉淪與失落。所以之故，乃大膽的嘗試借助鬼谷子的思想，以及古聖先賢的經典智慧與經驗之中，積極的尋求答案，不知量力的寫下《鬼谷子思想新解》乙書，期望與所有海內外朋友、同好們相互切磋學習，與之共同分享的心路歷程。由於才疏學淺筆拙，本書之寫作已盡最大之能力了，時有誤謬錯失與缺漏之處，敬請見諒是幸！如蒙專家學者與前輩先進們，不吝指正與督導，鄙人亦當虛心接受與改進。如有可能，則當更進一步，加以請益。筆者，容或能僥倖，獲賜讚賞與鼓勵；亦會於您，聽不到的彼處，大聲說聲謝謝，並獻上最可能的感恩！最後，但願大家，能夠秉持著「智聖先師」鬼谷子，參透天道人心，與窮究統理一切事理、世道的啟示之下，得以消弭艱難、化解紛爭、安頓生靈。而一同為發揚《鬼谷子》之學術思想而努力，以上。

最後，希望經由《鬼谷子》，所喚醒的「縱橫家精神」，能夠結合今日中國大陸官方，所推廣的孔子學院的「儒學思想」。將前者，所代表部分的東方文明，與西方文明之冒險患難、創造發明、求富求貴……等人性之積極面向的鬼谷子學說橋樑，給連結搭建起來；並且也能夠經由後者，可以扮演緩衝與修護起西方極端自由主義意識之下的混亂弊端的艱難角色，亦即孔夫子思想捷徑，用仁義把群己關係無縫的接軌起來。如是，東西方坦承截長補短，雙雙攜手合作，踏上「異中求同」的美妙與和諧的步伐，登上人類新世紀的階梯，進一步重構人類新文明，迎向光明的未來，是為可期。

於台中大甲鐵砧山

林仁政

2015 年 2 月 17 日除夕夜前